缅怀已故的让·瓦罗，没有他的帮助和鼓励，我无法完成此书。

[法] 帕特里克・福尔
[法] 让・菲利普　著
何小毕　译

赢家
齐达内传

THE
BIOGRAPHY
ZIDANE

金城出版社
GOLD WALL PRESS
中国・北京

图书在版编目（CIP）数据

赢家：齐达内传 /（法）帕特里克·福尔，（法）让·菲利普著；何小毕译. —北京：金城出版社有限公司，2020.3

书名原文：Zidane

ISBN 978-7-5155-1937-1

Ⅰ. ①赢… Ⅱ. ①帕… ②让… ③何… Ⅲ. ①齐达内－传记

Ⅳ. ①K835.654.7

中国版本图书馆CIP数据核字（2019）第274511号

赢家：齐达内传

著　　者	［法］帕特里克·福尔　［法］让·菲利普
译　　者	何小毕
策划编辑	李铁武
责任编辑	李明辉
责任校对	岳　伟
责任印制	李仕杰
开　　本	710毫米×1000毫米　1/16
印　　张	18
插　　页	16
字　　数	236千字
版　　次	2020年3月第1版
印　　次	2020年3月第1次印刷
印　　刷	天津旭丰源印刷有限公司
书　　号	ISBN 978-7-5155-1937-1
定　　价	59.80元

出版发行	**金城出版社有限公司**　北京市朝阳区利泽东二路3号　邮编：100102
发 行 部	（010）84254364
编 辑 部	（010）64391966
总 编 室	（010）64228516
网　　址	http://www.jccb.com.cn
电子邮箱	jinchengchuban@163.com
法律顾问	北京市安理律师事务所 18911105819

目录

序

5000人，这个数据略低于马赛的拉卡斯泰拉讷社区的人口数，高于戛纳征战法甲时顾拜旦体育场部分场次的上座人数。

5000人，这是2016年1月5日皇马一线队训练时到场的观众人数。在主显节前夕，皇家马德里安排了全年唯一一次开放训练，这一天也是皇马主帅齐达内履新后首次带队训练。

这位前皇马球星上任伊始便迅速进入角色。他2006年退役时并不确定自己能否干好教练工作，但最终还是完成从球员到主帅的变身。他不用重披5号球衣为皇马征战绿茵，但他肩头被压上一份更重的责任。

他已在一线队助教和预备队主帅等岗位上历练了两年多，但这些职位的曝光度与皇马一队主帅根本不在一个数量级。他接手的是足坛最成功的豪门一线队，这家豪门财力雄厚，在欧洲冠军联赛中也有着比巴萨和拜仁更辉煌的战绩。

在当今这个时代，足球的影响力不再局限于体育领域，这项运动拥有庞大的受众群、超高的话题度和极其可观的市场价值。在世界各地，并非每个人都会踢球，但每个人都可能谈起与足球相关的话题，西班牙更是一个为足球疯狂的国度。

2016 年 4 月 2 日，皇马客场 2 ∶ 1 击败巴萨，把对手各项赛事连场不败的纪录定格在 39 场。比赛结束两天后，关于这场大战的讨论仍出现在巴塞罗那的各个角落，出现在富丽堂皇的马杰斯酒店大堂和走廊里。在酒店顶楼的露台上，马杰斯的法籍总经理帕斯卡尔 · 比拉尔向我们指出诺坎普球场所在的方位，并表示足球是这座城市一个几乎绕不开的话题。齐达内以主帅身份首次率队赢下西班牙国家德比，每个人，包括一些巴萨球迷，都在谈论他的名字。齐达内教练赢得了所有人的尊重。

在这片足球热土上，齐达内魅力无限，有巨大的商业号召力。在皇马官方商店里，印有他名字的 5 号球衣仍是热销商品。

挂靴十年后，这位菜鸟主帅唤醒了一些记忆深处的情怀，人们又想起了那个传球大师和进球高手，那个优雅纯良的传奇球星。2016 年 1 月 5 日这天，皇马训练基地里的观众都非常激动，这也说明人们想念齐达内了。他在训练场上一脚随意而精妙的触球，都会被人拍摄下来，被万千网友争相观看；他指挥比赛时在场边一脚即兴的卸球，也会引来满堂喝彩，在电视屏幕上被反复重播慢放。

但他不会再回到场上，人们只能从皇马的进攻配合中，寻找他的球风和足球理念。

他不会再回到场上，但他仍可以在场下发挥出众的组织才能。他清楚自己选择了一个“高危”行业，也尊重职业赛场的规则——弱是原罪，胜者为王。

在皇马的巴尔德贝巴斯基地，单调枯燥的训练已把队员们折磨得难以忍受，是时候放松一下了。

“来吧，让我们找点乐子！”齐达内教练精神百倍地下达指令。他从很小的时候就开始踢球，他成长为一个成熟的男人，但没有丢掉那份年轻而纯真的能量。

皇马主帅齐达内已是 4 个男孩的父亲，也常常会想自己从父亲那儿学到的人生哲理，并付诸实践。他知道职业赛场的要求有多高，球员们需要付出怎样的努力，也知道足球和生活一样，有磨难，但也蕴含着无尽的快乐。

第一章　足球少年

1953 年，法国，这是一个寒冷的冬天，埃米·斯迈勒·齐达内离开了故乡阿尔及利亚山村阿盖穆奈，结束以务农为生的日子，远涉千里，来到巴黎郊区圣但尼镇的一片建筑工地上。在老家时，斯迈勒和老乡们的主要经济来源是种地，他们种得最多的作物是橄榄。来圣但尼后，斯迈勒过得很苦，无家可归，有时就在工地的窝棚里裹着寒风入睡，这样的生活持续了 3 年，让年轻的他备受煎熬，但斯迈勒挺了过来。

1963 年，斯迈勒和同胞玛莉卡组建家庭，一起搬到巴黎市区，随后又移居马赛。玛莉卡先给斯迈勒生了三个儿子——贾迈赫·马吉德（1963）、法利德（1965）和努尔丁（1967），1969 年又诞下一个女儿莉拉。

1972 年 6 月 23 日，斯迈勒和玛莉卡迎来了他们最小的孩子，并给他起名齐内丁·耶齐德·齐达内。这一年，斯迈勒一家住在马赛北部拉卡斯泰拉讷社区的一栋公寓里，齐内丁·齐达内和大哥马吉德挤一个房间。

小齐达内懂事后，更愿意别人叫自己“耶齐”，而家人们也尊重他的意见。在家里，齐达内和大多数家庭的幼子一样，受到全家人的宠爱。他很活泼，喜欢踢球，有时会抱着足球入睡。拉卡斯泰拉讷是一个工人社区，与世界各地的工人社区相似，这里的许多孩子把圆圆的足球当作“亲密玩伴”，踢球就是他们生活中的头等大事。

在齐达内的少年时代，马赛启动了一轮住房建设计划，该计划的实施遇到重重阻碍，让社会环境变得非常微妙和复杂，充满各种不确定的危险。每天放学后，小齐达内都会去拉塔尔塔内广场踢好几个小时球，而玛莉卡会一直盯着小儿子，哥哥们也会在小齐达内身边保护他。

拉塔尔塔内广场是一块巨型的长方形水泥台，比路面略高，四周被楼房环绕，当孩子们带着足球来到这里时，拉塔尔塔内广场就变成一个加长版的足球场，“球场”一端的球门后方，就是齐达内一家居住的G号公寓楼。齐达内经常和三哥努尔丁一起到这块场地上踢球，他正是在这里练成出神入化的盘球功夫，初展过人的足球天赋。不踢球的时候，齐达内很少考虑学习的事情，有大把时间跟关系要好的姐姐莉拉打闹。他精力旺盛，需要踢球，需要不断与人互动，才能消耗体内过剩的能量。球场上的齐达内充满攻击性，总会在必要时为同伴挺身而出。

一天，齐达内在一场校内比赛中试图帮队友“报仇”，被裁判罚下，早早回家。不难看出，齐达内生性冲动，这与他父亲形成鲜明对比。斯迈勒性情温和，也是一个无私的男人，努力创造条件，让自己的孩子有机会接受更好的教育，还教给他们做人处事的道理。

斯迈勒在一家购物中心工作，担子很重，下班后还要接替玛莉卡，负责照顾孩子们，当然也要照看那个已展露足球才华的幼子。

等齐达内再长大一点，他的足球之路渐渐步入正轨。齐达内从拉塔尔塔内广场走上正规球场，脱下杂牌装备，换上正式队服，参与真正的比赛。他最早在拉卡斯泰拉讷的福雷斯塔竞技俱乐部受训，随后又加盟过圣亨利联俱乐部和塞普泰姆莱瓦隆镇的塞普泰姆俱乐部。塞普泰姆莱瓦隆靠近马赛北郊，大量的产业工人聚居于此，生活困苦，足球是一剂能帮他们解忧的廉价良药。

齐达内每到一家俱乐部，都和在拉塔尔塔内广场时一样，用出色的步法、盘球技术和强烈的好胜心，引来人们的热议和称赞。

1984 年秋，在新学年开始前几天，一些小球员已经结束假期，集结戛纳。戛纳足球俱乐部组织的“克洛德 · 鲁杯”挑战赛将在莫里斯 · 舍瓦利耶体育场开打，这是一项 U–13[①]赛事，其名称是致敬戛纳球迷协会的一位前主席，当时已举办到第十届。这一年的赛事共有 6 支球队参加，其中一支是戛纳足球俱乐部的少年队，其他 5 队分别来自瓦尔省、上阿尔卑斯省、普罗旺斯地区、蓝色海岸地区和罗讷－迪朗斯河地区[②]，所有参赛球员都是第一年升入 U–13 级别梯队。

---

① 体育运动中常用字母“U”加阿拉伯数字表示运动员的年龄段，如“U–13”指“13 岁及以下年龄段”。——译注

② 瓦尔省和上阿尔卑斯省是法国的行政省，普罗旺斯、蓝色海岸和罗讷－迪朗斯河不是正式的行政区名称，这两个省和三个地区均属法国东南部的普罗旺斯－阿尔卑斯－蓝色海岸大区。——译注

赛前一天，普罗旺斯队抵达戛纳，队中一名球员吉勒·布瓦在训练课上感觉身体有些不适。第二天，普罗旺斯队将对阵蓝色海岸队，吉勒的父母也来到戛纳观赛。赛前热身时，吉勒表情难看，显然在忍受极大的痛苦，但他依然想上场。吉勒的父亲费尔南·布瓦察觉出儿子的异样，不打算让他继续坚持，准备带他去就医。一位名叫让·瓦罗的球探表示可以开车载他们去附近的米莫萨斯诊所，他在那儿有熟人。费尔南接受了瓦罗的建议，吉勒只能听从父亲的安排，暂时离场。一名身穿 13 号球衣的球员顶替了吉勒，比赛照常进行。

瓦罗开着他那台老旧的雪铁龙 LN 轿车，带着布瓦父子来到诊所。经诊断，吉勒手腕骨折，伤情严重。三人返回莫里斯·舍瓦利耶体育场时，终场哨音已经吹响。瓦罗错过了考察球员的机会，却和费尔南成为朋友，这位球员家长非常感激热心肠的瓦罗先生。

时光飞逝，1986 年圣诞假期，30 名 U−15 小球员来到普罗旺斯地区艾克斯市体育运动中心，参加一个训练营。训练营的主办方准备从这些小球员中选出 18 名佼佼者，在来年春天组队去一项跨地区联赛中历练一番。

开营后的前两天，营员们接受了各种试训。第三天，部分营员被挑出来，分成两队踢对抗赛，让·瓦罗打算来看这场比赛，以便考察一名来自卡涅的锋线新星法布里斯·莫纳希诺。遗憾的是，莫纳希诺并没有进入上场名单，但瓦罗依然驱车来到现场，和他同行的是一位塞普泰姆俱乐部的管理人员——费尔南·布瓦，两人很高兴再次见到对方，于是坐在一起看比赛。

瓦罗向费尔南打听起场上一位球员的情况，该球员踢得是莫纳希诺的位置，他还真问对了人，因为这名球员正好出自塞普泰姆俱乐部。早先，这名球员常常在家人的小心看管下，驰骋拉塔尔塔内广场的水泥地，他废寝忘食，练就一身球技，随后加入了圣亨利联俱乐部，但他在泥土和草皮场地上还做不到游刃有余。塞普泰姆的罗贝尔·桑特内罗教练很欣赏这个孩子，把他推荐给俱乐部主席罗热·德普拉诺。随后，塞普泰姆俱乐部从圣亨利联挖来这个“神童”，准备好好培养他，让他大展身手。

“他就是那个在戛纳替我儿子上场的球员，叫齐达内，穿 13 号，还记得吗？”费尔南向瓦罗介绍道。瓦罗努力地回忆着：对，好像是有这么个孩子，他体格是不是有点弱？

那天的训练营对抗赛共分三节，身披白色球衣的齐达内踢了两节，第一节作为左边锋登场，第三节出任清道夫，虽然这两个都不是他习惯的位置，但齐达内仍展示了出众的球感和视野，一举一动都透着灵气，他抓住了让·瓦罗的心。瓦罗总算没有白跑这一趟，希望进一步了解齐达内。

那时，马赛城里听过齐达内名字的人不多，但在马赛 15 区和拉卡斯泰拉讷社区，耶齐德·齐达内已算得上小有名气了。他在圣亨利联和塞普泰姆俱乐部踏上标线清晰的场地，踢上了有裁判执法的正式比赛。与两年前在戛纳时相比，齐达内长大了，也涨球了，14 岁的他球技已非常高超。然而，齐达内似乎没有得到球探们的关注，他参加了一些训练营，踢了几场比赛，表现并不抢眼。

1984 年的克洛德 · 鲁杯挑战赛，齐达内在对阵蓝色海岸队时替补出场，担任前腰，在其他几场比赛中踢 B2B 中场[①]，在对罗讷 – 迪朗斯河队一役打进一球，在决赛中随队 7 ： 1 大胜戛纳俱乐部少年队，捧起冠军奖杯。

但那届赛事踢下来，齐达内并没有成为普罗旺斯代表队的常规首发。在该队教练看来，主力阵容有 10 个位置人选已定，只有 B2B 中场的用人需要斟酌，齐达内和另一位塞普泰姆球员吉勒 · 芒诺竞争这个出场名额，芒诺更受教练青睐。赛事结束后，齐达内得到的评语是：“他没展现出全部的实力，让人略感失望，踢得也有点漫不经心。他必须拿出更好的表现，因为他有特点，有不错的技术和视野。”

早在齐达内受训于圣亨利联 U–9 梯队时，带队教练罗贝尔 · 西尼奥雷就已注意到齐达内的“特点”，而罗贝尔 · 桑特内罗也在 1998 年 7 月接受《塞普泰月刊》采访时透露，齐达内比大部分队友“更有性格”。桑特内罗说得很对，千万不要被这位足球少年的外表欺骗，他看上去有些胆小，内心其实住着一个勇士。

1986 年 10 月 17 日到 11 月 7 日，齐达内往返于艾克斯和皮里卡尔，参加一次跨区集训，这次集训共安排了四场比赛，齐达内只踢了其中一场。11 月 14 日到圣诞假期前，普罗旺斯队接连在卡庞特拉镇对阵罗讷 – 迪朗斯河队，在奥赖松镇对阵上阿尔卑斯队，在艾克斯市对阵蓝色海岸队，在马赛市于沃纳体育场对阵瓦尔队，齐达内缺席

---

① “B2B 中场”是指攻守兼顾的全能型中场球员。——译注

了前三场比赛，只在对瓦尔一战中登场亮相，中途还被芒诺替换下场。

齐达内入选普罗旺斯队的次数寥寥可数，而他与代表着普罗旺斯－阿尔卑斯－蓝色海岸大区最高水平的地中海足球联盟各项赛事[①]更是无缘。从 1984 年到 1986 年，齐达内和地中海足球联盟只有过一次亲密接触，那是一个在莱佩讷米拉博举办的训练营。

齐达内在球场上没能获得关注，在场外也显得过于内敛。他曾去上普罗旺斯阿尔卑斯省的沃镇参加过一个训练营，训练营的一位教练记得，齐达内非常内向，不爱说话，总把身子缩在一件 K－Way 牌夹克里。然而，这个害羞的孩子其实有着极为出众的球感，踢起球来无比从容。早在 1983 年，他的这两项特质就已被人发现，并通过比赛得到检验。彼时，已有两年 U－11 梯队经历的齐达内来到介朗训练营[②]，在个人技术展示环节拿到了全营最高分，训练营负责人莫里斯·罗什注意到，齐达内颠球功夫了得，在场上很放松，会根据比赛进程调整踢法。

但这个天赋颇高的孩子并未得到外界的认可，因为他只是偶有高光表现，至少在 1986 年以前，齐达内还无人问津。幸运的是，他的父母虽收入微薄，却仍节衣缩食，供他参加足球训练。

20 世纪 80 年代，足球运动正变得越来越商业化，球探们会敏锐地

---

① 地中海足球联盟，是法国足协下属的一个地区性足球运动管理机构，负责组织普罗旺斯－阿尔卑斯－蓝色海岸大区的各类足球比赛及活动。——译注

② 该训练营全名为“Opération Guérin”，以法国国家足球队前主教练亨利·介朗的名字命名，旨在发掘有天赋的小球员。——译注

抓住一切可以挣钱的机会，不会放过任何一个好苗子，但他们都认为齐达内毫无培养价值，这让瓦罗深感惊讶。

是齐达内真的不够好吗？是他的身体太弱了吗？可他的肌肉还远没有成形啊。是他不够稳定吗？在十三四岁的球员身上，表现起伏是很常见的问题，乐观点看，甚至可以算一件好事。少年球员如果总是按相同的节奏训练和比赛，很有可能会累得精疲力竭，更严重的是，激烈的竞争和对抗会带来负面效果，破坏足球运动的趣味性。小球员们很快就会痴迷于追求胜利，忘记踢球的快乐，他们的激情多少会受到影响。而齐达内对足球显然还充满热情，再加上他的基本素质都在平均水准以上，正常说来，他完全可以打动球探，拿到去戛纳俱乐部的试训邀约。

尽管同行们不看好齐达内，但瓦罗希望给这个孩子一点机会。由于没有其他球探的打扰，瓦罗穿过艾克斯市体育运动中心的草坪，来到塞普泰姆俱乐部工作人员的身旁，独自和他们交谈起来，表示自己想带齐达内去戛纳试训一周，之后还有可能让戛纳俱乐部签下他。

瓦罗得到了积极的回应：“如果你们想要这个孩子，就赶紧下手！”塞普泰姆俱乐部的意见很明确——暂时还没有其他人盯上齐达内，戛纳所要做的就是悄悄地把人带走，以免引来竞争者，同时动作必须快一点。齐达内一天天长大，马上就要满 15 岁了，他学业成绩不佳，能否吃得了足球这碗饭还不得而知。他居住的社区也有点乱，一大堆问题正在前方等着这个孩子。球场上，他球风飘逸，让对手头痛，也招来他们粗野的对抗动作；球场外，他的身边有许多坏“榜样”，随时可能把他引入歧途。幸运的是，齐达内的身边有父母、姐姐和三个哥哥，这些重感情、讲原则的好人保护着家中年纪最小的他。但光有家人的陪伴，或许还不能保证齐达内成才，瓦罗很清楚：在艰难的环境中，“狠角色”更有望出人头地，而齐达内是一个被呵护着长大的孩子。

对抗赛结束后，齐达内安静地和朋友们聊着天，还是一副无忧无虑的样子，不知道自己已走到命运的十字路口。能否去戛纳接受更好的指导，对他的未来至关重要。塞普泰姆 U–17 梯队主教练阿兰·勒珀提议，两家俱乐部可以在圣诞假期后碰一次面，他告诉瓦罗：“1 月 11 日，我们要去和圣拉斐尔队踢场比赛，你到时过来看看吧。”

瓦罗动身返回戛纳，依旧开着那台雪铁龙 LN。他曾用这台轿车载着受伤的吉勒·布瓦去就医，载着许多未来之星踏上寻梦之路，这一次，瓦罗感觉自己又发现一个潜力无限的好球员。

伟大的球员很稀少，伟大的球探更稀少。瓦罗先生恰好是这样一位好球探。

瓦罗曾效力过圣埃蒂安俱乐部，17 岁就升入了成年队。1941 年，他移居戛纳，把家安在传奇的赫斯珀里得斯体育场[①]对面，他经营一家名为“沃克斯”的影院长达数十年，但足球才是他的最爱。瓦罗的球员生涯被第二次世界大战打断，退役后，他当起了教练和义务球探，虽从事着造星的工作，身上却没有一丝商人的味道，他不是一个球员

---

① 赫斯珀里得斯体育场位于法国戛纳，投用于 1920 年，戛纳足球俱乐部曾长期把这座体育场设做主场。20 世纪 70 年代，该俱乐部把主场迁至顾拜旦体育场。——译注

贩子，而是一个谦谦君子，心地纯良，善解人意。瓦罗把全部身心都献给戛纳俱乐部，不仅为戛纳寻觅良才，更希望自己招募的球员能真正融入“红龙军团”[①]，他性格直爽，待人和善，长于交际，总能把那些本来会加盟其他俱乐部的球员“抢”到戛纳来。

瓦罗主要去青少年比赛中考察球员。看孩子们踢球，能让他回想起自己在圣埃蒂安与足球朝夕相伴的童年时光，孩子们的脑中没有太多的条条框框，他们会在球场上尽情展现天赋，瓦罗就从这些孩子中挑选好苗子，评估他们的发展前景和踢上职业足球的可能性。他奔走于各个赛场，一边观察，一边思考……他当过球员，所以很懂这项运动，他曾与马克斯·沙尔比、伊万·贝克[②]等球星做过队友，所以知道好球员是什么样子的。但在球探这个行当，“有踢球经历”和“眼力好”并不能画等号，瓦罗的同行里不乏退役国脚，他们中有的人能从表现一般的球员身上看到闪光点，有的人则错过了许多看似平常的潜力股。瓦罗虽没有踢过顶级联赛[③]，却是一个独具慧眼的好球探，深得戛纳俱乐部一线队主帅让·费尔南德斯和技术总监吉勒·朗皮永的信任。

瓦罗对成年球员不感兴趣，只专注于寻找那些有望成为职业球员的青少年，而小齐达内给他留下了分外深刻的印象。

---

① “红龙军团”是戛纳足球俱乐部的外号。——译注

② 马克斯·沙尔比（1908——2001）是一名已故的法国籍前职业足球运动员，场上司职后腰，曾效力马赛和圣埃蒂安等俱乐部。伊万·贝克（1909——1963）是一名已故的法国籍南斯拉夫裔前职业足球运动员，场上司职前锋，曾效力过赛特和圣埃蒂安等俱乐部，代表前南斯拉夫王国队征战过 1930 在乌拉圭举办的首届世界杯，并打进三球。——译注

③ 球员时代的让·瓦罗没有留下任何顶级职业联赛出场记录，只在法国第二级别的联赛和法国杯比赛中各登场过一次。——译注

瓦罗一回到戛纳，就告诉俱乐部总干事吉尔贝·沙莫纳尔："我找到一个孩子，他的双脚就和手一样灵活！"

瓦罗表示，其他球探都对齐达内毫无兴趣，这让他很意外，他希望赶紧再看这个孩子踢一场球，希望俱乐部给他安排一次试训。

两周后，瓦罗如约赶赴圣拉斐尔，朗皮永与他同行。朗皮永曾是一个机敏的中场球员，入选过法国国家队，17岁时就在南特俱乐部上演成年队首秀，技术和大局观极其出众，这位身材瘦削的技术总监将用专业的眼光审视齐达内。但这一天，齐达内无法出现在惯常的前腰位置上，塞普泰姆的教练向瓦罗和朗皮永表示了歉意，称由于队中缺兵少将，只能安排齐达内出任清道夫。

清道夫是门将身前的最后一道防线，在这个位置上犯任何一点小错，都可能导致本方城门洞开。比赛开始后，塞普泰姆先下一城，以1：0领先，齐达内做了几次冒险的盘带，圣拉斐尔队的队员看准机会，从他脚下抢走足球，策动攻势，将比分扳成1：1。更糟糕的是，整场下来，齐达内在戛纳客人的注视下表现得乏善可陈，只略微展示了一下技术，他有些沮丧。但这个小挫折并没有影响齐达内的星途。

塞普泰姆最终3：1拿下胜利，齐达内则收到邀请，坐上朗皮永的奔驰车，赶赴戛纳。两家俱乐部约定：齐达内将到戛纳参加训练营，一周后再返回塞普泰姆莱瓦隆。

齐达内又一次踏上了莫里斯·舍瓦利耶体育场的草坪，此时距他参加第十届克洛德·鲁杯挑战赛已过去了两年半。戛纳俱乐部的工作人员对齐达内做了初步评估，鉴定了他的潜力，也识别出了一些缺点：

这个孩子头球不好，需要借助器械勤加练习，战术素养、体格和其他一些技术环节也有待提高。但大家对一件事情达成了共识——齐达内的双脚实在是太神奇了，只要球到他脚下，这个高高瘦瘦的男孩就能变出魔法!

其他地方的球探们怎么就看不上他呢?

齐达内很快就得到了让·费尔南德斯的赏识。一天，一线队的一堂训练课即将结束，瓦罗找到费尔南德斯，想拉他去 U–17 梯队看一看：“跟我走，我带回来一个好小子。”

费尔南德斯刚刚带完一堂高强度的训练课，还有别的事情要忙，很想先拒绝这个邀请。但瓦罗坚持要这位主帅去一趟，因为他知道费尔南德斯一眼就会喜欢上齐达内：“走吧，走吧！不会让你白跑一趟的。”

费尔南德斯随瓦罗走到顾拜旦基地的“桑树 2 号”训练场，这里的草皮有些秃，那个“好小子”就在场地中央，用胸部停下一个高球，动作是如此潇洒，如此写意。

见多识广的费尔南德斯教练双眼放光，甚至有点看呆了，接着就在场边站了 25 分钟，仔细打量这块璞玉，琢磨他有哪些优缺点。

其他地方的球探们怎么就看不上他呢?

对戛纳俱乐部 U–17 梯队教练皮埃尔·阿约来说，每天要回答的问题可不止上面这一个，同事们在看过他手下的一位新队员踢球后，就会不停地问：“这孩子是谁？”

一位路过训练场的高管忍不住赞叹：“那个 U–18 队员，真棒！”

齐达内确实很棒，但他不是U–18队员，而是U–17队员。

这孩子长得有点早熟，戛纳俱乐部的所有人都喜欢他，喜欢他的球技，也喜欢他的性格。齐达内也用每一次拿球，证明人们对他的赞美并非虚言。他在场上敢于表现自己，一天，U–17梯队被安排在半边球场上踢六人制的小场训练赛，比赛所用的球门比正规尺寸小，但这并没有妨碍齐达内施展远射本领，他从中场位置发炮，足球越过守门员的头顶，落入网窝。这脚射门完全是即兴为之，但很有技术含量，非常难以扑救，展现了齐达内极佳的视野和脚法。

戛纳俱乐部的教练们似乎都被齐达内征服了，比如沙利·卢贝，他曾是一名前戛纳球员和前法国国脚，在该俱乐部有比较大的话语权，卢贝给塞普泰姆俱乐部打去电话，直截了当地表示："与同龄人相比，齐达内的基本功高出一大截，我们想要他。"

接下来，戛纳方面要做的就是说服塞普泰姆俱乐部放人，并让齐达内的父母放心地把幼子交过来。让·瓦罗比以往更有决心，对齐达内志在必得。塞普泰姆俱乐部有一位名叫卢瓦克·法贡的管理人员，与塞普泰姆莱瓦隆政府的公务员达尼埃尔·德尔萨勒自小就相识，瓦罗便找德尔萨勒帮忙去跟法贡交涉。事实上，瓦罗完全没有必要做这些，因为两家俱乐部及球员家人的沟通不会大费周折。

一个星期六的早上，吉勒·朗皮永一行来到塞普泰姆体育场，受到热烈欢迎。随后，戛纳俱乐部的主席、总干事和教练见到了齐达内的父亲。

斯迈勒没有提钱的事情，而是问了一个众人早已想到的问题："朗皮永先生，您觉得我儿子能成为职业球员吗？”

面对这个经常被问到的问题，朗皮永回答得和往常一样谨慎。他认为，齐达内在练球的同时，也不能荒废学业。朗皮永不愿把话说得太死，因为他很清楚，青少年球员的成长过程充满了不确定性，俱乐部得帮他们身心全面发展。朗皮永引用了戛纳俱乐部球员教务主任德维涅常说的一句话称，“我们不想让孩子们为来戛纳受训感到后悔”，哪怕他们最终无法吃职业足球这碗饭，也同样不会感到后悔。

但朗皮永对另一件事情持非常肯定的态度：戛纳（当时）虽身处法国足球乙级联赛，却志在冲击法国足球甲级联赛，尽管赛季结束还为时尚早，但他坚信俱乐部能实现这个目标，一旦冲击法甲成功，他们就会得到更多的资源——戛纳青训营的教练队伍规模有望扩大一倍，青年球员们也会得到更多锻炼机会，甚至有望去法甲联赛开启职业生涯。朗皮永说得既明白又诚恳，这番话很有吸引力。

让·瓦罗则用“背包的故事”打动斯迈勒一家。齐达内离家整整一周，归来时，他的背包竟不是被脏衣服填满，而是干干净净，所有衣物都叠放得整整齐齐！这要归功于妮科尔·埃利诺，试训戛纳这一周，齐达内就住在妮科尔家中，得到这位母亲很好的照顾。

戛纳和马赛离得不算特别远，气候也相似，斯迈勒和玛莉卡仍向戛纳俱乐部开出了一个条件：必须为齐达内找一个寄宿家庭。斯迈勒夫妇相信，对齐达内来说，“家的感觉”最重要，比训练更重要。而这方面恰恰是戛纳俱乐部的短板，他们的基地没有专门给少年球员留宿舍。

戛纳俱乐部和齐达内的家人碰完面后，时间又过去了几周，戛纳还是没有和齐达内一家达成协议，没能锁定这个孩子将来的优先签约权[①]。住宿问题不得到解决，玛莉卡是不会放小儿子远行的。怎么办？方法倒是有一个：让齐达内继续住在妮科尔家中。让·瓦罗跑去找妮科尔的丈夫让－克洛德·埃利诺商量。

"你们能往家里带一个孩子吗？"瓦罗如此问道，心里却没有底。就算让－克洛德想帮忙，他能办得到吗？让－克洛德和妮科尔育有 3 个孩子，且收留了一个名叫阿梅代·阿诺的小球员，而他们的房子只有三居室。更何况，齐达内这次可不是住一周，而是会住上整整一年。

但善良的让－克洛德夫妇还是同意收下齐达内，因为他们已经喜欢上了这个孩子，也会和他的亲人一样，一直管他叫"耶齐"。

① 当时，齐达内尚未满 15 岁，还不能和职业足球俱乐部签合同。——译注

第二章　追梦戛纳

“你好，我叫耶齐。”

让－克洛德·埃利诺走进家门，看到客厅坐着一个男孩。男孩站起身，向让－克洛德伸出手并问好。这孩子是下午到的，由于让－克洛德一直在厂里忙着，两人傍晚时分才见上面。“厂里”是让－克洛德自己的叫法，指的是他供职的法国国家航空宇航公司人造卫星分公司[①]。“厂里”这个词和戛纳的传统形象有点不沾边，在人们印象中，克鲁瓦塞特大道是戛纳的地标，旅游业、电影节和各种会展是这座城市的经济支柱。法国宇航卫星公司位于戛纳西郊海滨，紧挨着芒德利厄－拉纳普勒，主要生产人造卫星的各类零部件，该公司的业务均属国家机密，其厂区设有重重防护。论雇员数量，法

① 法国国家航空宇航公司人造卫星分公司是一家人造卫星生产企业，在20世纪90年代前隶属法国国家航空宇航公司，经多年发展及数次合并改组，现已并入总部设在戛纳的意法合资民营泰雷兹阿莱尼亚宇航公司。后文简称“法国宇航卫星公司”。——译注

国宇航卫星公司是当时戛纳排名第一的企业。

让－克洛德穿着一件带有徽章的白衬衣，是一位一线技术员，平常在公司车间里负责制作一种碳材质天线。他早先就职于法国宇航设在南特附近布格奈镇的一家机构，后来被调至戛纳。让－克洛德所在的岗位实行倒班制，早班从清晨4点到中午，中班从中午到晚上8点，晚班从晚上8点到清晨4点，他每个月都要上几次夜班。

齐达内初到让－克洛德家的那个晚上，让－克洛德和妻子发现，这个男孩喜欢别人管他叫“耶齐”。在拉卡斯泰拉讷，齐达内的家人、亲友和邻居们都这样叫他。

齐达内有礼貌，有教养，不爱说话，笑起来很好看，深得让－克洛德喜爱。来到一个陌生的家庭，齐达内偶尔会因担心自己碍事而面露怯色，每当此时，让－克洛德就会安抚他。齐达内试训戛纳俱乐部的这一周，天气阴雨绵绵，但他赢得了让－克洛德夫妇的心。

让－克洛德和妮科尔一共有3个孩子——多米尼克、洛朗和维尔日妮，当时，他们一家已在佩戈马镇住了3年。佩戈马位于戛纳郊区，在那个年代，这里尚未受到房地产业的大肆“入侵”，还有许多属于农民的土地，是一个满眼田园风光的好地方。

佩戈马也是一个安静祥和的果蔬之乡，这里的居民仍记得旧时的普罗旺斯，他们看着城市飞速扩张，一栋栋新房相继建成，对此感到困惑和不满。在镇中心，一座小桥横跨在穆拉雄纳河上，河两岸绿树成荫，非常适合散步。让－克洛德夫妇的安家之处是个新建的小村庄，挨着一条繁忙的公路，离镇中心有一段距离。他们住一栋两层小楼房，房子周围的空地上没有安篱笆。

维尔日妮、洛朗和阿梅代住二楼，维尔日妮独享一个房间，隔壁的卧房摆着两张高低床，为洛朗和阿梅代共用，两人都受训于戛纳俱乐部的梯队。多米尼克则睡在楼下客厅一角的沙发床上，床前有一张帘子用来隔出休息空间。

让－克洛德和妮科尔之所以把小球员带回家中照顾，是为了向蓝色海岸地区足协主席雷蒙·吉奥昂尼表示感谢。多年前，让－克洛德和妮科尔住在南特郊外的勒泽镇，为当地的蓬鲁索学校联合会做了很多事情，让－克洛德看管小球员，妮科尔帮忙处理一些行政工作。迁居戛纳后，让－克洛德夫妇受到吉奥昂尼的盛情接待，在这位主席先生的牵线搭桥下，他们得以继续和足球保持联系。虽然家里房子不大，条件有限，夫妻俩仍怀着和在南特时同样的热情，力所能及地为戛纳足球俱乐部做贡献，也愿意给追梦异乡的小齐达内提供一个港湾。1987 年 6 月，让－克洛德的长子多米尼克离家服兵役，但客厅一角的沙发床并没有闲置太久，因为 7 月一到，球员们迎来“新学年”，齐达内第二次入住让－克洛德家。

住宿问题解决后，戛纳俱乐部招募齐达内已无障碍，让·瓦罗立下一件大功，马赛少年在塞普泰姆最后几个月的经历说明，这位球探看人的眼光非常准。1987 年 6 月 5 日，齐达内收到法国国家少年足

---

① 让－皮埃尔·埃斯凯莱特是一名前业余球员、前大学教授和前职业足球管理人员，曾于 2005 年到 2010 年间担任法国足协主席。——译注

球队的征召，接着，他在让－皮埃尔·埃斯凯莱特[①]的带领下，随法国国家少年足球队远赴爱尔兰参加比赛，第一次和法国国字号队伍亲密接触，日后，他将在这块舞台上大放光彩。在法国足球发来的入队邀请函上，齐达内的名字“Zinedine（齐内丁）”竟被错误地拼写为“Sincédrie”！显而易见，这名未来的戛纳队员当时还只是个默默无名的小角色。

半年时光，齐达内的命运发生了翻天覆地的变化，他在足球这条路上越走越顺。数月前，职业足球的大门是紧闭甚至遥不可及的，数月后，这扇门开了一条缝，透出希望之光。他阴差阳错地被瓦罗发现，并推荐给戛纳俱乐部，他与善良的让－克洛德一家结缘，在异乡找到一个新家，更好的消息还在后面等着齐达内。1986/1987 赛季结束后，戛纳俱乐部升入法甲联赛!

戛纳完全配得上这次升级，因为他们在升降级附加赛中淘汰了排名法甲倒数第三的索肖俱乐部[①]。附加赛首回合，戛纳在蒙贝利亚尔客场 0 ∶ 1 落败，次回合，他们坐镇主场再战索肖。那天是 1987 年 6 月 13 日，星期六，顾拜旦体育场人气爆棚，上座人数刷新了纪录，最终，戛纳主场 2 ∶ 0 拿下比赛，总比分 2 ∶ 1 挤掉索肖，抢到法甲参赛资格，点燃了戛纳的足球激情，让这座城市变成欢乐的海洋。

---

① 历史上，不同赛季法甲和法乙联赛的升降级规则略有差异，但基本上是赛季结束后，法甲积分排名倒数前二的球队直接降入法乙，法乙战绩最好的两支球队直接获得下一个赛季的法甲参赛资格，法乙余下战绩较好的几支球队通过比赛决出一个优胜队伍，去和法甲积分排名倒数第三的球队踢两回合主客场制的升降级附加赛，计算两回合比赛的总比分，胜者获得法甲参赛资格，败者在下一个赛季踢法乙联赛。——译注

齐内丁不但有望踢上职业足球，还可以憧憬去顶级联赛中一展身手。而对戛纳俱乐部来说，能否在法甲站稳脚跟仍是个未知数，顾拜旦体育场看台下方的办公室里，每个人都在担心：我们在法甲会不会只能待一个赛季？但红龙军团其实并不是那么弱。他们拥有极强的向心力、良好的内部氛围和得力的工作团队，他们从法乙豪强逐渐成长为一家高效和有战斗力的俱乐部，一路拼上法甲。戛纳俱乐部上下打定主意，要花力气培养身价相对较低的青年球员，假以时日，这些球员必将成为一线队的新战力。

升降级附加赛结束二十多天后，顾拜旦体育场已厉兵秣马，而历来闲适的戛纳城仍是一片欢乐景象，齐达内也在这个时候抵达戛纳。

如果一切顺利，他将阔别G号公寓楼好几个月；如果一切顺利，他的下一次休假归家将是很久以后的事情。或许，他很难甚至永远不会再有闲暇回拉卡斯泰拉讷看看了。

或许，齐达内的童年时光就此画上了句号……他15岁了，他的生活和事业都将翻开新篇章，他为这一刻等待已久，也将暂时远离那些至爱的人，远离妈妈玛莉卡和姐姐莉拉，远离哥哥努尔丁、法利德和贾迈赫。斯迈勒决定再送儿子一程，坐了两小时的火车，一路陪着他到戛纳。

接站的让－克洛德差点迟到，由于自己的雪铁龙轿车抛锚，他不得不改开妮科尔的座驾——一台车如其名的奥斯汀迷你——来车站。身高腿长的斯迈勒费力地钻进小迷你的后排，比父亲矮不了多少的齐达内则抱着行李坐在副驾驶位上。

三人驱车25分钟，到达佩戈马，斯迈勒在让－克洛德家只待了几小时，当晚就离开戛纳。他挥别了儿子，齐达内挥别了童年时代，告别的话语非常简短，所有的情绪都埋在父子俩心间，在这样的时刻，一切言语都显得苍白。从此刻起，齐达内将在异乡度过生命中至关重要的一年。

分别虽不易，斯迈勒却可以安心离去，因为他已确认儿子被托付给一户可靠的人家，让－克洛德和妮科尔会把齐达内照顾得很好。这个家里还有一名和齐达内年纪相仿的孩子洛朗，两人会成为玩伴，也会结下一生的友谊。洛朗有个外号叫“幸运小子”，这个外号和一部没看成的电影有关。在南特时，让－克洛德和妮科尔曾带洛朗去看一部名为《幸运卢克》的卡通片，他们来到影院后却被工作人员告知，这么小的孩子不能进场观影。为纪念这段“不幸”的经历，让－克洛德夫妇便把洛朗喊做“幸运小子”。

幸运卢克，这是那部动画影片中一位快枪手的名字，也是球员布律诺·贝洛内的绰号。贝洛内在戛纳舍瓦利耶大道旁的拉博卡区长大，曾在这儿一个绿树环绕的社区小球场里磨砺球技，1980年出道时一度引起轰动。1987年前后，贝洛内仍是法国最优秀的前锋之一，效力于法甲摩纳哥俱乐部，有传言说，他或许会转投戛纳俱乐部。

1987年夏的戛纳和往年基本一样，大批游客如期到访，唯一的不同就是足球成为这座城市的热点话题。此前，这种情况只出现过两次，一次是在1949年，戛纳俱乐部队首度从顶级联赛降级，另一次是在1932年，红龙军团夺得法国杯冠军，那个年代，首届法甲联赛尚未开打，法国杯是法兰西大地上唯一的全国性足球赛事，而那次夺冠也是戛纳俱乐部建队至今唯一的大赛折桂经历。假如贝洛内能回到家乡俱乐部踢球，戛纳在法甲的前景将变得更为让人期待。

佩戈马不像戛纳城里那样热闹，齐达内到这里的第二天正好是一个法定假日，他静静地休息和放松了一下，洛朗和两个朋友还带着他去村里玩耍。这趟出游，齐达内留给新伙伴的印象是：无聊，跳舞时腿基本扎在原地不动。冷漠，内向，还是惯于沉思？这家伙到底是什么性格呢？有些人认为齐达内只不过是害羞，但他的内敛其实也可以被看作早熟的表现，他似乎从小就知道一个成熟的人是什么样子的，不愿和麻烦的青春期多做纠缠，只想快快长大。不过，他的内心依然保留着一份极为可贵的童真。

他喜欢静静地跳舞，不愿受音乐的拘束。而在球场上，他就是灵感的源泉，掌控着全场的节奏，他带球转身过人时，就像在跳华尔兹。在戛纳俱乐部 U–17 梯队的一堂训练课上，齐达内用他的“马赛回旋”[①]过掉一个个对手，洛朗不满足于看着朋友表演，尝试模仿起来，在齐达内的注视下完成了这套舞步。这件事拉近了两人间的距离，洛朗和齐达内在家里会高兴地谈起这个大胆的过人动作。

然而，炫技和玩闹只是足球训练的一小部分内容。如果你想成为职业球员，你还得练跑跳、练力量、练柔韧度。职业足球不是游戏，

---

① 马赛回旋是足球运动中一套带球过人的技术动作，指球员在带球推进或原地拿球时，左右脚交替拉（拨）球连带转身，顺势摆脱防守者。由于齐达内在比赛中经常使用这套动作，许多人便将其称作“马赛回旋”。——译注

而是充满对抗性的竞技体育项目。你踏入一家职业俱乐部时，也就踏入了一个斗兽场。职业俱乐部的训练场不同于拉塔尔塔内广场，不同于世界各地野球场，其主题不是和朋友一起打闹。在这里，你不会看到身老心不老的人来享受运动快乐，只会碰到疯子般的教练和听话的球员，有时候，你甚至需要学会如何战斗。

戛纳俱乐部的球员们是幸运的，因为朗皮永不是一个疯狂无情的人。踢球时的他成绩斐然，德艺双馨，整个生涯只拿过两张黄牌。善良而果断的让·瓦罗也是足球这项"野蛮"运动中一个另类人物，他希望帮齐达内省去一些危险的中间环节，让这个少年跳过U–17梯队，尽快进入预备队。让·瓦罗非常信任戛纳预备队负责人朗皮永，相信他能带好齐达内。在职业足球俱乐部，预备队是一线队的后备队伍。如果一名球员在15岁的年纪就进入预备队，只要他足够努力，这里绝不会是他的终点。

虽然戛纳有朗皮永这个儒帅，但球员们仍逃不了无球训练。在这些训练中，他们根本碰不到球，也感受不到乐趣。每天早上，队员们先在顾拜旦体育场的停车场集合，然后去瓦尔马斯克公园的树林里长跑，体能练习是足球运动员的必修课。不过，与其他地方的球员相比，戛纳的队员们仍是幸运的，因为儒雅的朗皮永会细心地观察每名弟子。这位前南特中场非常强调团队精神，但并不会忽视球员的个性和特点。朗皮永注意到齐达内的个子很高，因此开始思考一个问题：还让他像在塞普泰姆时那样踢前腰吗？朗皮永曾是一个极其出色的前腰，擅于背对敌方球门，一脚出球，为队友梳理出进攻线路。朗皮永认为，一名拥有像齐达内这种身体条件的球员，不应该只是个进攻组织者。他想让齐达内穿上8号球衣，这个号码通常是属于B2B中场的，与10号（前腰）相比，8号在场上的站位靠后一些，跑动距离和覆盖区域则大得多。

朗皮永有些举棋不定。他很清楚，齐达内刚刚推开一扇通向新世界的大门，刚刚和成年球员一起训练、比赛，这个尚在青春期的孩子喜欢带球，喜欢过人，敢于做动作，这种天性不应被扼杀，而是要好好地加以引导和开发。

让·费尔南德斯也在关注齐达内的情况。他发现，齐达内在面向对手球门拿球时踢得非常自如，但在背身接球时总会慢半拍，不能迅速转身面朝进攻方向。费尔南德斯给齐达内一个无趣但实用的训练建议：“把球往墙上踢，球撞墙一反弹，就立刻转身，同时准备接球！”齐达内把这条建议牢牢记进心里。

每天傍晚，齐达内要么被让－克洛德接回家，要么搭沙利·卢贝的顺风车，这位教练要回格拉斯，佩戈马正好在半道上。回家并不意味着足球时间结束了。一天的训练过后，齐达内踢球的热情丝毫没有消退，反而更加高涨，街头巷尾正是他尽情盘球的好地方。在伟大的球员，特别是伟大的进攻球员看来，快乐是足球里非常重要的一个元素，而通常来说，只有控球和带球才能让他们体会到真正的快乐。带球过掉防守人是足球里最重要的基本功之一，但并非不可或缺，如果一支球队能在每次传球时都做到思虑周全、精准无误，他们确实没有必要带球过人。齐达内在传球这件事情上做得同样不错，他喜欢发现场上空当，送出让对手无法拦截的妙传。

但在让－克洛德家门前的紫罗兰巷里，齐达内用不着传球，因为这里只有洛朗、阿梅代和他自己。一天的训练没让3个孩子感到疲劳，他们会在晚饭前好好地踢上一会儿，开心地嬉戏玩闹。齐达内仿佛又回到了拉卡斯泰拉讷的贝尔内街，不用比赛、不用传球，就和两个伙伴比试穿裆，看谁能把别人戏耍更多次。齐达内是个穿裆高手，多数时候，他会赢下这场游戏。

日子一天天过去，齐达内和让－克洛德一家的关系又近了一些，新家人亲昵地称呼他“耶齐”。齐达内依然不爱说话，更愿沉浸在随身听的音乐世界中，但他的眼睛和笑容很吸引人。有时候，他还会一个人发呆，思绪好像飘到很远的地方，飘回远在数小时车程外的马赛。

斯迈勒等人没法经常来戛纳看思乡的齐达内。这个游子是家里个最高的，也是年纪最小的，家人们都想念他，他对家人的思念也在与日俱增。部分周末，齐达内没有比赛任务，可以自由活动，但他很少回拉塔尔塔内广场，尽管那里的球友们也很想他。当齐达内再回到马赛时，他的日程通常被比赛和训练占满，只能抽出零星的时间和老朋友们相聚。

齐达内已是一名准全职的球员了，因此不会哭，至少不会在别人面前哭，从未当着让－克洛德、妮科尔、多米尼克、洛朗、维尔日妮和阿梅代流下哪怕一滴眼泪，从未在他们面前露出思乡之情。从这个寡言少语的孩子脸上，外人看不出他内心是快乐还是忧伤。

话少的齐达内基本不向别人敞开心扉，只偶尔和洛朗说说心里话。有时候，他还会和一位来自阿根廷的邻居聊天，这位邻居住在村子另一头，也喜欢足球。齐达内虽然不健谈，可并不孤僻。他喜欢和人相处，但更愿做倾听者。只有当他踢球踢累时，他才会和洛朗等人打开话匣子。另外，当他不小心把球踢到隔壁家的花园时，他也会被迫开口，去找生气的女邻居要回被没收的足球。

每天傍晚，让－克洛德一家的成员分别从工厂、学校和训练场回到家中，围坐在餐桌前一起吃晚饭。饭后，妮科尔会选一个孩子帮忙做家务，每个孩子都能轮得上，没人能例外，因为家里的杂活不少，而在社区中心忙了大半天的妮科尔也需要时间休息。

爸爸，妈妈，一个女儿、三个儿子，这个家和马赛的那个家非常像。两个家带给齐达内的感觉是一样的：人多，但和睦；房子小，但心里暖。

慢慢地，这两个家庭也对彼此有了更多的了解，并且互相尊重。洛朗非常喜欢斯迈勒，视他为智者和哲学家，爱和他聊天，听这位长辈讲对生活的领悟。洛朗从斯迈勒那儿学会了尊重他人和牺牲自己，也明白了成功不是一蹴而就，而是要付出努力。

在佩戈马，齐达内远离了戛纳城里的种种诱惑，每天都睡得很早，让身体得到足够的休息和恢复。他睡着时会做梦，梦到自己穿上戛纳俱乐部的红白战袍，在顾拜旦体育场拿下比赛胜利，他背后的号码有时是 10 号，有时是 8 号……

从让－克洛德家出门往右有一块地掷球场地，球场旁有一个电话亭，这儿是齐达内向家人报平安的地方。电话线连接着戛纳和马赛，问候的话语传到，话筒两头的人都放下心来。

1987/1988 赛季的法甲联赛揭幕几个月后，戛纳俱乐部踢了几轮比赛，法甲的观众们也认识了这支来自“影城”的非知名球队。红龙军团非常有凝聚力，不是一家由过气球星组成的“养老院”，队中唯一的明星是赛季初从摩纳哥转会而来的贝洛内。

戛纳俱乐部不买大牌，而是着眼于长远，严格管理，培养新人，旨在打造一支球员间优势互补的队伍。这种策略在齐达内身上收到回报，传球精准的他和一名前锋找到默契，两人一起随戛纳预备队踢过法国足球丙级联赛，随 U–17 梯队踢过荣誉联赛，在场上球风互补，相得益彰。说起来，这名前锋还曾间接地为齐达内加盟戛纳出过一把力，他的名字叫法布里斯 · 莫纳希诺，在艾克斯市体育运动中心的那场训练营对抗赛上，齐达内顶替的正是他的位置。1988 年，这对好搭档又一起品尝到了更大的喜悦，入选法国 U–17 国青队，出征欧足联 U–16 青年足球锦标赛。

对齐达内来说，欧青赛是一块很好的跳板。如果他能把握住机会，好好表现，证明自己是法国最优秀的 U–17 球员之一，他就会在成为职业球员甚至是成为国脚的道路上，往前迈进一大步。这届欧青赛在西班牙的马拉加举行，赛前，外界并不看好齐达内和莫纳希诺能在首发阵容中找到位置，但赛事开打后，两人都得到了登场机会。小组赛首轮，法国对阵土耳其，齐达内踢满全场，莫纳希诺替补出场。第二轮，法国队遇上了东道主西班牙，莫纳希诺依旧替补亮相，齐达内则坐了一场板凳，一位名叫克里斯托夫 · 杜加里的球员顶替他进入首发名单。

那届比赛期间，齐达内和莫纳希诺住一个房间，两人会在休息时畅谈，交流为国青队踢球的心得。他们都认为，要谨遵俱乐部教练说过的那些话，和平常一样严格约束自己。但有一次，两人在国青队友的怂恿和裹挟之下，好好放纵了一把。那天，一个名叫弗朗西斯·拉塞尔的巴黎圣日耳曼球员领头，法国国青队员们在没有驾照且未经许可的情况下，“征调”了几辆下榻酒店内部专用的电动三轮车，在马路上浩浩荡荡地行驶，场面俨然现实版的《疯狂大赛车》，把西班牙的司机们吓得不轻。齐达内和莫纳希诺暂时从平日的紧张节奏中解放出来，尽情享受着难得的狂欢时刻。

青年球员不同于其他青春期的孩子们，他们不能无拘无束地生活，不能放纵，放纵可能毁了他们的球员梦，让多年的努力付之东流。青年球员需要养成良好的生活习惯，保持高昂的斗志，还要照顾好自己的身体。欧青赛期间的一天，莫纳希诺咳嗽得很厉害，齐达内打开行囊，掏出一件随身物品，递给同伴：“拿着，擦一点，明天你就好了。”

莫纳希诺接过一个圆圆的盒子，里面装着镇咳的药膏，他擦了一些药膏，第二天果然不咳了。经过此事，莫纳希诺知道，齐达内在方方面面都用职业球员的标准要求自己。

小组赛第三轮，法国打平匈牙利，未能晋级淘汰赛。齐达内和莫纳希诺结束了欧青赛之路，但仍然可以开心地回到顾拜旦基地，他们从这次大赛中收获了不少经验。

在戛纳俱乐部的队内训练中，一名球员常常会加入齐达内和莫纳希诺的组合。他们一人负责策动进攻，一人负责传中，一人负责射门得分。射门的这个球员叫努尔丁，齐达内很早就认识他，两人也是同时被瓦罗招到戛纳的。努尔丁来自塞普泰姆莱瓦隆旁边的圣安德烈社区，早先为圣安托万俱乐部踢球，展示出了极高的射手天赋。加盟戛纳俱乐部两周后，齐达内找到努尔丁，并告诉他："你是我的偶像！我以前会和我哥一起去看你比赛，你太能进球了……"

在马赛时，齐达内特别佩服两个"努尔丁"，一个是他二哥，另一个就是现在的戛纳队友，努尔丁·穆卡。

又是几个月过去，虽然戛纳俱乐部的高管们对齐达内还没有太深的印象，但球员们逐渐认识了这个名字缩写为"ZZ"的男孩，也认可了他的能力。齐达内的技术太出色了，足以征服那些最挑剔的评论家，也带给人无限的遐想空间。他不够稳定，但未来是不可限量的。最关键的是，他与众不同，有独特的球风，能让现场观众兴奋到上蹿下跳，也会把对手激得火冒三丈。

戛纳 U–17 梯队曾去马赛的圣马特社区踢过一场比赛，对手阵中一名球员身背停赛处罚，却依然出现在替补席上。比赛过程中，齐达内染红离场，在他走向更衣室时，那名停赛的球员突然起身，口中念念有词，冲向齐达内，狠狠推了他一把。齐达内的父母和两个哥哥在场外目睹了这一切，显得既难过又无助，这种糟糕的场面在足球竞赛中是很常见的。通往职业球员的道路上荆棘密布，光战胜对手是不够的，你还要学会控制自己的情绪，在对手挑衅滋事时保持冷静。

幸运的是，齐达内还有紫罗兰巷，还有佩戈马这个港湾。这里没有激烈的对抗，只有网式足球，当多米尼克回家时，四个男孩就会玩这个游戏。让–克洛德家的长子已服完了兵役，在尼斯参加餐饮服务培训班，每周会回佩戈马过一两次夜，和齐达内挤一张床。

一天晚上，多米尼克从尼斯盎格鲁大道的丽晶酒店回到家中，发现齐达内已经斜躺在床上入睡。多米尼克如果上床，很难不惊醒这个弟弟。幸好，客厅还有另一张沙发，多米尼克便在那里对付了一晚。第二天，齐达内非常不好意思，向多米尼克连说抱歉。

黄昏时分，太阳在塔纳龙山后慢慢落下，一根绳索穿过紫罗兰巷，一头挂在让－克洛德家的房子上，另一头挂在对面邻居家的房子上，白色粉笔在沥青路面上画出一个长方形的场地，多米尼克和三个弟弟分成两边隔绳对战。齐达内在蓝色海岸安谧的山野，享受着平静无忧的快乐时光，很快，这样的时光就将变成过去式。

几周后，当多米尼克再回到家中时，迎接他的是空空的房子，齐达内离开了，在这儿住了 3 年的阿梅代也离开了。每天傍晚，两位小球员再也不用和俱乐部秘书桑德拉玩几局台球或桌上足球，然后坐让－克洛德的车回家了。

齐达内在戛纳的过渡期结束了，他将第二次离开家人，离开人生中的第二个家。齐达内在这个家的花园里种了一颗樱桃树，他走后，小树会继续生长，一直长成亭亭如盖的大树。这棵树是光阴的见证者，记录着一个可爱腼腆的男孩留在这里的点点滴滴。

是时候和随身听说再见了，曾经，它播放的乐曲填满无数安静的夜晚；是时候和佩戈马说再见了，这一次，小齐达内真的将暂别家庭生活。

16 岁的他换了住处，来到戛纳，住进米蒙青年旅社的 207 房。齐达内并不孤独，青年之家还住着其他一些戛纳球员，老乡努尔丁·穆卡就是其中之一。

米歇尔·阿尔曼多兹、弗雷德里克·迪福、弗兰克·戈梅、朱朱特·穆塞－迈迪、吉勒·昂帕尔祖米安、大卫·贝托尼、埃里克·贾科皮诺、齐内丁·齐达内、德尼·安布吕斯特、努尔丁·穆卡和法布里斯·莫纳希诺——日后，这 11 名球员将在一部名为《追梦之队》的齐达内纪录片中出镜。当时，他们有些人已相互认识，有些人之间还不甚熟稔。

他们朝夕相伴，都梦想着有朝一日能代表戛纳征战职业赛场。

米蒙青旅共有 50 间单间、18 间套房、1 个小礼堂和 1 个自助餐厅，离克鲁瓦塞特大道和昂蒂布大道都不远，穿过一条地下通道，就能到铁路那边繁华的戛纳市中心。这儿是个适合青少年学会独立和长大成人的地方。

米蒙青旅是一栋现代化的建筑，装修风格朴素且实用，墙上贴满了各类海报、广告和传单，为那些寻求独立或离家在外的人提供了宝贵的职位信息。入住这间旅社的客人大多具备生活自理能力，少数人需要得到工作人员的特别照顾。这里住了不少运动员，氛围很轻松，很欢乐。戛纳俱乐部的训练基地正在建设中，因此他们在这里临时安置了二十多名青年球员。这些球员非常闹腾，平常和其他住客基本不在一个频道上，但他们的存在活跃了旅社的气氛。戛纳俱乐部为这些球员制定了严格的作息制度：一天两练，第一堂训练课从 9 点到 11 点，第二堂从 16 点到 18 点，中间在顾拜旦体育场旁边的桑树初中吃午餐，下午训练结束后回米蒙青旅吃晚饭。18 岁以下的队员必须在晚上 10 点半前回到旅社，每名球员每天都要在一个签到本上登记归宿时间。他们在这儿的食宿费用全部由戛纳俱乐部承担。

对非足球项目的运动员来说，生活显然艰难得多。米蒙青旅有一位来自戛纳航空体育俱乐部的排球手，名叫奥利维耶，是住客里的开心果。奥利维耶晚上一般去迪厅工作，不上班时，就到俱乐部参加训练。他们队的训练通常安排在晚上 8 点到 10 点半，因为奥利维耶的队友主要是学生和业余爱好者，白天都有其他事情要忙。

相比之下，足球小子们算得上衣食无忧了。齐达内和队友们能拿到一点工资，一开始是拿法定最低时薪的 25%，随后逐步涨到 35%、45% 和 55%。俱乐部为他们的训练创造有利条件，他们不用为生计问题发愁，还可以去海滩边享受夜生活。

部分年龄稍长的球员拿到了驾照，有自己的车，比如利昂内尔·菲利，他每次开车回家时，都会捎上几个老乡——贾科皮诺、戈梅、昂帕尔祖米安、迈迪、穆卡或齐达内，这几个球员都来自马赛，但并非每个人之间都很熟。利昂内尔也在马赛第十五区长大，之前就不知道齐达内是谁，直到来戛纳后才认识了这位小老弟。

无论在利昂内尔的车上，还是在米蒙青旅，齐达内话不多，但都很受人欢迎，这不是领袖气质使然，而是因为他生性友善，总能赢得别人的尊重。新人贝托尼就被齐达内在日常生活中的暖心之举打动。贝托尼来自圣普列斯特，他能加盟戛纳要感谢前东家里昂邮电俱乐部的门将。里昂邮电曾在尼斯和卡维加尔踢过一场比赛，戛纳俱乐部总经理阿兰·穆瓦藏在场边观战，里昂邮电门将的场上表现引起了他的关注。但这位门将拒绝了穆瓦藏的招募，穆瓦藏转而邀请贝托尼去戛纳试训。之后，让·费尔南德斯在路过训练场时，一眼相中贝托尼，让俱乐部签下了他。

贝托尼初到戛纳时，有点跟不上节奏，很难适应这里每天高强度的训练。俱乐部的足科医师建议他多泡泡脚，这个疗法需要一个浴盆，而贝托尼没有浴盆，好心的齐达内知情后，立刻拿出自己的浴盆让队友用。

经过十来天的相处，两个男孩熟络起来，每晚都会聊上至少十分钟，齐达内躺在床上，贝托尼在一旁泡脚，友谊的种子就这样种下了。他俩还会结伴外出，去青旅旁一家名叫谢兹·格扎维埃的比萨店用餐，戛纳球员们是这家店的常客，但齐达内和贝托尼很少去夜店等场所。

“和我们一起去玩吧，耶齐！”

“不，我得回去了。”

这样的对话经常发生在米蒙青旅，齐达内每次都会给出相同的回答，贝托尼也一样。他们知道，熬夜会影响第二天的训练状态。只有一次，齐达内和几个队友没拗过那些年长的住客，随他们一起外出了。从不饮酒的齐达内喝多了，不过还算清醒，坚持走回自己的房间。莫纳希诺就没那么幸运，初尝马利宝朗姆酒的他喝得酩酊大醉，缺席了第二天的训练。

齐达内虽然面相冷漠，却是一个爱开玩笑的人，而且很会把握尺度。他会在别人激情演讲时做一个倾听者，也喜欢模仿队友和知名人物。当齐达内学笑星路易·德菲内斯扮鬼脸时，他那张平日表情不多的脸就会变得无比生动。

一位名叫韦罗妮克的青旅工作人员记得，是戛纳球员们的到来让这家旅社变得热闹而欢乐。她说："这些孩子表现得都非常好，从来没有人告他们的状，他们不是小混混或者夜猫子，也没惹过任何麻烦。如果这儿所有的住客都和这些孩子们一样，该多好啊！他们离开米蒙后，这里就变得冷清了。"

正如韦罗妮克所说，最终，这些球员离开了米蒙青旅，回到戛纳俱乐部位于拉博卡区的基地。"基地可无聊多了。"队员卢多维克表示，他们的新住处就在顾拜旦体育场旁边，离繁华的市中心很远。韦罗妮克回忆道："他们在我们这里认识了不少人。"米蒙青旅可不是一个只有男运动员和团队生活的地方。

"这儿也住了一些女孩子，"韦罗妮克补充道，"是舞蹈生。"而戛纳俱乐部的青年球员们曾告诉韦罗妮克，那些罗塞拉·海托华舞校的女学生们很有魅力。

齐达内离开了佩戈马，但仍受到让－克洛德夫妇的照顾，当然，斯迈勒和玛莉卡也同意他们这么做。让－克洛德一直记得妮科尔说过的一句话："孩子需要家人的关爱，才能走在正确的道路上。"有一段时间，让－克洛德察觉到，戛纳俱乐部的一些队友可能会带坏齐达内，他决定出面干预，第一次也是最后一次行使了家长的权威，责骂了齐达内。

让－克洛德要求齐达内远离损友，远离那些家教不好的人，和他们划清界限。齐达内很幸运，用居伊·拉孔布教练的话来说，他“受的教育是许多人没有受过的……本来，所有家长都有责任给予孩子这样的管教”。教育、道德、关爱——按理说，这些词语本应和我们形影不离，可惜的是，现实中它们是如此少见和珍贵。

让－克洛德一家一直都关心着这齐达内，这让他感到安心。在米蒙青旅，齐达内和一帮志同道合的队友一起成长，互相追赶，还和个别人成为伙伴。但米蒙仍不能与拉卡斯泰拉讷相比，在家乡时，齐达内有马莱克、里夏尔、伊冯和让－弗朗索瓦等好朋友，在米蒙，德尼、大卫、莫纳希诺和吉勒只能算他的队友。这些队友和齐达内都想成为职业球员，他们中的不少人都有望实现这个目标，但齐达内是这伙人里最特别的那一个。

一天下午2点左右，让·费尔南德斯在办公室听到一阵敲门声，门外是齐达内，他来找费尔南德斯要一个足球。其他队员或独自一人，或成群结伴，或带着女朋友，去市区逛街和看电影了。只有齐达内想留下来加练，他带着足球，来到体育场入口处的售票亭旁边，那儿有一块小型的人造草坪和一面训练墙。齐达内回忆着费尔南德斯的话，“把球往墙上踢，球撞墙一反弹，就立刻转身，同时准备接球”，一遍、两遍、三遍……他把这套动作重复练习了上百遍。

在戛纳的青年球员中，齐达内是独一无二的，他的欲望和勤勉都超乎常人，他肯定会成为职业球员的，对吧？齐达内的父母很想知道这个问题的答案。在儿子正式签订青训合约的那天，夫妻俩来到戛纳俱乐部总干事的办公室，沙莫纳尔短暂地离开了一会儿，找到费尔南德斯说："齐达内要签约了，他爸爸妈妈来了，你过去和他们见一面吧。"

费尔南德斯照办了。他第一次见到很为儿子骄傲的斯迈勒，第一次也是最后一次见到美丽腼腆的玛莉卡。斯迈勒抓住戛纳主帅的手，把他拉到一旁，压低声音，急切地问了一个老问题："费尔南德斯先生，您觉得耶齐能踢上职业足球吗？"

费尔南德斯不假思索地答道："放心吧，齐达内先生，您儿子是个心智极佳的孩子，而且非常有才华。他会成为一个伟大的球员，会踢上职业足球的。"

第三章　初登法甲

齐达内和法甲联赛的距离从未如此近，他在队内训练中也总有惊人之举。一天，齐达内所在的U–17梯队与U–18梯队踢了一场练习赛，比赛中，U–18门将一脚解围，将球踢向中圈，齐达内长腿一伸，不等足球落地便将其稳稳卸下，技惊四座。

这个出身于拉卡斯泰拉讷的孩子有着超凡的技术，别人接不住的“坏”球，他却能化腐朽为神奇。

在戛纳，齐达内没有丢掉往日练就的功夫，还学到了许多新本事，并且补上了一些短板。他能球不离脚地盘带，能随心所欲地控球，能一脚把球传给三四十米外的队友，这些技都让人叹为观止。朗皮永知道，这个孩子的技术天赋是毋庸置疑的，但他的射术还欠打磨，奔跑速度和动作频率也不够快。齐达内在荣誉联赛和法国足球丙级联赛等低级别赛事中踢了不少比赛，对这个志存高远的天才少年来说，这样的磨炼是非常有必要的。齐达内明白，想要赶上职业球员，就必须在自己的弱项上多下功夫。

此时的齐达内瘦得像一根竹竿，朗皮永认为，弟子的身材还有很大的成长空间。当然，这并不意味着齐达内要把技术练习先放在一旁，将所有精力都投入身体训练上。朗皮永不是一个视盘带为魔鬼的教练，也知道擅长带球是齐达内最大的优势，他努力帮助弟子打磨这项技术，并教会齐达内不要为了盘带而盘带，带球过人的目的是找到传球的角度。

如果齐达内换个环境，碰上一些不那么开明的教练，他的才华很可能被埋没。要知道，有些俱乐部在评判球员时，最看重的是身体条件，而非摸不着的潜力，他们会测算球员的跑动距离，会观察球员的场上站位，还会借助数据统计和计算机分析等技术手段对球员做更客观的评价。然而，在足球场上，有些东西始终是无法量化的。

在戛纳俱乐部，技术型球员不会被逼着去干脏活累活，不会被长跑累到精疲力竭。这里的教练们虽不会为每个球员量身定制训练计划，但至少会根据不同类型球员的特点，给他们安排有针对性的训练。

随着对齐达内的了解越来越深入，朗皮永欣喜地意识到，这个弟子的能力不可估量。戛纳技术总监认为，齐达内的身高还会增长，他潇洒自如的球风还没有发挥出最大的威力。最让朗皮永满意的是，齐达内很聪明，很愿意倾听别人的意见，专注、谦虚并且有志气。他没有踢过职业足球，知道自己和职业球员有差距，因此选择听教练的话。

“耶齐，记住，在场上，观察判断一定要快。在接到球之前，你就要想好下一步把球传给谁。”齐达内记住了这条铁律，并在训练中付诸实践。

“耶齐，队友拿球时，你得想办法摆脱盯防你的人。”这是另一件朗皮永反复强调的事。在足球比赛中，想要打出高质量的进攻，就必须让更多的队员跑动起来，接应拿球队员，为其提供更多的出球选择。齐达内把这条建议也记在心中，着意加强了无球跑动练习，尽管他不喜欢也不会经常用到这项技能。

许多年轻球员理解不了郎皮永的话，而齐达内领会了其中的奥妙，这就是他的聪明之处。聪明的孩子运气也不会差，在朗皮永离职后，新任技术总监居伊·拉孔布也很赏识齐达内。拉孔布球员时代曾效力过南特和戛纳，是因伤挂靴，退役后从事技术管理工作。他给戛纳带来了务实高效的青训管理策略，让这家俱乐部的工作方式有了很大的转变。1989 年 1 月，朗皮永还未卸任，拉孔布已经来到俱乐部，接手一批有望进入一线队的年轻球员，其中包括齐达内。在这个小团体里，齐达内必须加倍努力才能跟上节奏，因为他是年龄最小的那个，他很幸运。

更为幸运的是，在前腰这个位置的竞争上，除了才华同样出众的大龄球员菲利普·卡拉，其他人基本不会对他构成威胁。

拉孔布没和齐达内说过会选他进一线队，也没和其他球员说过类似的话。这位教练对所有弟子都一视同仁，但在沟通上很有技巧，会用不同的方式和不同的球员进行交流。拉孔布运用许多方法，来深入了解手下每个球员的特点，以便因材施教。比如，他发给球员们一份《运动员性格调查问卷》，这份问卷是由一位来自克莱蒙费朗的教授设计的，适用于所有体育项目，一共有240道题目，答题者只需在每道题后勾选“是”或者“否”。

从齐达内的答题情况来看，他的性格特点如下：积极，不自大，不爱出风头。对经常接触齐达内的人来说，最后一个特点并不出乎意料，但在技术型球员的身上，这却是一种非常少见的性格特质。通常，优秀的技术型球员会发挥技术好的优势，让自己成为场上焦点。他们会有非常强烈的射门欲望，因为进球是足球比赛中最能吸引观众的元素。

假如一位球迷错过某场比赛，他在赛后了解信息时，最关心的往往是比分和进球者的名字。

足球就是一项把球踢进球门的游戏，在球迷看来，进球的观赏性高过组织、传球和助攻，更高过乏味的防守。

齐达内擅长组织进攻，但并不痴迷于射门得分，这让队友们颇为受用。此外，他还按教练要求，努力增加自己在防守端的贡献。为集体利益放下个人得失，这种难能可贵的心态就是齐达内成功的原因。而在一项鉴定球员学习能力的测验过后，拉孔贝发现齐达内的另一个特点——他是一个优秀的听觉型学习者，这在拉丁语系人群和运动员中是很少见的。

因此，拉孔布在和齐达内交流时，会有意地选用许多能引起共鸣的词汇，这种沟通方式非常有效，帮齐达内很好地理解和领会了教练的意图。

和所有同龄的球员一样，齐达内也要去CFA上课，在足球界，这三个字母是前法国足球业余联赛的缩写，而在戛纳，CFA 指的是阿尔萨斯大街旁的职业培训中心，一家培养厨师、面点师和发型师等专业人才的机构。遗憾的是，在培训中心里，很少有老师能像拉孔布那样开展工作，齐达内坐进教室后，自然也就不像练球时那样快乐。

姓：齐达内

名：耶齐德

住址：戛纳米蒙青旅，邮编：06400

电话号码：995962

齐达内有一个蓝色的硬壳笔记本，本子的封面上写着他的名字和其他一些信息，还横七竖八地画满了他的六位电话号码，有红色字体的，有蓝色字体的，有的带着戛纳区号（93），有的则没带……这些密密麻麻的数字是否说明，齐达内在课堂上确实度日如年？

CFA 有美发和面点制作的实操训练间，但没有一块足球场，这里不是供球员们打磨球技的地方，而他们中大多数人也不看重文化学习。

面对这样一帮学生，生物老师决定不授课。每周一下午 2 点到 3 点的生物课上，齐达内和队友们不会研究运动解剖学知识，只会讨论体育新闻和周末的比赛。老师透露，这伙来自马赛的“帮派小子”对骨骼和肌肉毫无兴趣，但一谈起进球和任意球就精神焕发。时至今日，这些球员偶尔还会说起在 CFA 的往事：他们不爱学习，朝汽车扔鸡蛋；但他们坚称，除此之外，自己并无其他劣迹。

那时候，齐达内坐教室最后一排，比其他人更爱说话，不时还会捣蛋，老师们基本没表扬过他。在他的季报上，好评逐季变少。第一学年，齐达内的表现其实还算过得去，老师认为他足够勤奋，只是需要“端正态度”。首学期，齐达内在公民品德评定上拿到“优”，收获了“非常好”“课堂参与度高”“表现总体可接受”等正面评语，也得到“态度常常不端”“经常缺课”“不够认真”等负面评价。

到了第二学期，老师对齐达内的印象就变成：“要提高课堂参与度”“不用功”“表现一般”“爱说话”。历来不爱讲话的齐达内变得多嘴多舌，上学真的如此无聊吗？

尽管齐达内“不够用功”，第二个学年还是如期开始了。这一年，他花在学习上的精力和时间变得更少了。CFA 的行政人员隔三岔五就会收到请假单，上面写着“11 月 3 日缺课”“4 月 13 日到 14 日缺课”等信息。在原因栏，戛纳俱乐部的总干事常常会做出这样的说明：齐达内去巴黎的克莱枫丹国家足球学院、参加 U–18 国青队的集训、齐达内因接受理疗缺课。

这一年，齐达内共留下 8 次缺勤记录，他的成绩渐趋平庸。第一学期，他得到的评语是“要多下功夫”“要多多努力”“不认真”“不用功”“及格”，校长则表示，齐达内“必须表现得像个成年人一样”。还有一个老师认为，齐达内“非常不认真，很孩子气”。第二学期，情况依旧没有好转，齐达内“缺课太多”“刚过合格线”“幼稚，不用功”，副校长更是不留情面地点评道：“在 CFA 的课业是学员必须完成的！”

课业是必须完成的，但齐达内也有自己的理由，一直以来，踢球才是他最爱做的事情，足球已把他的心和时间占满。

齐达内的学员档案上已经清楚地写明了他要走的路：“从事竞技体育，踢职业足球。”他为此倾尽全力，加入了职业俱乐部，跟随 U-17 梯队训练，还收到国字号球队的征召。未来，齐达内还会用更大的成绩证明，他的选择是正确的。

在所有的职业足球俱乐部，当一批年轻球员培养到一定阶段后，裁人是不可避免的。俱乐部的管理层与教练组会做出艰难的选择，一些孩子的足球之路将就此画上句号。齐达内怀揣梦想，在戛纳度过了两年时光，若此时遭到淘汰，他会失去自己的梦想和工作，会受到巨大的打击。

让·瓦罗很明白，成功走上职业足球这条路对齐达内有多重要。实现球员梦后，他就能让家人过得更好，不为经济问题头痛，也能让父亲安心退休，享受人生。一直以来，斯迈勒都做着辛苦的体力劳动，挣钱养家，让妻儿不用靠外界救济和施舍过活。

和斯迈勒一样，让·瓦罗与让·费尔南德斯也是高尚正直的人。这两位“让”先生非常合得来，有时会一起开车去各地考察球员。一次，他们在办完正事后，绕道去让·瓦罗的家乡圣埃蒂安游玩了一番，参观了瓦罗家的旧宅，让·瓦罗的父母曾在这里靠贩卖家禽为生。战争年代，这对善良的夫妇坚守本心，从未把自家的产品拿去黑市上发国难财。让·瓦罗小时候常不知疲倦地在屋外练习射门，五十载光阴过去，他当年留在房子外墙上的球印依然清晰可见！

与让·瓦罗比起来，让·费尔南德斯在童年时过得就没有那么安逸了。费尔南德斯幼时随家人从阿尔及利亚来到法国，定居在地中海西岸地区。他的父亲是位渔夫，和斯迈勒一样，这位父亲也教会儿子要努力工作，要尊重他人。

戛纳是费尔南德斯执教生涯的第一站，他带队冲上法甲后，一家体育报纸送给他“年度最佳教练”的荣誉称号。那时的费尔南德斯是一位非常年轻的少帅，初掌戛纳教鞭时，他手下有两位球员——阿兰·穆瓦藏和阿尔贝·埃蒙——年龄比他还大一岁。费尔南德斯为戛纳俱乐部的发展付出了不少心血，同事们都认为，哪怕面对着高薪挖角的诱惑，这位充满激情的主帅也绝对不会离开红龙军团。球迷、亲友和戛纳俱乐部的高层都亲昵地管费尔南德斯叫“让诺”，让诺“非常勤劳”，追求完美，不知疲倦，略显内向。这位不是特别健谈的主帅很欣赏齐达内，把他的实力和努力都看在眼里。此外，费尔南德斯明白，齐达内只要在法甲联赛中登场，就能拿到比赛奖金，把收入略微提高一点。这位主帅知道弟子心中充满渴望，从技术层面来看，齐达内的天赋高过一线队的其他队员。但费尔南德斯并不想让齐达内过早地踏入职业赛场，这里的对抗过于激烈，过于凶狠，可能会让他瘦弱的身体面临严峻的考验。

1988/1989 赛季开始前，贝洛内转会离开戛纳，加盟蒙彼利埃，但该赛季临近结束时，戛纳俱乐部连续第二年完成保级目标。齐达内等到了亮相法甲的好机会。

1989 年 5 月 19 日，赛季倒数第二轮，戛纳做客博茹瓦尔体育场挑战南特，比赛第 78 分钟，齐达内替补出场，上演职业生涯首秀。最终，两队 1 ：1 握手言和，齐达内在 15 分钟的上场时间里表现不俗，还有一脚射门击中立柱偏出。赛后，戛纳俱乐部主席把球员们的单场奖金翻了一倍，齐达内高兴坏了，因为他之前不可能拿到这么多薪水。

很快，拉卡斯泰拉讷的居民们获知了齐达内在法甲出场的消息，他们第一次从广播中听到了熟人的名字，这种感觉很奇妙。

一天晚上，朗皮永走到顾拜旦体育场的停车场，突然感觉有人拍了他的肩膀一下，随后，一个温柔的声音传入他耳中："谢谢你，朗皮永先生。"

朗皮永回过头，看到斯迈勒的笑脸。朗皮永终于能回答那个问题了：技术出众的齐达内肯定能成为一名职业球员。

16 岁零 10 个月 27 天，齐达内在这样的年纪实现了登上职业赛场的梦想，他不会止步于此。他很成熟，不是横空出世，更不会昙花一现。观众们期待再次看到他的表演，而齐达内也做好了准备。

进入职业俱乐部的青训营，一步一步成为职业球员，这是每个青年球员的梦想。

经过在戛纳两年的训练，齐达内已经让梦想照进现实。他的月收入翻了 3 倍，他与职业赛场间的距离更近了。1989 年 5 月 30 日，赛季最后一轮，齐达内在戛纳客场对阵卡昂一役中，又一次替补登场。对他来说，法甲不再遥不可及，而是唾手可得。在人声鼎沸的体育场中，齐达内感受到了春天般的气息。

1988/1989 赛季成为齐达内职业生涯中第一段无比美妙的回忆。赛季结束后，他在 6 月的一个星期日，又踢了一项民间赛事，该赛事在戛纳芒德利厄机场附近的圣卡西安体育场举行，组织者是戛纳市政体育休闲协会，社会各界人士均可报名参加。

齐达内和洛朗、阿梅代及队友马莱克等人组了一支球队参赛，队名叫“疯狂小子”。他们实力很强，一路过关斩将，最终止步四强。

离开圣卡西安体育场时，齐达内和队友们都领到一套炊具作为奖品。但令他没有想到的是，俱乐部方面严厉批评了他私自参赛的行为，因为这有可能让他受伤。齐达内的身体已成为他的工具，必须好好保护，不可以承受职业赛场之外的风险。他不能像以前那样和朋友们去野球场肆意撒欢了。

戛纳俱乐部管理层的担心不无道理，圣卡西安体育场的赛事最终因意外草草结束。在其中一场比赛中，运动员爆发了冲突，从场上一直打到场外，观众们四散奔逃，场面一度十分混乱。幸运的是，没有人在这场骚乱中受伤。

此外，戛纳俱乐部的教练们清楚，齐达内在场上很容易中对手的招，这已经不是什么秘密了。他在塞普泰姆 U–13 梯队时，曾因头撞一位对手球员被罚出场，错过了一项锦标赛的决赛，而那位球员是在教练的唆使下有意挑衅他。来到戛纳后，齐达内在一场对阵蒙彼利埃的比赛中，因同样的行为再度染红，并且被禁赛 3 周。在这 3 周时间里，拉孔布罚齐达内做“值日生”，负责打扫更衣室，日后，“停赛队员值日”也成为戛纳俱乐部预备队的一条惯例。齐达内是一个盘带高手，总能让防守队员无计可施，拉孔布向弟子解释了盘带和被侵犯间的辩证关系：“如果哪天对手不踢你了，就说明你的技术已经不行了。”

1989/1990 赛季开始了，在拉博卡，场外暗流涌动。

曝光度越来越高的足球运动能带来金钱和权力，商人和政治家视足球为工具，他们不惜一切代价争取球场上的胜利，寄望以此获利。

长久以来，从马赛、尼斯到摩纳哥，地中海沿岸的足球氛围历来狂热。但戛纳从来不是暴力的温床，顾拜旦体育场从未发生过打架斗殴事件，人们只记得曾有几个来自尼斯的流氓在此闹事，还有一帮来自马赛的球迷把南看台上的座椅拆了下来。然而，时代在变化，戛纳不再是一个仅有 6 万人口的小城了，而是成为一个国际化的旅游胜地，有着巨大的商业价值。

在这种背景下，一支闯入法甲的球队就像天赐给戛纳的礼物。

在逐利的足球界，拥有“铁饭碗”变得越来越难。让 · 费尔南德斯是带领戛纳冲甲的功臣，可球队在 1989/1990 赛季开局阶段战绩不佳，他也很快受到质疑和非议。

然而，戛纳的队内氛围并没有受到太多影响。在前往客场的途中，队员们常常会竞猜同轮其他场次的赛果，气氛活跃。第 16 轮，戛纳客场 0 ∶ 1 不敌南特，但球员们没有忘记竞猜游戏，他们选中的是马赛对阵巴黎圣日耳曼的比赛。最终，凭借克里斯 · 瓦德尔和恩佐 · 弗朗西斯科利的进球，马赛 2 ∶ 1 战胜巴黎圣日尔曼。

弗朗西斯科利是齐达内最喜欢的球星，齐达内一直在耐心等待，梦想有一天能见到偶像。连续吃下几场败仗后，戛纳队跌入降级区，不过赛季离结束还早。费尔南德斯不想夸大事态的严重性，但事实就摆在那儿，戛纳俱乐部财力有限，做不到年年保级成功，足球比赛也充满不确定性。

费尔南德斯的笑容和话越来越少。他在处理球队事务时变得保守起来，不愿起用新人。戛纳陷入困境，每轮都要为抢分而战，在这样的形势下，那些经验尚浅的球员很难有所作为。整个 1989/1990 赛季，戛纳的 11 名青年球员中，只有一人——后腰曼努埃尔 · 诺盖拉——在一线队上过场，但他在 38 轮联赛中也仅仅出场过 2 次。

齐达内有活力，有技术，渴望证明自己，他的拿球能力也是破解对手逼抢的利器，但费尔南德斯害怕“齐达内的身体和心理过早地受到摧残”，无论主客场比赛，齐达内都没有得到上场机会。

完成法甲首秀 5 个月之后，齐达内并未随队去幸运地南特。那个赛季，他不会再见到博茹瓦尔体育场了。1989 年 10 月，他随法国青年队来到故乡马赛的马尔蒂格。

法国 U–18 国青队在此迎战英格兰 U–18 国青队。看台上，让 · 瓦罗和拉孔布并肩而坐。齐达内在下半场时才被派上场，他和被换下的球员很熟，两人相识于 U–17 国青队，这个球员叫克里斯托夫 · 杜加里，效力于波尔多俱乐部，是一名优秀的前锋，早早就名声在外。瓦罗认为，杜加里与齐达内球风互补，寻思着为什么不把他俩同时派上场。瓦罗坦率地说出了自己的看法，但国青主帅回答：“他俩根本没有互补性。”

瓦罗大吃一惊：“这家伙是吃足球饭的，眼光怎么这么差？”

拉孔布被老友的激情感染，笑着说：“瓦罗先生，您太有意思了。”

瓦罗先生义务为戛纳俱乐部工作，以寻觅良才为乐，和拉孔布一起到四处发掘人才，但他并未因此忽略俱乐部的预备队。齐达内已成为戛纳预备队的主力球员，当时，这支队伍从法国第三级联赛降到第四级联赛，他们急于重新升级。

拉孔布认可齐达内的表现，费尔南德斯则认为弟子“练得很努力”。齐达内只是暂时离开了法甲赛场，像他这样勤奋又有天赋的球员，重返法甲只是时间问题。

在第四级联赛中，戛纳预备队实力超群，进球如麻，取得一场又一场的胜利。有些场次的比分悬殊——他们主场 7 ： 0 战胜贝济埃，9 ： 0 横扫了蓬圣埃斯普里。齐达内是全队的灵魂人物，在场上穿针引线，为锋线球员送上无数助攻。有些时候，几位在戛纳一线队难有上场机会的老队员，会被派来参加预备队比赛，齐达内得以和真正的职业球员一起踢球。

齐达内喜欢传球和助攻，莫纳希诺对此了解得非常清楚。有莫纳希诺做搭档，齐达内会变身场上指挥官，对队友说“你拉开空当，我会把球传给你”“等着，别着急”“这球应该传”等。

在球场上，齐达内总为他人着想，更喜欢为别人制造机会。尽管他本可以跑到距球门更近的地方射门得分，但他似乎更愿意扮演助攻者的角色，这让他感觉更自如。齐达内的防守和头球也有了进步，他已经没有明显的短板，完全具备了踢法甲的能力。

齐达内不再是默默无闻的小人物，他的名字出现在公众的视野中，当然也会招来批评，其中有些是不公正的。在足球场中，有三种行为会引起球迷的抗议和不满，一是守门员低级失误送分；二是前锋临门一脚失准；三是技术型球员出工不出力——第三点正是齐达内挨批的主要原因。在一场预备队比赛中，一位俱乐部官员甚至表示："齐达内的踢法早就过时了。"

他的话是不客观的，齐达内并不是那种懒散的球员。他的球风很纯粹，非但不过时，还很先进。难道开阔的视野和准确的预判过时了吗？难道出色的脚法过时了吗？类似的批评若出自一个不知名球迷之口，虽不公正，仍算得上善意。但不幸是，说这些话的是一个俱乐部官员，他的用心很险恶。和让·费尔南德斯一样，居伊·拉孔布也承受着来自各方的压力，还常常受到一些荒谬至极的建议。更糟糕的是，到了该和青年球员们签署职业合同的时候，某些管理层人员向他传话：签其他球员，不要签齐达内。

第四章　舞蹈演员

难道齐达内真的错了？难道他真的要改变自己的球风和踢法吗？让·瓦罗显然不这么认为，他不断地鼓励齐达内“就像在塞普泰姆时那样踢”，埋伏在锋线后面，接应前锋，输送炮弹。

拉孔布也不会要求弟子做出改变。齐达内在训练中很下功夫，牢记教练的教导“要和全队保持在同一节奏上”，努力提高自己的防守短板。节奏，这是一个能引起共鸣的词语，对齐达内很有效，会让他找到作为乐队指挥掌控全局的感觉。齐达内的球风就像即兴创作的乐曲，他的双脚能踩出神奇的音符。

拉孔布相信“像齐达内这样有天赋的球员，不是教练能教出来的”，不能让他们去踢“暴力足球（让·瓦罗语）”。有一次，戛纳预备队的队员们就在马赛见识了球场暴力。用拉孔布的话说，他们那天甚至“要担心生命安全”，戛纳的球员历来都比较文明，而那天的冲突足以吓坏经常闹事的球场老油条。那是一个星期日，戛纳预备队做客马赛第六区，对阵昂杜姆联，结果发生斗殴事件，让法国第四级联赛蒙羞。老好人安德烈·阿米特拉诺遭到对方球员的踩踏，拉孔布出离愤怒，马上起身喊道："你踩的是职业球员（指责施暴者毁人饭碗）!"随后，拉孔布也挨了一拳，沙利·卢贝被几位同事"搭救"出来，戛纳的好几名队员都受到对手的攻击。齐达内在家乡马赛受辱。

这段插曲令人痛苦，足以毁掉一个出色的赛季，拉孔布需要抚平球员们的伤痛，帮他们重新鼓起斗志。齐达内是个愿意为队友出头的人，他刚到戛纳时，人们便知道他有仇必报的性格，他曾在尼斯的一场比赛中，穿越半个球场，狠狠打了对方球员一拳，结束一场斗殴。但齐达内内心并不愿意打架。

通往职业球员的道路荆棘密布，有许多艰难险阻要克服，齐达内需要忘记红黄牌，控制好冲动的性格，把精力集中在踢球和训练上，在场上场下都要心平气和。在球场之外，齐达内只有过一次不良举动：他在顾拜旦体育场的售票处帮朋友要票，结果遭到拒绝，然后就爆发了。售票人员说自己很少见到别人发那么大的火，但很快，齐达内就向工作人员道了歉。

在日常生活中，齐达内是米蒙青旅一百五十多名住客中最安静的人之一。他从不像有些队友那样，在过道里流里流气地和女孩子们搭话。他很少参加聚会，很少去夜总会和饭店。他的 207 房间总是收拾得干干净净，鞋子摆放得整整齐齐，被子每天都叠起来。有些人在房间里用野营炉煮意面时会不小心烧着床垫，还有些人将换下的脏衣服堆在门口，堵死过道。齐达内绝不会让房间变成这样。

米蒙地处市中心区，而戛纳俱乐部的训练基地则偏僻很多。自从训练基地投入使用后，戛纳俱乐部迎来了几个新员工，但其中一个人不是新面孔，他就是让·瓦罗。在为戛纳俱乐部义务服务半个世纪之后，他终于成为俱乐部的一员。这是对他最好的回报，因为他不辞辛苦，不计得失，默默地为戛纳俱乐部奉献自己的力量，经常驾车去法国各地的球场搜寻人才。由于观影人数越来越少，瓦罗的电影院被迫停业关门，自那之后，他妻子在克鲁瓦塞特大道旁经营的商店，就成为他们一家主要的经济来源。

瓦罗先生的生活变得忙碌且多彩起来，周末的时候，他要去看孩子们踢球，平时他还要接待坐着劳斯莱斯轿车到店的客人。尽管瓦罗太太并不是特别关心足球，但她和齐达内很谈得来。不少孩子都受到瓦罗先生的照顾，但其中只有齐达内和瓦罗太太建立了友谊。

在戛纳俱乐部，费尔南德斯没有几个能推心置腹的朋友，这里的气氛也越来越不对。他感到厌烦和疲惫，有了离任的打算，而曾经他怎么都想不到自己会离开这家俱乐部。重回法甲后的前两个赛季，戛纳都拿到了第十二名的成绩，1989/1990 赛季，他们又前进了一步，在 20 支球队中排在第十一位。更难得的是，戛纳整个赛季主场保持不败，让球迷们一次次陷入疯狂，费尔南德斯厥功至伟。之前在法乙时，戛纳总是徘徊在联赛第六名到第八名。

告别的日子就要到了，一条传言不胫而走：俱乐部的部分高层不允许球迷在比赛中打出“感谢你，让诺”的标语。费尔南德斯执教戛纳的最后一场主场比赛开球前，沙莫纳尔在顾拜旦体育场拿起话筒，勇敢地向费尔南德斯表达了敬意。

功臣费尔南德斯终于还是离开了，戛纳俱乐部主席宣布“一名伟大的外教”将接过教鞭。这名教练是退役不久的前戛纳球员波洛·普里莫拉茨，他在1986/1987赛季担任过戛纳队队长。记者们获知消息后挖苦道：普里莫拉茨确实是外国人（前南斯拉夫人），也确实很伟大，因为他个头很高。显而易见，普里莫拉茨和外界所期待的名帅相去甚远。

戛纳俱乐部并非一毛不拔，他们建成并投用了新的训练基地，这是一栋一层的建筑，设施简陋，却蕴藏着雄心。齐达内没有搬去基地住，刚满18岁的他和米蒙青旅的管理员让·米歇尔一起去城里看过一套房子，他惊讶于高昂的房租，也想起了父母，不愿自己独享舒适宽大的空间，因此没有租下那套房子。

让·米歇尔明白，齐达内没有飘飘然，依然保持着本心。他已习惯米蒙的生活，要在这里继续住下去，他喜欢和米歇尔的孩子们一起在走廊里玩耍。他温柔地看着孩子们，感觉非常自在，仿佛又回到无忧无虑的童年时光。但他搬出了原来的单间，搬进二楼的223号套房。这间套房能看到花园，有电话。对齐达内来说，这已经是一个很大的变化了。

戛纳迎来重回法甲的第四个赛季。联赛第三轮，他们主场对阵欧塞尔，齐达内出任前腰。自1988/1989赛季与南特一役过后，这个少年就再也没有登过法甲联赛的舞台。整个1989/1990赛季，他没有为一线队出战过任何比赛。1990/1991赛季的前两轮，戛纳主场迎战蒙彼利埃和里昂，他没有得到上场机会。

与欧塞尔的比赛，齐达内第一次以首发身份在法甲联赛中亮相，并踢满全场。

拉孔布认真地观看了比赛，60 分钟过后，他确信：年仅 18 岁零 42 天的齐达内，已成为合格的法甲球员。

然而，并非所有人都认可这个观点，不少人已把矛头转向齐达内和普里莫拉茨。

齐达内踢得很棒，甚至可以说是场上发挥最出色的球员之一，但戛纳 0 ∶ 3 惨败于欧塞尔。一些自作聪明的人开始为这场失利寻找替罪羊。

比赛结束后，俱乐部高层按惯例去更衣室看望球员和教练，普里莫拉茨对此没有感到惊讶，但被一位高层的发言吓了一跳。这位高层先是说了一些带着弦外之音的话，接着便点名批评用人大胆的普里莫拉茨——怎么可以让年纪轻轻、缺乏经验的齐达内担任中场核心。尽管齐达内场上表现出色，但高层的表态无异于把输球的主要原因归结在他身上。这位高层用训话的语气说出一串戛纳老将的名字，最后总结道："但你（普里莫拉茨）居然想让球队围绕着齐达内来踢！"

普里莫拉茨震惊了，因为他觉得已经是时候让齐达内在法甲历练提高了，这孩子早已名声在外，一位欧塞尔球迷专程从第戎赶来观赛，并在赛前表示："让我们看看这个天才能踢出什么样的表现吧！"

齐达内有天赋，很成熟，但他需要成长，也需要承受住种种责难和挑战。

虽然球队主场吃下败仗，但一场早已计划好的聚会没有取消。戛纳俱乐部主席阿兰·佩德莱蒂是法国著名小丑阿希尔·扎瓦塔的亲戚。佩德莱蒂让人在停车场搭了一个马戏篷，由俱乐部赞助商们资助的赛后晚宴在这里举行。齐达内站在离帐篷不远的两辆汽车间哭泣，佩德莱蒂看到这一幕，去吧台拿了一杯鸡尾酒给齐达内。18 岁的少年才华横溢，涉世未深，习惯赢球的他在这一天受挫了，他必须习惯有些严酷和不公的成人世界。

齐达内在联赛第四轮到第七轮都没有出场，但在之后客场对南特、主场对波尔多及客场对马赛的大战中均登场亮相。与马赛一役，齐达内的亲友到场观战，斯迈勒在终场前 10 分钟赶到现场，戛纳中场大将马尔科·穆利纳里奇射入全场唯一进球，红龙军团客场爆冷击败上届冠军。然而，联赛上半程结束后，戛纳队依然像上一年一样排名垫底。

糟糕的战绩招来批评和讽刺。一家日报发布专栏文章称戛纳是一支“夜店球队”，一家体育日报则称穆利纳里奇为“海滩球员”。这些言论让戛纳的球迷感到厌烦，让戛纳的球员感到难以忍受。

但球员们知道，在蓝色海岸，他们的表现确实应该挨骂。戛纳的待遇不比其他俱乐部好，但足以让球员过上不错的生活，他们必须对得起球迷的期待，没有任何懈怠的借口。

就在所有人都对保级失去希望之时，“伟大的外教”顶住了压力和嘲讽，齐达内和队友们也在心里默默积蓄能量，准备爆发。

这一次，戛纳真的到了悬崖边上，至少从理论上来说，他们保级的希望非常渺茫。

赛季下半程开始后，戛纳队止住颓势。每逢顾拜旦主场比赛日，吉祥物“红龙”卖力地鼓动球迷，看台上的激情被重新点燃。第二十一轮，戛纳客场3 ：0战胜欧塞尔，正式吹响反攻的号角。

仅仅几周的时间，戛纳打出一轮惊人的连胜，逃离降级区，猛升至欧战区。从第二十一轮到第二十八轮，他们豪取13分，状态好得像一支争冠球队。

齐达内在这几场比赛中都有上场，并且表现不俗。他的场上位置不像在预备队时那样靠前了，而他表示自己并不介意踢前腰或后腰。瓦罗先生的看法始终没有变：“就像在塞普泰姆时那样踢！”

齐达内成为外界议论的焦点。多少希望之星在烜赫一时后销声匿迹，但这并没有阻碍人们对齐达内燃起兴趣，因为他表现得太突出了，没有理由昙花一现。

齐达内渐渐坐稳首发位置，他在场外的压力随之变小，但生活还是一如往常。每天中午，他会在俱乐部训练基地吃午餐，训练结束后，他会搭沙莫纳尔的顺风车回家，一路上，他的话依然很少。

这并不是孤僻的表现，齐达内的驾校教练知道，这个孩子有些内向，但一点都不笨，在新环境里也不会局促不安。齐达内只上了几节课，总共学了不到20小时，就一次考试合格，拿到驾照。几年后，法定的驾考最短学时正是20小时。

齐达内喜欢思考，不爱多说话，他的确十分腼腆，但更多的是不愿打开心扉，不过和亲友在一起或者在球场上时除外。只要踏上赛场，他就会变身成另一个人。之前，有球迷曾讽刺地说齐达内是一名“舞蹈演员”，而随着戛纳的战绩转好，这样的评价不见了。

对球员来说，胜利即正义。1991 年 2 月 10 日，星期日，顾拜旦体育场的播音员乔治·帕兰用最高音量和南美语调，拖长声音喊道："球——进——了！"然后又补充道："这是他的第一个法甲进球，请大家给他最热烈的掌声，他就是齐内丁·齐达内！"

齐达内在法甲进球了。埃利诺一家的情绪可能有点复杂，因为这次的对手又是南特。

比赛进行到 60 分钟时，齐达内高速突入禁区，用右脚外脚背卸下队友的传球，面对出击的门将冷静地挑射破门，整个动作一气呵成，极为精彩。

第七十九分钟，齐达内被替换下场。观众们起立鼓掌，直到他高瘦的身影消失在球员通道，欢呼声才停下来。

比赛散场后，许多球迷在场外久久不肯离去，夕阳渐渐没入远方的山峰后，他们仍在谈论比赛，谈论齐达内的第一个进球——1990/1991 赛季法甲第二十六轮的最佳进球。

第一个进球也给齐达内带来人生中第一辆汽车，一辆红色的雷诺克里奥，这是一家汽车经销商和戛纳俱乐部主席联手赠给齐达内的礼物。佩德莱蒂非常喜欢才华出众的齐达内，他只责备过这个少年一次，那是在球队客场输给南锡后，一位队友拉齐达内去棕榈海滩的夜总会喝酒，结果与主席先生不期而遇。尽管佩德莱蒂是个夜店达人，但他明确地告诉这两名球员，自己不希望在输球的夜晚，在这种地方见到他们。

佩德莱蒂在俱乐部训练基地举行了一场赠车仪式，仪式上出现一张陌生的面孔。那是一个20岁的年轻女孩，在1990年9月搬进米蒙青旅。这个女孩是真正的舞蹈演员，就读于罗塞拉·海托华舞校，戛纳俱乐部的人都不认识她，在与南特的比赛中，人们第一次在顾拜旦体育场的观众席上看到她。

赛前几天，米蒙青旅的几个年轻住客结伴去克鲁瓦塞特大道散步，朋友们发现齐达内在和一个女孩交往。那是非常特别的一天，卡尔顿酒店的房顶变得跟传说中一样白，戛纳下雪了。那个下午，大家有说有笑，一起打雪仗，玩得很开心。穆塞－迈迪、大卫·贝托尼、努尔丁·穆卡、利昂内尔·菲利、埃里克·贾科皮诺、玛加丽和莫纳希诺、玛丽和卢多维克·波莱知道，米蒙青旅很快就会出现一对新的情侣。

这个女孩名叫维罗妮卡·费尔南德斯，是阿韦龙省人，和拉孔布是老乡，和让·费尔南德斯教练一个姓。她漂亮、温柔且略显矜持，一直都不乏追求者。

齐达内不是玩玩而已，而是真心想和维罗妮卡交往。瓦罗原本还担心齐达内在青旅会成天瞎玩，这下他可以放心了。诚然，爱情会分散年轻人的精力，但对齐达内来说，爱情让他找到了生活的平衡。洛朗当时正在卡诺高中读高三，齐达内常常去学校看他，并告诉他和维罗妮卡相处让自己感到平静。

冬天的戛纳是黄色的，太阳散发出黄色的光芒，山坡上装点着黄色的合欢花，戛纳俱乐部一线队也换上黄色战袍。红龙军团换装的原因是他们更换了胸前广告赞助商，新广告与传统的红白间条衫不是太搭。自行车迷则认为这次换装是出于迷信，因为在环法自行车赛中，黄色领骑衫是优胜者的标志。

戛纳当时在法甲处于领骑集团。凭借1990/1991赛季下半程的优异表现，他们坐稳联赛第四名，破天荒地拿到欧战资格。1991/1992赛季，小小的顾拜旦体育场将承办欧洲联盟杯赛事！

在拉博卡和整个戛纳城，市民们开始狂欢，气氛不输3年前球队冲甲成功时。红龙军团会就此跨上一个新台阶吗？戛纳俱乐部的球员和家属聚在影节宫的一家夜总会里庆祝，维罗妮卡欢快地跳舞，齐达内避开吵闹的人群，和队友们坐在一旁聊天，脸上总带着一丝迷人而神秘的微笑，他是对夜店的环境感到厌倦，还是在享受难得的放松时刻呢？我们不得而知，但毫无疑问的是，齐达内很开心。1990/1991赛季，他收获颇多，虽然没有拿到职业合同，但挣到不少钱。齐达内把部分收入寄给家人。

名气开始陪伴在齐达内左右，但他并没有太把名气当一回事儿。一天晚上，齐达内陪两个从马赛来的朋友去比萨店吃晚饭。席间，一位朋友不太客气地向服务生喊话，齐达内赶忙制止道：

“嘿，别那样！他们都是好人。”

这些服务生确实都是好人，而且还是球迷，其中一个名叫约瑟夫的最喜欢AC米兰。1990/1991赛季欧洲联盟四分之一决赛，AC米兰和马赛狭路相逢，约瑟夫同齐达内打赌哪队会晋级，最终马赛技高一筹，约瑟夫输掉100法郎。

齐达内一直都很平易近人，和有些队友不同，不论公开活动还是私人聚会，只要主办方邀请球员代表俱乐部参加，他都会去捧场。事实上，这些差使并没有想象中那么烦人，无非冲着镜头摆几个造型，喝几杯香槟，偶尔听听演讲，享受一下大家对球队战绩的赞歌。

每年生日前后，齐达内都交到好运，如加盟戛纳、亮相法甲等，1991年也不例外，他收到的礼物包括法甲首球、联盟杯参赛资格、一辆汽车，还有爱情。新赛季开始后，他会有什么样的表现呢？如果幸运女神继续站在他这边，齐达内应该会保持迅猛的势头。但客观地讲，彼时的戛纳俱乐部已濒临困境。

表面上看，这家俱乐部实力不俗，他们的一线队征战法甲，还闯入欧洲联盟杯，预备队从第四级联赛升入第三级联赛，三队则紧跟预备队脚步，从荣誉联赛升入第四级联赛——在法国，像他们这样兵强马壮的俱乐部并不多。戛纳能在各条战线告捷并非偶然，扎实的青训是成功的基础，他们的训练基地一年收到1000多份报名申请。

1991/1992赛季的大幕拉开了。和前两年一样，戛纳又犯了慢热的老毛病。看台上的球迷们不乐意了，指责球员和管理层被上赛季的成绩冲昏头脑，齐达内又一次成为替罪羊，有人骂他“慢、笨、脆”。不少球迷紧盯着他们口中的“舞蹈演员”，一旦看到他带球失误、传球不准或射门乏力，就会毫不吝啬地发起攻击。

就连那些铁杆球迷也不再计算球队错失了多少机会、丢了多少分，而是加入批评的队伍。

赛季初，戛纳与法兰克福踢了一场友谊赛，齐达内表现得很棒，但他和新援阿桑诺维奇并没有产生良好的化学反应，齐达内－阿桑组合的效果不如上赛季的齐达内－辛巴组合，辛巴已经结束租借，被巴黎圣日耳曼召回。这个问题会一直困扰戛纳。

戛纳球迷早已被宠坏，胃口非常大。3年来，他们看着球队成功冲甲，在法甲站稳脚跟，走上欧陆舞台。接着，戛纳又在欧洲联盟杯第一轮比赛中淘汰萨尔盖鲁什，让球迷在黑暗的赛季开局阶段看到一线光明。

1991年10月22日，1991/1992赛季欧洲联盟杯第二轮首回合，戛纳主场迎战莫斯科迪纳摩，齐达内的照片出现在比赛手册的封面上，他的名字却没出现在内页的球员名单中。最终发布给媒体的正式名单更正了这个错误，齐达内会首发出战这场比赛，但并非所有人都希望看到他出场。

半场过后，戛纳0：1落后，看台上嘘声四起。球员们感到不解：难道球迷忘了齐达内上赛季的表现？难道他们没看与法兰克福的热身赛？

终场哨响后，嘘声终于平息。齐达内回到更衣室冲澡，热水混着眼泪一起流下，他回想着比赛中的一幕幕，意识到足球场上的天堂和地狱只有一线之隔。

两周后的11月6日，两队移师莫斯科进行次回合较量，戛纳虽1：1逼平迪纳摩，但由于首回合0：1落败，仍难逃出局的命运。在法甲联赛中，他们处境依然艰难，排名一路下滑。戛纳董事会成员米歇尔·甘多尔福通过俱乐部官方杂志发声，试图告诉球迷问题不仅仅出现在场上，并表示“在第十五轮圣埃蒂安来顾拜旦体育场比赛时，部分主场球迷的行为简直就像流氓”。他非常严肃地指出：“球队状态低迷，但相比之下，某些被报纸、电台和电视反复报道的事才更让人神伤。几天前，我看到一些远征客场的莫斯科球迷无助的眼神，我敢保证，在戛纳的遭遇让他们胆战心惊。”甘多尔福是个高尚的人，是戛纳俱乐部最睿智的高层之一，但可惜的是，数月后他就与世长辞，而戛纳缺少像他这样的智者。

红龙军团又一次陷入保级区，形势危急。1992 年 1 月，普里莫拉茨被迫交出兵权，助教埃里克 · 蒙巴埃尔成为球队的实际指挥者，但这次人事变动并没有帮戛纳摆脱颓势和批评。

当时就读于尼斯大学自然科学系的洛朗依然乐观，不惧别人的嘲讽，大胆预测 ：“戛纳队有一个球员，过去曾住在我们家，有朝一日，他会成为法国国家队的中场核心 !”

让 · 瓦罗不再说类似的话了。他过去常常柔声地告诉别人，齐达内在 U–17 梯队时就让人惊艳，来到成年队后也证明了自己的能力。他也不愿再多做解释，不再和怀疑者争辩，那纯粹是做无用功。他甚至都不去家附近埃唐广场打地掷球了，因为那儿有太多眼光业余却又自认懂球的人。

瓦罗只要从埃唐广场路过，就会听到嘲笑声，以及对齐达内阴阳怪气的点评。

齐达内没有抱怨，但他身心俱疲，需要亲友的保护和支持。当时，他每周必须去茹安维尔军事基地服几天兵役，周末归队比赛。军营里有罗歇 · 勒梅尔教练指导他练球，这让齐达内接触到不同的足球理念。但服役毕竟打乱了训练、比赛和恢复交替进行的正常节奏，齐达内有些吃不消，同时他膝盖受伤，治疗过程很痛苦，这无疑有点雪上加霜。

幸好齐达内的身边还有维罗妮卡，恋人的相伴抚平了他的伤痛。老朋友们也没有忘记齐达内，时刻准备帮助他，而从 1991/1992 赛季开始，齐达内又多了一个新朋友——戛纳俱乐部的行政专员阿兰·鲁维耶。阿兰稳重谦逊，行事小心，为人本分，看事情很透彻，但没有什么权力，不会有人巴结他，俱乐部的高层基本都不怎么认识他。

阿兰多次在齐达内伤心沮丧时给予他安慰，也明白齐达内遭遇不公。阿兰知道，有些人受到球迷的喜爱，但他们在品德上和齐达内相去甚远，他们面对镜头摆出自信的造型，在公共场合热情地与人握手，而离开聚光灯就会露出自私傲慢的本性。阿兰注意到，每次训练结束后，齐达内都不会把训练背心扔在地上，而是小心地放入回收筐，这个孩子尊重他人，爱惜器材，也珍视机遇，上天一定会给他很好的回报。

第五章　齐祖之名

戛纳俱乐部的管理层向外界隐瞒了一件事：他们的新 10 号——有时也穿 7 号、9 号或 11 号球衣——未来不会留队，可能会在几个月后回到故乡，加盟法甲上届冠军马赛。

马赛决定把新援中锋阿伦·博克西奇转租给戛纳，这个消息让人大跌眼镜，戛纳球迷既兴奋又疑虑：这么出色的球员怎么会来我们这个保级队呢？原因只有两家俱乐部的高层知道，他们私下达成协议，在租借合同里加入秘密条款，马赛通过向戛纳出借博克西奇获得齐达内的优先购买权。

1992 年 12 月 21 日，1992/1993 赛季法甲第二十四轮，戛纳主场迎战里昂，博克西奇首次为红龙军团披挂上阵，到场支持主队的球迷并不多，但这位新援还是收到热烈的掌声。上半场，博克西奇带球杀向对方球门，里昂门将出击用危险动作放倒了他，当值主裁判定门将犯规并向其出示红牌。最终，戛纳和里昂 0 ：0 握手言和，但球迷们很开心，因为博克西奇让他们看到希望，可惜的是，这份喜悦只持续了几天。

赛后，里昂俱乐部第一时间起诉戛纳租借博克西奇违规。这是报复，报复的原因不是那张红牌，而是里昂也一直渴望签下博克西奇，他们指出处在合同期第一年的球员不允许出借。被告方则反驳，租借合约其实是戛纳和博克西奇的南斯拉夫母队哈伊杜克签订的，但里昂通过南斯拉夫方面的关系拿到证据，证明博克西奇当时已完全属于马赛，和哈伊杜克没有任何关系。博克西奇只代表戛纳队踢了一场比赛，便收拾行囊回到马赛。

令人感到费解的是，马赛此后似乎对齐达内失去了兴趣，他们的主席贝尔纳·塔皮打起退堂鼓，总经理对之前和戛纳达成的协议不再热心。这或许是谈判策略，但几周过去，马赛方面一点动静也没有，这种假设并不成立，戛纳低迷的场上表现或许才是齐达内关注度下降的原因。

绰号“巫师”的马赛主帅雷蒙·高达斯是个相信直觉的人，他认为齐达内“太慢了”，这意见毫无回转余地。但他的一位助教有不同看法，只要塔皮咨询有关齐达内的问题，这位助教总是给出相同的答复。

一天凌晨 2 点，电话铃响起，马赛主席又一次向助教先生发问：

“我们到底买不买齐达内？”

“买！”

“可有人说他速度太慢了。”

“他处理球比别人快 10 倍，总能比别人先发现机会，动作快，传球也准！”

齐达内的技术比马赛的两名中场强多了，这位助教很清楚这一点，比任何人都清楚，因为他的名字叫让·费尔南德斯。前戛纳主帅重回自己球员时代曾效力过5个赛季的老东家，他对齐达内的能力很有信心，但他的建议没有得到采纳。

几个月后，法利德·齐达内偶遇费尔南德斯，询问队内竞争激烈的马赛到底是否值得弟弟一试，费尔南德斯回答："他完全有能力在马赛立足，他比这里所有人都棒！”齐达内的亲友对他最终未能转会马赛并不失望，他们很清楚这家俱乐部的内部环境不是太好，不希望齐达内为回家做出牺牲。

家人会关心球员过得好不好，而潜在的买家们只看数据。1991/1992赛季已临近尾声，齐达内全季在法甲共踢了31场比赛，队内排名第七，总计出场2568分钟，队内排名第八，但进球数只有5个，对于一名进攻球员来说，这个数字有些不够。齐达内的第五个进球像一份告别礼物，那是他在顾拜旦体育场的最后一场比赛，对手依然是南特队，射门方式依然是吊射。

这一次，戛纳未能逃过降级的厄运。他们在法甲只停留了5年，这5年是对他们之前潜心青训的回报，齐达内和戛纳一起度过了这段短暂的美好时光。

拉孔布非常喜欢自己一手栽培的齐达内，但并不希望他继续留在戛纳。法乙联赛虽然强度不小，但无法提高齐达内的水平，只会浪费他的时间，甚至会让他退步。拉孔布有些伤心，因为弟子“那么优秀，训练那么努力”，18 岁就在一线队踢上比赛，没有理由不留在法甲，但遗憾的是，似乎并没有几家俱乐部愿意引进齐达内。

佩德莱蒂无奈地告诉拉孔布 ：“你得亲自为他找下家！”拉孔布照办了，生平第一次当起经纪人。他首先给摩纳哥主帅温格打去电话，温格表示齐达内的表现比高光的 1990/1991 赛季有所下滑，让人失望。拉孔布解释这主要是因为齐达内有兵役任务，在场内外遇到很多麻烦。温格不为所动。

马赛退出，摩纳哥没兴趣。齐达内场上司职前腰，这个位置是球队进攻的枢纽，这个位置需要天才。天赋异禀的齐达内却无人问津，情况和他在塞普泰姆时一模一样。这或许有些出人意料，但又合乎情理，当时的转会市场供需失衡，经纪人在交易中发挥着极大的作用，买方更看重球员的名气，不会细究能力。光有天赋不足以让球员成为香饽饽。

时间所剩不多，各俱乐部已进入新赛季的准备期，齐达内仍不知道新东家在哪里。就在这时，法甲波尔多俱乐部向他伸出橄榄枝，但他们的开价既赶不上马赛之前许诺的 800 万法郎，与佩德莱蒂 600 万法郎的心理价位也有差距。

波尔多原本只打算从戛纳买走让 - 弗朗索瓦 · 达尼埃尔和埃里克 · 格里，但最终还捎上了齐达内。他们付出的代价是 4 名球员（拉什克、马克斯、恩斯特以及莱塔热）外加一部分现金，齐达内的转会费折算下来只有 350 万法郎，波尔多的买卖做得不亏。

从竞技角度来看，齐达内找到了好归宿，可以继续留在法甲，而且去了一支训练有素的球队，一家后勤保障十分有力的俱乐部。波尔多在 20 世纪 80 年代曾三夺法甲冠军，在 1991 年因管理问题受罚降入乙级，但只用一个赛季时间就重新杀回法甲。

但另一方面，戛纳和他的分手本来可以更体面。齐达内 15 岁来到戛纳，20 岁离开，把美好的青春期留在这里。他对自己的新去处还比较满意，也略有些意外，对转会过程中发生的一系列事情感到气愤。像往常一样，齐达内没有向外界发表太多言论，但在俱乐部基地外的停车场，他告诉戛纳球迷协会主席让 – 克洛德 · 洛热尼 :

"他们像卖牲口那样把我卖掉了。"

被交易的球员必须有职业合同。齐达内当时已是戛纳队的主力，但还没有成为职业球员。他的第一张职业球员资格证将是一份美妙的礼物，比世界上所有的红色雷诺克里奥还美妙。

1992 年 6 月 14 日，齐达内通过体检。7 月 1 日，法国足协向他颁发了期待已久的职业球员资格证书，但这张证书上的注册俱乐部仍是戛纳。

波尔多和戛纳的谈判并不是一帆风顺。假期结束后，3 名准波尔多球员仍留在拉博卡训练，好像什么事都没发生过一样，他们被告知还得再等几天。波尔多俱乐部主席阿兰 · 阿弗勒鲁把游艇开到了戛纳康托港，最终，他和主帅罗兰 · 库尔比斯一起搞定了这桩交易，齐达内将去波尔多备战新赛季。

职业球员齐达内离开戛纳，情绪好像没有起伏。他的能力得到许多人的认可，这些人喜欢他，无条件地支持陪伴了他 5 年。新东家波尔多也视他为珍宝，他将和新球队一起进步，走上更高的舞台。齐达内有天赋，而且非常努力，身边又有那么多关爱他的人，只要没有伤病和其他意外发生，他一定会取得成功。

1992 年 4 月 18 日，齐达内最后一次代表戛纳出场，对阵南特。第八十二分钟，他被莫纳希诺替换下场，最后一次脱下红白间条衫。

齐达内不会忘记戛纳。这里很像马赛，总是阳光明媚；这里和所有的地方一样，既有虚伪的小人，也有真诚的朋友；这里又是那么特别，见证齐达内把梦想照进现实，踏上职业赛场。

齐达内说自己还会回来。米蒙青旅里的一对好友也要分别了，他们开着一红一白两辆轿车，在高速上愉快地互相超车追逐了一段路程，然后在一个路口驶向不同的方向，贝托尼去伊斯特尔，齐达内去波尔多。

依依不舍地告别朋友后，齐达内和维罗妮卡前往新城市开始新生活，迎接新挑战。初到波尔多的几个月，齐达内每天往返于体育场和家之间，日子很单调，还好有维罗妮卡陪在他身边，在他训练比赛时耐心地等他回家。

波尔多志在重塑辉煌，年轻的齐达内则要在队中争取一席之地，维罗妮卡放弃了自己的舞蹈事业，专心给男友做后盾。马赛的亲友很少过来看他们，这对恋人开始学着像真正的夫妻那样生活。有空的时候，齐达内还会回马赛造访取代了福雷斯塔的新浪潮青年体育俱乐部，但拉卡斯泰拉讷距波尔多实在太远了，而维罗妮卡父母居住的罗德兹则近很多。

体育场—家—体育场—家……两点一线的生活并非坏事，反而能让齐达内把精力集中到场上。一小部分人很清楚齐达内的价值，但他的能力毕竟还未得到公众认可，他必须拿出有说服力的表现，奉献助攻和进球，而不仅仅是花哨的动作。

达尼埃尔和格里的薪水比齐达内高一倍，但他俩知道，这位小兄弟潜力巨大。新队友们见识了齐达内的脚法和潇洒自如的球风后，都感到惊讶不已，达尼埃尔和格里则习以为常，只会钦慕地驻足观看。

在波尔多俱乐部位于勒艾朗的训练基地，队员们爱玩网式足球，齐达内的技术在这项活动中得到充分展示。网式足球比赛分两队进行，每队两人，齐达内和杜加里是一对黄金搭档。早年间，他们在法国U–17国青队就当过队友，在波尔多，两人走得更近了，常常肆无忌惮地打闹，给训练场带来不少笑声。在网式足球较量中战无不胜的齐杜组合，可没少被其他队友调侃，这并不是出于恶意，而是一种发自内心的认可。

“一起去吗？”

“哦，不，我得回家。”

类似的对话经常出现在训练结束后，齐达内和新队友们处得很好，但不会跟杜加里或其他单身队友出去吃午餐，因为维罗妮卡还在等他回家。这并没有妨碍一段友谊的升温。杜加里是波尔多当地人，对俱乐部和这座城市都很熟，他帮助齐达内更好地适应了这里的生活。他们像无忧无虑的孩子一样玩耍，一起登山，一起在城里和海边漫步。

波尔多不像蓝色海岸那样光照充沛，但与阳光比起来，齐达内更需要的是关爱。他是一个另类的职业球员，喜欢独处和思考，这并不意味着他不喜欢和人接触。与他人建立信任和情感联系是很重要的事情，也是一个合格运动员必备的能力。齐达内需要他人的陪伴，他有家人，有埃利诺一家，有那些从小玩到大的好友，有贝托尼，当然还有维罗妮卡。以后，他又多了一个新伙伴：克里斯托夫·杜加里。

齐达内是一个意志坚定的人，这里面既有性格因素，也与他所受的教育密不可分。他知道自己必须努力训练，在更衣室要认真听教练部署战术，在场上要全情投入。但有些时候，他也会走神，这或许是因为他的身体还跟不上比赛的强度。他刚满 20 岁，肌肉和耐力还都有待增强。来波尔多几个月后，他的身体渐渐变得更强了，能支撑他去施展技术和抱负。在部分比赛中，他会累到筋疲力尽，被提前换下，但这也让他取得了进步。

很快，齐达内就能踢满全场了，他的能力得到认可，出场时间也在增加。他成为波尔多的场上核心，他偶尔会身披 7 号球衣，但这不妨碍他掌控球队的进攻，他在戛纳时就背过这个号码。齐达内曾住过拉塔尔塔内广场的 7 号楼，有些人也许会觉得“7”是他的幸运数字，根据一本数字占卜书的说法，齐达内应该是这样的人：

> 你渴望安静地观察、冥思和遐想，以便满足自己对知识的渴望，也可能仅仅是为了找到真实的自我。你渴望探求生命的意义和万物的本质……你要对自己的感觉更有信心，更自如地向他人表达自己的感受和看法，这会让你受益。有些时候，外人很难真正地读懂你。

维罗妮卡懂齐达内，杜加里也懂他，这很重要；但对手常常读不懂他的假动作，这同样很重要。

1992/1993 赛季法甲最后一轮，波尔多客场 3 ∶ 2 战胜里昂，锁定欧洲联盟杯的参赛资格，齐达内和达尼埃尔在比赛中各入一球。一周后，戛纳队也杀回法甲，和 6 年前一样，他们这次也是通过附加赛晋级，淘汰了法甲排名倒数第三的瓦朗谢讷。

波尔多和戛纳的好成绩并没有引起人们的关注，因为这个赛季末媒体头条是马赛假球案。3 名前南特队员卷入这桩丑闻，马赛的埃德利（马赛）涉嫌行贿，瓦朗谢讷的罗伯特和布鲁查加涉嫌踢假球，这三人都是齐达内法甲首秀时的对手。尽管涉案的马赛高层极力否认，但法庭最终仍判定他们有罪。这个事件产生了多米诺效应，一件件证据被曝光在公众面前，人们开始质疑足球比赛的纯洁性，认为假球绝不是个案，顾拜旦提倡的体育精神受到玷污。

马赛在 1994 年被罚降入乙级。齐达内幸运地躲过一劫，他是一个有理想和信念的年轻人，命运再次眷顾了他，让他避免落入一家不干净的俱乐部。

在波尔多的这一年，齐达内收获一个新外号，这是主帅库尔比斯送给他的礼物。随着年龄的增长，齐达内在日常生活中需要用“齐内丁”这个名字，但库尔比斯嫌齐内丁（Zinedine）叫起来有些麻烦。在一堂训练课上，主帅先生听到达尼埃尔喊齐达内“齐兹（Ziz）”，这激发了他的灵感。很快，库尔比斯就给弟子起好绰号——齐祖（Zizou）。

日后，这个称谓传遍世界。

库尔比斯和阿弗勒鲁帮齐达内留在法甲，也帮他躲开危险和诱惑，让他可以专心踢球。但齐达内的性格仍有些冲动，在1993年9月18日的一场比赛中，他挥拳击打德塞利，导致后者血流满面，因而吃到职业生涯首张红牌。

在碰到难题时，齐达内仍会请教让·瓦罗。老球探的眼光依旧犀利，1992/1993赛季，戛纳凭借他所发现的几个小球员的出色发挥，荣获法国足球U–15锦标赛冠军。

睿智的瓦罗先生向齐达内传授了一些人生经验。

首先，“要买一份保险，以防丢饭碗”，职业运动员最大的风险就是受伤，贝洛内不到30岁就因伤退役，这件事让戛纳球员们印象深刻，放眼整个足坛，类似的悲剧不在少数，“能拿到100万法郎（赔付），你就可以买一间咖啡馆，和父母一起经营”。第二条建议也很中肯，“有条件时，把父母安置在一个安静的街区”。

但他的第三条建议就不那么严肃了：“赶紧结婚吧，那样你能少缴点税。”

齐达内的回应没有让他失望：“如果我结婚，肯定是一辈子的事情！”

1993年12月12日，波尔多客场对阵戛纳，米蒙青旅的老友们——有球员也有管理人员——都来到顾拜旦体育场观赛。看台上的球迷向齐达内致以掌声，但把更大的欢呼留给了他们的新宠儿帕特里克·维埃拉。这名年轻的中场和齐达内一样，也出生于6月23日，且在代表戛纳客场挑战南特时完成法甲首秀。

齐达内在波尔多进步明显，外界对他的批评声没有那么激列了，但并未完全消失，某些记者理解不了甚至不愿理解齐达内传球的艺术。

但朋友们还是无条件地支持齐达内。戛纳和波尔多的比赛结束后，二十多名好友在昂蒂布的一家比萨店聚餐，席间，齐达内不停地把毛衣袖子往下拉，试图挡住手腕。他不想让别人看见自己的手表，那块时髦的名表，是有钱人的象征。他有些不好意思。

用餐快结束时，维罗妮卡趁大家不注意，起身离开了一会儿，接着又坐回桌前。直到结账时，朋友们才发现，维罗妮卡已悄悄结过账。这是一对慷慨的恋人，他们爱对方，也爱所有的朋友。

1994 年 5 月 28 日，朋友们又在波尔多相聚，正如他们收到的请柬上所说："维罗和齐祖将携手共度一生。"这对有情人将在亲友面前许下承诺。

客人有的来自波尔多的富人区，有的来自罗讷河口省及阿尔卑斯滨海省的平民街区。齐达内自掏腰包，为大家支付了酒店的住宿费用。他显得比以往任何时候都高兴和激动，但也一直留意是否有人感到不自在，因为婚礼的举办地艾朗堡非常豪华。这座城堡附带有一大片庄园，始建于 18 世纪，坐落在波尔多郊外的吉伦特森林里。20 世纪 80 年代，波尔多俱乐部在前主席克洛德 · 贝兹和主帅埃梅 · 雅凯的带领下蓄势待发，把艾朗堡修葺一新，并将总部搬迁至此。

艾朗堡是完美的婚礼举行地，一对足球新人在这里完成人生中最重要的仪式。这一天，一向谨慎安静的齐达内开心地跳起舞来，他身后，侍者们打开一瓶瓶的香槟，一个个软木塞飞向空中！齐达内夫妇热情大方地款待出身于社会不同阶层的宾客，这是一场欢乐的婚礼、一场分享幸福的聚会。

生活中还有什么事能让齐达内变得再高兴一点呢？那应该是解决脱发问题。每次比赛结束后，谦让的齐达内总是最后一个去冲澡，还会使用一款由库尔比斯推荐的生发洗液。比森特·利扎拉祖看到这有趣的一幕后，会大声地唱起一首咏叹调式的自编歌曲，调侃年纪轻轻便有谢顶烦恼的队友。齐达内非但没有生气，还和“利扎”成为好朋友，后来，那独特的 V 形发际线和中空的头顶也成为他的标志。2004 年欧洲足球锦标赛时，一家德国报纸发布一张趣图，帮德国国家队全体队员换上齐祖同款发型，并配文：“我们需要 11 个齐达内！”

齐达内在波尔多踢得如鱼得水，成为队中不可或缺的人物，经常在关键时刻重炮破门，或给杜加里送上精妙传球。在客战戛纳的比赛中，他就助攻杜加里打进一球。

杜加里场上司职中锋，但也会积极参与防守。一直被业内人士诟病回防不积极的齐达内同样没有偷懒，在防守端投入了很多精力。

这对搭档配合得越来越默契，渐渐打出名气，也让对手望而生畏。他俩确实球风互补，当年的法国 U-18 国青教练看走了眼。但与杜加里不同的是，齐达内仍未找到最适合自己的场上位置，最能发挥他进攻创造力的位置。

瓦罗的建议没有变，“就像在塞普泰姆时那样踢”。这对忘年交并没有因齐达内离开戛纳而中断联系，两人会通过电话交流感情，瓦罗少不了对晚辈的场上表现做一番点评，还开玩笑说，齐达内改穿7号后拿球次数好像变少了；在一场比赛中，他踢得既不像前腰，也不像后腰，更不像B2B，因为波尔多一直在和对手互开大脚，足球根本就不经过中场。

瓦罗调侃道："这么踢，你好像有点不开心啊！"齐达内笑了，他没有不开心，不论对他个人还是球队来说，只要能赢球，过程并不重要。他每天都能睡得很香，瓦罗也一样，但1994年8月17日这天除外。

电话铃声响起，瓦罗夫妇被吵醒，瓦罗睡眼惺忪地拿起话筒："喂？"电话那头很吵，好像有很多人在兴奋地庆祝，一个熟悉的声音传入他耳中：

"您看比赛吗？我进了两个球：一个头球，一个左脚！"

打电话的是齐达内。几小时前，他刚刚在波尔多莱斯库尔公园球场打进两球，兴奋得不能自已，迫不及待地要和瓦罗分享喜悦，他这天身披的不是深蓝色的波尔多队球衣，而是蓝色的法国国家队战袍。年仅22岁的齐达内来波尔多才3年，就上演成年国家队首秀，和另一颗冉冉升起的新星利利安·图拉姆并肩战斗。

这是齐达内职业生涯首次梅开二度。法国队在这场比赛中的对手是捷克队，上半场结束前，客队在两分钟内连下两城，带着2：0的领先优势进入下半场。第六十三分钟，齐达内替补出场，终场哨响前，他还了捷克一个黑色2分钟，双方最终2：2握手言和。这是齐达内第一次为国家队披挂上阵，也是他一次为国家队进球，两个进球都非常精彩：第一球，他先是踩单车摆脱一名捷克队员，随后右脚将球轻轻一扣，晃开另一名防守者，顺势起左脚远射，足球如出膛炮弹一般直飞网窝。第二球，他在一次角球进攻中高高跃起，用头将队友开出的足球狠狠砸进球门！

过去，身材高大的齐达内看到高球会不自觉地躲避，现在，他长大了，知道如何抓住稍纵即逝的好机会。齐达内上场时，比赛常规时间只剩 27 分钟，法国队 0 ：2 落后，他完全有可能碌碌无为，就像记者们常说的那样“出场时间不够，表现难以评价”。

齐达内没有这样，他必须证明自己，必须赢得认可，更何况球场里坐满了热情的波尔多当地球迷。他刚上场时略显紧张，导致一小撮急躁的人发出不满的声音，但比赛结束后，大部分观众都被他彻底征服了。看台上的斯迈勒和玛莉卡长舒了一口气。

如此光彩夺目的首秀是难以复制的，也拉高了人们对他的期望和评价标准。日后，齐达内在国家队若有低迷表现，仍会招致外界的批评。

他那两个进球都是如假包换的好球，令人印象深刻，与乱战或运气没有任何关系。

齐达内已在法甲站稳脚跟，国家队首秀对他来说只是一个开始。1995 年 4 月 26 日，他在一场欧锦赛预选赛中首发登场，代表法国出战斯洛伐克，这是他第三次为国家队出场比赛。齐达内踢了 75 分钟，并且担当组织核心，踢得游刃有余，不负众望。本场比赛的举办地又是——南特。

赛场上，齐达内自信满满、兢兢业业，生活中，他也有了新的责任。22 岁零 9 个月的他和维罗妮卡有了一个孩子，齐达内给这个男婴起名恩佐，致敬偶像乌拉圭球星恩佐·弗朗西斯科利。弗朗西斯科利曾效力过马赛俱乐部，齐达内小时候把他的海报贴在卧室里激励自己。

恩佐会遗传父亲的长相吗？会抱着足球人睡吗？他长大一点时会变得好动吗？进入青春期后会变得腼腆但仍然迷恋足球吗？他会有一头金色的卷发吗？

可以肯定是，他的人生会和爸爸不一样。齐达内会让儿子拥有更好的成长条件，也会教给他爱与做人的道理。世界正等待着小恩佐，他会慢慢明白，爸爸的怀抱就像避风的港湾，而生活不会永远这么舒适。

第六章　尤文图斯

加盟法甲劲旅，代表国家队出场，迎来家庭新成员，齐达内实现了一个又一个目标。随着收入的提升，这位孝顺的儿子也为父母准备一份大礼，帮他们完成一个心愿。这份礼物没法用漂亮的彩纸包住，因为这是一栋可以遮风避雨的房子，为了斯迈勒和玛莉卡，也为了全家人。

那个高高的、谨慎的、黑发越来越稀疏的年轻人记起孩提时的样子。一个金色卷发的小男孩，然后是一个高个棕发的大男孩，他经常出现在公寓和公寓楼周围的地方。他是最小的一个，父亲带他去参加第一场比赛，母亲指引他走上正确的道路，哥哥姐姐对他宠爱有加。他被爱包围着。他想说谢谢。

他们一家动情地告别拉卡斯泰拉讷，搬到马赛的一个小镇上，这里有更好的环境和优越的生活条件。但齐达内依然还会回到拉卡斯泰拉讷，去看望儿时的伙伴们，追忆过去的生活。

在一次随波尔多赴瑞士参加室内足球赛时，齐达内听到看台上有人叫他，回头看去，竟是老队友吉勒·布瓦。布瓦当时住瑞法边界附近的上萨瓦省，为安纳马斯俱乐部踢球。齐达内向他招手，并邀请他坐到教练席。岁月变迁，友情不改。

在勒艾朗，齐达内的密友是杜加里，两人在生活中亲密无间，在球场上配合默契。但他们在合作的第三个赛季（1994/1995）首次遇挫，欧洲联盟杯第二轮，波尔多不敌波兰俱乐部卡托维兹，未能更进一步。赛后，左后卫利扎拉祖愤怒地走出更衣室，称俱乐部上下的态度都出了问题。尽管波尔多高层表示俱乐部财政状况依然健康，未受联盟杯出局影响，但球队糟糕的状态激怒了对他们抱有很高期望的球迷。波尔多必须做出改变。

齐达内在场上跑动得更快、更积极了，努力给出稳定的表现。

经过半年多的蛰伏，1995 年夏，波尔多在国际托托杯[①]中一路过关斩将，拿到联盟杯参赛资格。对齐达内、杜加里和利扎拉祖来，摆在他们面前的将是一个漫长的赛季。如果一切顺利的话，1996 年夏天，他们会随国家队开赴英格兰，与另外 15 路豪强逐鹿欧锦赛。

经过一个夏天的努力，齐达内已成为让法国人民充满期待的球星。在 8 月底的一场比赛中，两个特别的进球进一步提升了他的自信，这两个球的受害者又是——南特。齐达内的进球不多，但个个精彩，其中还不乏世界波。1995 年 12 月 4 日，1995/1996 赛季联盟杯八分之一

---

① 国际托托杯是一项已经停办的欧足联俱乐部赛事，在夏季休赛期进行，供欧洲各国未能获得欧战资格的俱乐部参加，赛事优胜队伍可以晋级新赛季的欧洲联盟杯。——译注

决赛次回合，波尔多客战皇家贝蒂斯，齐达内打进一记足以写入波尔多队俱乐部史册的神仙球。塞维利亚的皮斯胡安球场见证过许多伟大的比赛，如 1982 年世界杯上巴西队与苏联队、法国队与联邦德国队的大战，而对波尔多人来说，塞维利亚的贝尼托·比利亚马林球场才是一个值得回忆的地方。

波尔多与贝蒂斯的比赛开场仅 4 分钟，齐达内在中圈附近得球，观察到对手门将站位靠前，果断起脚打门，足球划出一道高高的弧线，越过守门员的头顶，径直落入网窝！这是一次即兴的表演，体现了齐达内超强的视野、脚法和决断力，他在舍瓦利耶体育场踢小场训练赛时就尝试过类似的射门。凭借这个进球，波尔多最终两回合总比分 3 ： 2 淘汰对手，晋级八强。整个 1995/1996 赛季，波尔多在法甲联赛中表现低迷，一直堪堪徘徊于降级区之外。但他们在欧洲联盟杯中势头凶猛，之后接连击败 AC 米兰与布拉格斯拉维亚，闯入决赛。

这将是齐达内第一次参加欧战决赛，他和波尔多将对阵德甲班霸拜仁慕尼黑！但遗憾的是，齐达内与杜加里因累积黄牌停赛错过了决赛首回合较量。

两位好友同病相怜，无奈地坐上看台，眼睁睁看着球队吞下客场失利的苦果。齐达内和杜加里的缺席给了德国人机会，拜仁慕尼黑 2 ： 0 带走胜利。次回合，两队移师波尔多再战，拜仁 3 ： 1 奏凯，成功捧杯。本场比赛，杜加里没有进球，齐达内也未能攻破拜仁门神卡恩的十指关（卡恩早年效力于卡尔斯鲁厄时，齐祖曾用一记刁钻的任意球攻门让他鞭长莫及），利扎拉祖则在开场后第三十二分钟因膝伤被迫离场。

对齐达内来说，这是个难忘的赛季，波尔多闯入了联盟杯决赛，还创纪录地踢了20场欧战比赛。他们在法甲过得很挣扎，但在联盟杯四分之一决赛中淘汰意甲豪门AC米兰，扬威欧陆。这个结果肯定让戛纳比萨店的约瑟夫伤心。

首回合，波尔多客场0 ： 2败北，对强大的AC米兰来说，这是个理想的比分，晋级几无悬念。但波尔多顽强地扼住命运的咽喉。

次回合回到莱斯库尔公园球场，波尔多气势如虹，因为他们在之前几个主场比赛中连战连捷，士气正旺。从队员们走进更衣室起，一股神秘而强大的精神力量就注入他们心中。齐达内非常专注地做着赛前准备，以便让身体达到最佳状态，一直以来，他都保持着这样的习惯。这个聪明少言的领袖没有大声嘶吼，没有喋喋不休，只是给队友们提出合理的建议，恰到好处地鼓舞他们的斗志。

齐达内把这份专注带到场上，第七十分钟，他送出致命助攻，杜加里一剑封喉，将比分锁定为3 ： 0。米兰众星无力回天，此时，来自戛纳的小将维埃拉也在红黑军团阵中，他的落寞和齐达内的狂喜庆祝形成鲜明对比。两人在拉博卡并没有交集，未来他们肯定还会交手，地点或许是在意大利吧。

齐达内可能要离开法国了，有消息说尤文图斯俱乐部的高层对他心仪已久。齐达内本人对此守口如瓶，但波尔多俱乐部主席透露，他在巴黎会见了尤文图斯派来的代表，谈判很不顺利，并强调绝不会卖球员给“老妇人”。齐达内一门心思训练比赛，他知道，转会事务中变数太多，沉默是金。

齐达内稳定地进步着。由于赛程密集，训练忙碌，他越来越难有闲暇，但仍和自己的伯乐保持联系。无论待在基地还是乘大巴去客场时，只要一有空，他就会给瓦罗打电话。

瓦罗先生也会给齐达内来电，偶尔会听到一个陌生但友好的声音："您好！我是克里斯托夫，齐兹在睡觉，他过会儿给您回过去。"这是齐达内的室友杜加里，在基地和客场，两人都住一个房间。

杜加里是个话痨，有时候，他甚至嫌齐达内有些过于安静，但这并不妨碍他敬佩德艺双馨的好友。两人的默契日益加深，他们做好准备一起迎接各种挑战。

一场意外给了齐达内更多打电话的时间。1996 年春，齐达内在吉伦特省的高速公路上遭遇车祸，头部挫伤，臀肌也被撞伤。万幸事故没有造成更严重的后果，但养伤让齐达内没能好好地备战欧锦赛。欧锦赛的赛制和世界杯一样，前期是小组赛，之后进行淘汰赛，淘汰赛阶段可能会出现点球决胜。在国内联赛中，一支球队要稳定地赢下许多比赛才有可能登顶，错失某一个进球机会，于大局几乎没有影响；相比之下，欧锦赛和世界杯的随机性就大很多，浪费一次得分机会完全有可能让夺冠大热门饮恨。1996 年欧锦赛，法国队就在半决赛面对捷克队时翻船。这场比赛的常规时间，齐达内没有进球，两队打成 0：0。虽然他在点球大战中第一个出场并稳稳罚中，但法国最后仍 5：6 不敌捷克，无缘决赛。齐达内未能让球迷如愿，但主帅雅凯并不后悔派他上场，这次出征至少让年轻的他感受了洲际大赛的氛围。

欧锦赛结束后，有人提出法国队本不应征召齐达内，因为他状态低迷，开赛前，齐达内本人也考虑了很久是否随队远征英格兰。这样的评判有些苛刻，在法国与保加利亚一役中，齐达内发挥得非常出色，但外界可能是“爱之深，责之切”。这些言论让齐达内倍感压力，更意外的是，一些队友也抨击了他的表现。

齐达内不想和公众发生论战，他不会忘记自己过去所受的伤害，不会忘记在戛纳的伤心往事，也不会忘记支持者对他的安慰和鼓励，更不会忘记波尔多和“彼端”酒吧。这个酒吧位于福煦元帅路和古尔格路之间，是齐达内和大卫 · 杜加里友谊的见证。大卫是克里斯托夫的兄弟，1996 年 4 月，他将自己名下的酒吧股份转让给了齐达内。

1996 年欧锦赛期间，齐达内宣布自己将离开波尔多，他在双方合作的最后一个赛季，留下了一份最好的成绩单。有空的时候，齐达内肯定还会回彼端酒吧看看，他的下一站将是巨星云集的意大利。

埃利诺一家有个小小的遗憾——错过了齐达内在国家队的头两场比赛，他们得知齐达内无缘首发阵容后便没有打开电视，他们想不到他会有那么精彩的表现。

1996 年夏，埃利诺一家来到新喀里多尼亚的努美阿，多米尼克在这里的一家餐厅当厨师。电话响起。一个熟悉的声音告诉他们一个惊人的消息 ：“我和尤文图斯签约了！”但埃利诺一家并没有太过惊讶。

齐达内是个感恩的人。在佩戈马，埃利诺一家曾寄养过多名小球员，但后来只有齐达内一直和他们保持联系。从 1996/1997 赛季开始，齐达内的名字将出现在尤文图斯的 21 号球衣上。在十一人制的足球比赛中，21 号显然是个冷门号码。齐达内却欣然接受了它，没有向球队索要更符合他位置与身份的 10 号。这种谦逊的态度帮他赢得尊重，也帮他更好地融入了新环境。但他还需要在场上踢出好的表现，证明自己的价值。“老妇人”阵中不乏球星，这支球队志在冠军，志在征服意甲、欧洲和世界。无论场上场下，齐达内都面临着不小的压力。

“尤文图斯是另一层境界”——1985 年，雅凯率波尔多杀进欧洲冠军杯四强，但在半决赛首回合客场 0 ∶ 3 惨败给尤文图斯。赛后，一家报纸打出这样的标题揶揄他们。这个标题有两层含义：尤文图斯比波尔多之前碰上的对手强不少；波尔多的实力比尤文图斯差太多。

尤文图斯确实是在另一层境界上。完成签约后，法国新星齐达内只短暂休整几天便抵达都灵城，然后便发现一个新世界：这里有雄伟的阿尔卑体育场、先进的训练基地和狂热的足球氛围，人们的话题总是围绕着尤文图斯和都灵这对同城死敌；这里的主帅是马尔切洛 · 里皮，他比法国同行们更宽容，但对球队也有严格的战术要求；这里有一群实力过硬的球员，有完备的训练及后勤保障设施，还有负荷极高的体能训练。

高标准、严要求是尤文图斯的原则。齐达内刚刚经历了一个漫长的赛季——也是他短暂的职业生涯中最繁忙的一个赛季，尚未从疲劳中恢复过来，跟不上体能教练詹皮耶罗 · 文特罗尼的训练强度。与前些年相比，齐达内确实变强壮了，但他在过去的一年里踢了联赛、联盟杯和欧锦赛，还因车祸受伤，身体状态堪忧。

文特罗尼绰号“魔鬼教官”，在训练中把球员当海军陆战队员对待。

他从赛季准备期就开始“折磨”球员，以便让他们储备好体能。

赛季开始前，尤文图斯一般把训练营设在瓦莱达奥斯塔地区的卡蒂隆镇，这个小镇的名字颇具法国风味，但尤文图斯的训练却是百分百的“都灵风格”，强度非常大。

每年夏天，群山环抱的卡蒂隆景色优美，气候宜人，体育场里却是另外一番景象，坚硬的跑道让齐达内仿佛又回到拉塔尔塔内广场。天气好的时候，和煦的阳光洒满大地，尤文图斯球员却在进行枯燥的体能训练。他们一圈接一圈跑步，会整整跑上 3 周，集训结束后，球员们的日子也不会好过。

力量训练、耐力训练、中长跑……齐达内有些跟不上节奏，经常在训练后累到虚脱。他不禁疑惑起来：意大利不是以盛产顶级球员闻名吗，怎么他们的训练就这点水平？

皮埃蒙特地区乌云密布，天气渐渐变冷，齐达内的心情略显抑郁，他还听不懂意大利语，比起波尔多和戛纳，都灵的生活有些难以适应。

这个时候，家人的陪伴就变得尤为重要。维罗妮卡在生活上照顾着齐达内，恩佐也一天天长大，齐达内盼着儿子早日喜欢上踢球。到那时，他会在新家宽敞的客厅里摆一个球门，让恩佐好好玩耍。齐达内小时候会在外面的人造草坪上踢球，还会在家里撒野，曾一脚抽碎了饭厅的吊灯。

他们的新家是一套位于都灵城中心卡尔洛 · 阿尔贝托街旁的房子，前主人是 1996 年夏天刚刚离开尤文图斯的詹卢卡 · 维亚利。齐达内一家并不孤独，因为另一名尤文图斯新援阿伦 · 博克西奇就住在他们旁边，两位老朋友也来到都灵陪伴他们，一个是马赛的马莱克，另一个是戛纳的贝托尼。

贝托尼帮忙安装电视天线，收拾整理房子，还帮齐达内做了几天翻译——由于祖辈是意大利人，他上学时学过意大利语——但只逗留了几周便离开，因为他在亚平宁半岛找到新工作。此前，贝托尼在伊斯特尔和阿莱斯度过了两段租借时光，回到戛纳后发现俱乐部已不打算和自己续约。经过一番思索，他做出决定，加盟意大利丙级联赛的阿韦扎诺俱乐部，那儿离法国、都灵和齐达内都很近。

马莱克在都灵住了好几个月。他是齐达内的发小，两人曾一起在街头没日没夜地踢球。马莱克稳重、热心且聪明，很快就学会意大利语，他开车送齐达内去训练，帮维罗妮卡购物，照顾小恩佐。他善于倾听，又非常可靠，绝不会把朋友的秘密透露给媒体。

齐达内看上去有些冷漠，其实是外冷内热，他在都灵很快建立了社交关系。但很多人仍固执地认为，他是个自闭乏味的家伙，事实并非如此。齐达内是美食家，甚至可以说是个吃货，他喜欢意面，和朋友一起用餐时会开怀大笑，大快朵颐。他交了个新朋友，名叫罗伯托，在波河左岸蒙卡列里大道旁的安琪利诺餐厅工作，是餐厅老板的儿子，父子俩都是大厨。

安琪利诺餐厅是少数几个齐达内经常光顾的地点之一，他偶尔会来这里用午餐或晚餐。齐达内不太喜欢抛头露面，不喜欢被人群包围环视的感觉，在意大利这个足球国度，球星总会受到很多关注。他不会去街上散步，谢绝了俱乐部提供助手的好意，没有聘司机，和妻子、马莱克一起承担生活中的各种杂务。齐达内之所以这么做，不是因为自大，而是出于天生的戒备心理，把熟悉亲近的人留在身边，和外界保持一定的距离。在足坛，像他这样行事的球员并不多。

在家人和朋友的陪伴下，齐达内渐渐适应了都灵的生活。来这儿的头三个月里，他很少笑，也很少说话，不参加新闻发布会，因为会场的气氛多少有点像审判，他以语言不通为借口躲开记者的发问。有时，齐达内想用场上表现回应人们的关注，但有些力不从心，他的身体尚未恢复到最佳状态，而意甲的拼抢又是如此激烈，每名球员都会从比赛第一分钟拼到最后一分钟，每支球队都会从赛季第一场拼到最后一场。

媒体一再强调齐达内还未拿出最佳竞技状态，但尤文图斯球迷们已经认可了21号球员的才华，他们爱看球也懂球。在赛季第六轮主场同国际米兰的比赛中，齐达内打出一记技惊四座的左脚远射，首次为尤文图斯破门，俘获了斑马军团拥趸的心。随着尤文图斯在各项赛事中连奏凯歌，球迷对他的喜爱也与日俱增。

1996年11月，齐达内随尤文图斯赴东京参加丰田杯，争夺他加盟该队后的第一项锦标，他们的对手是南美解放者杯冠军阿根廷河床俱乐部。在南美，公众对足球的狂热不输意大利。河床是一支传统强队，是布宜诺斯艾利斯上层社会的代言人，他们的死敌是代表工人阶级的博卡青年俱乐部。齐达内并不关心河床，只关心该队的一名乌拉圭前锋——恩佐·弗朗西斯科利。1984年，效力于河床的弗朗西斯科利荣膺“南美足球先生”；后来，他去欧洲闯荡，还加盟过马赛，在1994

年重回河床。

在东京国立竞技场的寒风里，齐达内终于等到和心中英雄同场竞技的机会。最终，尤文图斯 1 ： 0 带走胜利，齐达内收获身披斑马战袍后的第一个冠军，以及一份比奖杯更珍贵的礼物。比赛结束后，他走上前跟偶像亲切交谈，弗朗西斯科利把自己的球衣赠给了他。齐达内将这件礼物带回都灵的家中珍藏，有时还穿着它睡觉。

1997 年 2 月，尤文图斯又在欧洲超级杯中击败巴黎圣日尔曼夺魁，这座冠军奖杯没有让“老妇人”欣喜若狂，因为超级杯的分量并不重。尤文图斯在两回合比赛中，分别以 6 ： 1 和 3 ： 1 大胜对手，这显示了他们不俗的状态。对尤文图斯这样习惯于胜利的豪门来说，拿下丰田杯和超级杯算不上太大的成就，只能略微给球队增加一点信心，斑马军团的目标是在赛季末拿下意甲冠军和欧冠冠军。他们渴望在欧冠中卫冕，因为 1989/1990 赛季，另一家意甲豪门 AC 米兰曾实现过这样的成就。

1985 年，尤文图斯在布鲁塞尔的海瑟尔球场登顶欧冠，那次夺冠伴随着一段惨痛的回忆——决赛前，看台上爆发了骚乱，导致多名球迷丧生，可比赛仍照常进行。11 年后，尤文图斯在罗马奥林匹克球场再夺欧冠冠军，重回欧洲之巅。决赛中，他们赢得并不轻松，经过常规时间和加时赛的鏖战与阿贾克斯打成 1 ： 1，最终在点球大战里 4 ： 2 涉险过关。

齐达内的表现越来越好，尤文图斯的高层开始畅想双冠王的伟业。在场上，齐达内搬出了自己的十八般武艺，过人，助攻，必要时还亲自上演破门得分的好戏。

球迷们爱上了这位充满想象力的中场艺术家。他变得更加强壮，适应了对抗激烈的意甲赛场；他在机会出现时会左右开弓，毫不犹豫地起脚远射；他是一位球场领袖，但还没有进化到最强形态；他已成为家喻户晓的球星，他的影响力正向足球以外的领域扩张，而他家的大门永远向朋友敞开。

1997年春，埃利诺一家人来都灵看了一场欧冠比赛，赛后，齐达内邀请他们回家里小住。时光荏苒，当年寄宿在埃利诺家的小球员，如今已是驰骋意甲的明星，这是曾经任何人都不敢想象的剧情。

洛朗已成为一名工程师。两位好友促膝长谈，聊起命运、人生等话题，一直聊到凌晨3点。齐达内非常开心，两个与他有关的家庭聚在一起，一边是妻儿，将伴他度过未来的人生，另一边虽不是亲人却胜似亲人，记录着他过去的点点滴滴。齐达内没有忘记帮助过他的人，没有忘记埃利诺一家，更没有忘记他生命中的贵人和伯乐瓦罗先生。

他更没有忘记瓦罗夫人。她生病了，身体状况很令人担忧。只要有机会，齐达内就会避开媒体，悄悄地去医院看望瓦罗夫人，但还是有一些病人和医护人员惊喜地认出他，因为他那双炯炯有神的眼睛辨识度很高。作为公众人物，他无法逃开外界的关注，但他必须学会保护自己。

在法国国家队，齐达内已是无可争议的中场核心，他神奇的脚法让人如痴如醉。加盟尤文图斯后，他的人气水涨船高，他是这台高效战车的发动机。

赛季末，尤文图斯如愿拿到意甲冠军，齐达内厥功至伟。他们在欧冠联赛中也杀进决赛，却 1 ：3 不敌多特蒙德，齐达内又一次败给来自德国的球队。比赛中，他的一脚射门曾击中门框，未能转化为得分。

对齐达内来说，1996/1997 赛季和 1996 年欧锦赛及联盟杯之旅一样，留有深深的遗憾。

但齐达内已经证明了自己——赛季初对阵国米时，他攻入登陆意甲后的首球；欧冠半决赛次回合与阿贾克斯的较量中，他在禁区内轻巧一扣，晃倒守门员，接着用右脚外脚背弹射，打进个人赛季欧冠最后一球——这些精彩的进球表演就是他价值的体现。

激烈的比赛、紧咬的比分、对胜利不懈的追求、高水平的意甲赛场锻炼了齐达内。重压之下，他学会从精神世界汲取力量，激发出超乎所有人想象的潜能。他喜欢畅想美好的事情，也明白实现目标的唯一方法就是脚踏实地、刻苦训练。

他曾是戛纳的天才少年，也是波尔多和法国国家队的中场灵魂，他用一个赛季向世人证明，自己在强大的尤文图斯同样可以指挥若定。他已在世界上最高水平的联赛站稳脚跟。1997 年夏，齐达内回到戛纳度假。

齐内丁 · 齐达内，酒店前台的服务生从电脑屏幕上看到这个名字，名字旁是一个特殊的房号。她知道这位客人是谁，尽管该酒店住的都是贵宾，但这个齐达内可非同一般。他入住的是戛纳最著名的客房——卡尔顿洲际酒店的皇室套房，该套房上方的穹顶是戛纳的标志之一。当年，齐达内经常沿克鲁瓦塞特大道散步，那时的他根本不敢奢望未来能享受这样的待遇。

米蒙青旅离洲际酒店只有四五百米，但齐达内花了整整5年，才重新走上这段路。他感到十分惬意。

一个路人看到齐达内后说："他应该去训练，而不是待在这儿！"齐达内听到后只是微微一笑。经过多年的打拼之后，他已收获荣誉、名望和财富，无论面对什么样的评价，都能做到心如止水。

但即将到来的1997/1998赛季，齐达内恐怕不会轻松。1998年，世界杯时隔60年重回法国，各路媒体会争相报道这一盛事，也会给球星们带来如山的压力。

第七章　夏日童话

1997/1998 赛季，尤文图斯的目标依然是成为双冠王。齐达内仍和上赛季一样，常常设法躲开吵闹的新闻发布会，躲开媒体记者伸来的话筒，以避免因语言问题而产生报道偏差。他和外界保持着距离，但他的身边有爱妻维罗妮卡和儿子恩佐，还有罗伯托及几个关系要好的队友，比如克里斯蒂安·维埃里、乌拉圭球员保罗·蒙特罗和丹尼尔·丰塞卡等，维埃里的妈妈是一位和蔼可亲的法国人，蒙特罗则把齐达内引见给弗朗西斯科利。

齐达内一家离开了热闹的古城中心，搬到远郊的艾尔默居住，这儿是一个高档社区，生活变得更安静了。他们住进一栋带花园的大房子，恩佐终于有地方撒欢了。小花园成为齐达内父子共用的第一块足球场，而他俩的组合很快就会再加一个人，因为维罗妮卡又怀孕了，预产期是 1998 年 5 月。到时，多场重要比赛也会等着齐达内参加。

来意大利后，齐达内遇上了更强的对手，表现丝毫没有打折扣。

他的妙传、过人和进球都让观众们大呼过瘾，他征服了见多识广、眼光颇高的意大利球迷。1998 年 3 月，尤文图斯再度闯入欧冠半决赛，与摩纳哥争夺一张决赛门票。首回合比赛，齐达内在上下半场分别制造了一个任意球和一个点球，皮耶罗抓住这两次机会，两度帮尤文图斯取得领先。终场哨响前，斑马王子投桃报李送上助攻，齐达内在大禁区线上推远角得手，将比分锁定为 4 ∶ 1，此球是尤文图斯在欧战中第五百个进球。本场负责盯防齐达内的摩纳哥后卫马丁·德杰多也被征服了。

尤文图斯在意甲赛季倒数第二轮击败博洛尼亚，提前卫冕成功。比赛中，他们一度 0 ∶ 1 落后，但最终 3 ∶ 2 反败为胜。齐达内在意甲已功成名就，也连续第二年闯入欧冠决赛，他渴望站上欧洲之巅，遗憾的是，尤文图斯这次又 0 ∶ 1 输给皇马，他依然未能如愿。赛后，有人评价齐达内仍不具备决定比赛胜负的能力。这种说法有些可笑，齐达内虽是策动进攻的场上指挥官，但也不可能包办一切。

人们不会管这些，只会把更多的期待安放在齐达内身上。世界杯已近在眼前。1997 年 12 月，齐达内曾在马赛代表欧洲明星队对阵世界明星联队，这是一场为世界杯分组抽签仪式造势的友谊赛。很快，他又将回到这里，率法国队在世界杯小组赛首轮迎战南非。

马赛的滨海公路旁出现了齐达内的巨幅海报，海报上自豪地注明“马赛制造”。1998 年 2 月，齐达内随法国国家队来到故乡，在修缮一新的韦洛德罗姆球场与挪威队踢热身赛。比赛中，德约卡夫送出长传，齐达内连停带过，巧妙地突入禁区，接着用右脚外脚背把球弹进网窝，射门方式与在欧冠打进阿贾克斯那球如出一辙。

1998年1月，法国队还和西班牙队踢了一场热身赛，比赛在圣但尼的法兰西大球场进行，齐达内登场并破门得分，成为史上第一个在该球场进球的人。后来，法兰西大球场承办了1998年世界杯决赛；而1953年，刚刚从卡比利亚来到法国的斯迈勒，曾在圣但尼的一个工地上讨生活。齐达内的这个进球或许纯属偶然，但冥冥中又带着某种意义。他渴望卸下压力，在最关键的时刻，以最好的状态帮助球队。

1998年3月时，齐达内感到脚踝很痛，但还是坚持为尤文图斯和法国国家队出场比赛。有消息说他在尤文图斯和皮耶罗面临位置之争，在国家队也要和德约卡夫竞争上岗，这些传言并没有分散齐达内的精力，他的心态比以前成熟多了。

1998年5月13日，就在世界杯备战进入冲刺期时，恩佐有了一个弟弟，齐达内给这个新生儿起了个意大利风格的名字——卢卡。齐达内祖籍阿尔及利亚，维罗妮卡有西班牙血统，他们都不像传统的法国人那样外向，但都深爱自己的孩子。卢卡的降生为齐达内注入了更多的动力，他感觉肩上的担子更重了。

作为东道主，法国队不用参加预选赛，自动晋级世界杯决赛圈。尽管高卢雄鸡在热身赛中战绩不俗，但外界没有把他们列为夺冠热门。那些醉心于数据分析的专家忘记了1954年世界杯上的匈牙利队、1974年世界杯上的荷兰队以及1982年世界杯上的巴西队，忘记了世界杯是爆冷的温床。

街头巷尾，茶余饭后，所有人都在讨论世界杯：某队肯定能夺冠、某队应该能进四强、某队必然是热门……这些言论忽视了杯赛的偶然性，没有任何意义。

在世界杯上，胜利只属于全力以赴者。齐达内就是这样的人。

在马赛的滨海公路，路人抬起头就会看到海报上齐达内坚定的目光，那里面饱含着对胜利的渴望。

法国国家队主帅雅凯和齐达内一样值得信赖。许多人不认可雅凯的战术打法，他执教波尔多时曾说过“大家不喜欢我们”，但他一直坚持自己的足球理念。

雅凯曾是一位普通工人，说话有浓重的卢瓦尔口音，因此经常遭到巴黎人调侃。他把 1998 年世界杯看作自己职业生涯最后的挑战。

人们低估了雅凯的领导力。他信念坚定，对法国队很有信心，他知道这支球队心理强大，防守稳固。

雅凯特别信任齐达内。这名中场能给球队带来底气，给对手送去恐惧，他稳重刚毅，肯定会带领法国队在世界杯上走得很远。法国队自 1997 年后只参加了一系列热身赛，没有经历其他正式比赛的考验，因此他们在世界杯正式开打前显得有些紧张。各大报纸纷纷就此提出质疑，措辞十分夸张；各家电台和电视台也表达了担心，但由于球队赞助商的存在，他们的态度不像纸媒那样浮夸。齐达内在媒体面前依然惜字如金。

1996 年欧锦赛后，雅凯和法国足协续约，并承诺会在两年后带队拿下大力神杯。他没有忘记自己的诺言。

1998 年 6 月 10 日，世界杯正式拉开大幕，按照惯例，上届冠军巴西队在开幕式后率先亮相。法国队将在两天后出场，对阵南非队，所有队员都已集中精力。但生活并不高于足球，齐达内没有忘记一位临产的老朋友。在尼斯圣乔治产科医院的病房里，桑德拉拿起电话听筒，惊喜地听到一个熟悉的声音——是齐达内！桑德拉当时就职于尼斯俱乐部，再早些年，她是戛纳俱乐部的秘书，那时候，齐达内和阿梅代在每天训练后等待让－克洛德时，都会和桑德拉玩几局桌上足球。离开戛纳后，他们一直保持着联系。

齐达内打电话是为了安抚桑德拉，和她分享自己几周前等待卢卡出生时的心情。他们约定很快会见面，但具体时间不确定，不会在6月10日，也不会在12日，因为经过4年的准备与等待，齐达内和法国队蓄势待发，运气好的话，他们的征程可能会持续4周。

法国和南非的比赛在马赛韦洛德罗姆球场进行，这里是法甲马赛俱乐部的主场，也是齐达内的主场。尽管他从未穿过马赛球衣，但家乡球迷知道，他是塞普泰姆的耶齐，是戛纳的齐达内，是波尔多和尤文图斯的齐祖，同时也是马赛的儿子。赛前，当齐达内和法国队另外10名首发球员现身时，现场爆发出雷鸣般的掌声。

比赛开始后，法国球迷在看台上玩起人浪，卖力地为主队加油打气，但这种声势也容易给球员带来压力。和主帅雅凯一样，前锋杜加里不太受球迷欢迎，在错失得分机会时经常会挨嘘，而他又偏偏是一个敏感脆弱的人。此外，还有人认为杜加里是个倒霉蛋，唯一的运气就是交了齐达内这个朋友。更有甚者还放言，杜加里能入选法国队，纯粹是沾齐达内的光。

在历史上，南非队没有留下什么值得炫耀的成绩。据资料记载，他们在1906年去过一趟南美，收获一连串大胜，此后，南非队远离足坛的主流赛场，直到1996才首次参加非洲国家杯，这支队伍的实力十分神秘。时间一分一秒地流逝，场上比分始终没有改写，焦急的法国球迷又把炮火对准上场不久的杜加里，后者替下了因伤离场的吉瓦什，并搞砸一次单刀机会。一些观众情绪失控，不仅大骂杜加里，也忘记给法国队加油。

必须马上改变这种局面。中场前10分钟，法国队获得一个角球，齐达内从左侧角旗区将球开出，足球划过一道高高的弧线落向前点，杜加里奋力跃起狮子甩头，足球蹭过他头顶后飞向后门柱，砸中死角弹入网窝，1 ∶ 0，法国队取得领先！杜加里欣喜若狂，一边手舞足蹈地飞奔，膝盖抬得老高，一边兴奋地吐出舌头，既像在庆祝，又像在回击那些刚刚嘲讽过他的球迷，齐达内和一众队友冲上来抱住杜加里。

齐杜组合威力不减，胜利的天平发生倾斜。第七十七分钟，效力于马赛的南非队员皮埃尔·伊萨防守中不慎自摆乌龙，为法国队再下一城，比分变为2 ∶ 0。

终场前，亨利完成最后一击，3 ∶ 0，法国队锁定胜局，取得开门红。从理论上来说，小组赛共有三轮，第一轮是有容错空间的。但从士气上来讲，拿下这场比赛十分重要，面对世界杯新军南非，法国队若不能取分，将会面对更大的压力，外界也会质疑他们是一支伪强队。

首战告捷让一切担心和疑虑烟消云散，人们这才意识，法国队在热身赛上的好成绩并不是靠运气得来。随着压力的减轻，法国队向外界敞开大门，他们的驻地设在普罗旺斯的马莱莫尔，让·费尔南德斯来到这里探班齐达内。这位教练想起了弟子在拉博卡的时光，也记得他在场上总能保持专注，很早就学会拿球后迅速转身面朝进攻方向，“(齐达内拿球后转身）很快，非常快。”

小组赛第二轮，法国队对阵沙特队，这是公认C小组最弱的球队。尽管沙特由1994年世界杯的冠军教头卡洛斯·阿尔贝托·佩雷拉挂帅，但他们并不为外界看好。雅凯赛前告诫部下，双方实力悬殊，要提防沙特队用非正常手段挑事。他的担心不无道理，不少球队常在比赛中使用这些反足球的套路，法国队的球员们对此并不陌生，齐达内更是深受其害。

从罗讷河口省到尼斯，从少年队到成年队，齐达内没少受挑衅，没少挨黑手（脚）。在意甲赛场，凶狠的犯规更是司空见惯。而齐达内生性不愿闷声吃亏，面对这些黑招时很难压制住报复的冲动。与南非一役过后，他已身背一张黄牌，对沙特如果再染黄，将自动停赛一场。

6月18日，法国队在法兰西大球场迎战沙特队。上半场，亨利打进一球，主队在局面和比分上均占优。第十九分钟，一名沙特队员染红离场，在这种情况下，主裁难免会有意无意地找平衡，法国队球员有很高的吃牌风险。

终场前20分钟，沙特队长阿明从侧后方凶狠地放铲齐达内，法国10号被激怒了，毫不犹豫地做出反击，一脚踩向还未起身的阿明。主裁判跑向齐达内，手中举着红牌，这是世界杯史上首次有法国球员被直接驱逐出场。这次判罚会带来极其严重的后果，接下来，齐达内可能会收到停赛一场到两场的追加处罚。他没有多说话，面色阴沉，眼中满是愤怒和犹疑，每名球员都能明白他的感受，此刻，就算他骂出脏话也是可以理解的。那个踩踏动作无疑够得上黄牌，但红牌确实值得商榷。齐达内清楚，人类社会经过几千年的发展，到处都存在着不公，体育界也不例外。

现代足球历史上，伟大球星被粗野犯规，施暴者逍遥法外的案例屡见不鲜：1966 年世界杯，贝利受到对手的“特别关照”，身上被铲（打）得满是瘀青；1978 年世界杯，克鲁伊夫没有参赛，原因之一就是害怕日益激烈的身体对抗；1982 年世界杯，马拉多纳和济科都领教了意大利后卫克劳迪奥·詹蒂莱的铁腿钢拳。齐达内遭受了和前辈们相同的待遇，生性冲动的他不会向球场恶行低头。

法国队的驻地已换到克莱枫丹，6 月 23 日，他们在这里的 23 号房为两位队员庆生。齐达内和杜加里的心情难言愉悦，这对好友又陷入和 1996 年欧洲联盟杯决赛时一样的窘境。齐达内被罚停赛两场，将错过小组赛最后一轮及八分之一决赛。由于法国队已提前出线，齐达内的缺席对小组末战影响不大；但八分之一决赛，少了他的高卢雄鸡将会非常头痛，因为齐达内是世界上最好的球员，是球队的王牌，是雅凯战术体系中最重要的一环。比赛胜负不由某一名球员能否上场决定，但假如法国队真的在淘汰赛首轮折戟，齐达内肯定会受到舆论的狂轰滥炸。

他和 22 岁的维埃拉一起吹灭蛋糕上的蜡烛，脸上勉强挤出一丝笑容。齐达内为无法掌握自己的命运感到苦恼，需要倾诉，需要电话。

在佩戈马，他用过地掷球场旁的公共电话亭；在戛纳，他蹭过俱乐部基地的办公电话；在克莱枫丹，他用手机联系了父母、妻儿及一些朋友。斯迈勒常常在通话时提醒儿子：要不时问候一下亲友，他们会很开心，他们一直关心你，不图你的名气。父亲的教诲让齐达内保持着谦逊的本性，他躲开外界的纷纷扰扰，在克莱枫丹基地的宿舍或林荫小道上静静沉思。

室友杜加里的心情更阴郁，他在对沙特一役中拉伤了大腿肌肉，就算法国能走到最后，他也不确定自己能否赶得上决赛。与丹麦队比赛前，两人在更衣室里少见地一言不发，但又为彼此感到担忧。杜加里担心齐达内会遭受非议，齐达内害怕杜加里会错过之后的所有比赛。

但他们仍期待 7 月 12 日能从法兰西大球场凯旋，在克莱枫丹基地痛饮庆功酒。

在 1996 年欧锦赛预选赛法国队主场与阿塞拜疆一战中，齐达内右路传中，助杜加里头槌打进个人国家队生涯首球。在与南非队的比赛中，又是齐达内帮杜加里打进法国队在 1998 世界杯赛上的首球。他们希望在决赛中也能联手破门。

他们必须保持这样的信念，必须相信彼此，相信队友。

小组赛最后一轮，法国队在齐杜组合缺阵的情况下击败了丹麦队。八分之一决赛，法国队迎战巴拉圭队，齐达内和杜加里还是无法上场。对齐达内来说，坐在场下的唯一好处就是可以保存体力，放松神经。他期待能有好的结果，也努力调整心态，克制焦躁的情绪。事实上，齐达内不用过于紧张，巴拉圭算不上特别强，倘若法国真的迈不过这一关，即便是最严格的批评家，也不能把原因全部归结到他身上。

巴拉圭队踢得很有章法，虽然在前场组织不起太多有效攻势，但在防守端踢得韧性十足。双方战至加时赛，比分仍是 0 ： 0。

齐达内坐在替补席上，不时焦虑地站起来，他身边的替补队员至少还有上场的可能，而他自己只能干着急。外人或许没有看出来，法国队的场上队员对这种焦灼场面其实已有准备，心态依旧平稳。但时间还在一分一秒地流逝，局势变得微妙起来，若两队 120 分钟内未分胜负，比赛将进入点球决胜，而巴拉圭门前站着神奇门将奇拉维特……

转机出现在第一百一十三分钟，皮雷斯右路起球传中，特雷泽盖小禁区内头球摆渡，铁卫布兰科亮出砍刀，门前抢点一蹴而就，1 ： 0，比赛结束！布兰科赛前曾向儿子承诺会打进一球，虽然时间有点晚，但他做到了。这粒金球[①]杀死一切悬念，也拯救了齐达内，法国队晋级八强。

齐达兴奋地跳起来挥拳，随后又两次拍打地面，并抓起一捧草皮。他很少这样激动忘形，可见比赛中他承受着何等压力。锁链被挣开，齐达内重获呼吸权，维罗妮卡、斯迈勒、玛莉卡、法利德、莉拉、努尔丁和贾迈赫也松了一口气。之前，他们一直暗暗担心，齐达内的世界杯之旅会在一场半的时间过后画上句号。

---

① 1998 年世界杯的淘汰赛采用“金球制”——又称“突然死亡法”，在加时赛中，先进球的一方直接获得胜利，比赛不再继续进行。——译注

对有雄心的球队来说，八强只是最低目标。而对德国、巴西等传统强队来说，止步八强虽谈不上耻辱，但绝对是无法接受的结果。

法国队不用背负那么大的压力，四分之一决赛，心态放松的他们等来了世界足坛最难缠的意大利队。如果说巴西队是天赋溢出的明星军团，德国队是强劲有力的铁血战车，意大利队就是名副其实的强队试金石，他们训练有素、战术多变、个人能力出众并拥有丰富的淘汰赛经验。1997 年的四国邀请赛，法国队曾在巴黎王子公园球场和意大利队有过交手，比赛中，齐达内右脚外脚背卸球后，在角度很小的情况下打近角得手，这个进球是他职业生涯的最佳表演之一，他不怵意大利人。除了心理优势和堪比巴西球员的脚法，齐达内还非常了解意大利队。他已在亚平宁半岛待了两年，深知钢筋混凝土防守的威力，他不会心存侥幸，只会全力争胜。

全力争胜不是淘汰赛中唯一的生存法则，平局加点球取胜一样可以过关，这是意大利人惯用的方式，但不是法国人的。蓝衣军团阵中的詹卢卡·佩索托是齐达内的俱乐部队友，1996 年夏，他们曾在卡蒂隆一起畅饮香槟，庆祝齐达内加盟尤文图斯，也庆祝佩索托的女儿出生。比赛开始后，两人无暇交流感情，齐达内被佩索托牢牢盯住，难有作为。两队拼满 120 分钟，互交白卷。这一次，法国没能打入金球，将和意大利队通过互射点球决定命运。

利扎拉祖有些不走运，这名攻防俱佳的左后卫没能罚进点球，作为前波尔多队友，齐达内和杜加里都替利扎感到惋惜。

齐达内没有失手，法兰西大球场仍是他的福地，亨利、特雷泽盖和布兰科也稳稳罚中，而意大利的阿尔贝蒂尼和迪比亚吉奥均未能打破巴特兹的十指关，法国队点球4 ：3击败意大利晋级！

意大利人再次倒在十二码——1990年世界杯半决赛，他们在那不勒斯点球3 ：4不敌阿根廷；1994年世界杯决赛，巴西队在巴乔落寞的身影后欢庆胜利。1986年世界杯的八分之一决赛，意大利队曾0　2输给过法国队，和1998年一样，高卢雄鸡那次穿的也是白色球衣。

整个法国都在欢庆，“不受欢迎的埃梅”离实现诺言又进了一步。法国队闯入四强，决赛就在前方招手。

雅凯很平静，并告诫部下要当心下一个对手克罗地亚队，他们来自一个年轻的国家，但阵中有多名南斯拉夫国脚，他们是披着格子衫的“欧洲巴西队”。在四分之一决赛中，克罗地亚队3 ：0大胜世界杯四强常客德国队。

克罗地亚队才华横溢，打法灵活，很容易让人联想到正版桑巴军团。巴西队在半决赛与荷兰队交锋时表现不够稳定，最后通过点球决战才涉险晋级。法国队能和巴西队会师决赛吗？这是一个让人无比憧憬的美梦，法国球迷既既紧张又期待。

法国队首先要闯过克罗地亚这一关。上半场，两队打成0 ：0，但与前两轮不同的是，法国队这次在场面上落于下风。与意大利一役，法国队放开了手脚，一度占据主动，而在克罗地亚面前，高卢雄鸡破绽频出。中场休息时，性格耿直的雅凯在巴黎王子公园球场的更衣室大发雷霆，措辞严厉地批评球员，并要求他们振作起来。

齐达内像以往那样沉默不语，静静地听着教练训话，并在脑中分析克罗地亚这个对手。他很了解博克西奇，但这名前锋因伤无缘世界杯，克罗地亚队少了一把尖刀；他和阿廖沙·阿萨诺维奇也很熟，在戛纳时，人们曾期望他俩能成为红龙军团队史最强大的中场组合。阿萨诺维奇是一名足坛浪子，足迹遍布欧洲，也是一个挥霍天赋的典型，与刻苦训练的齐达内形成鲜明对比。下半场开始仅一分钟，阿萨诺维奇率先发难，助攻苏克打破僵局。

克罗地亚队领先了，但他们只高兴了一分钟，又一名带刀后卫站出来拯救了法国队。图拉姆两次插到前场，抓住转瞬即逝的机会把球打进，将比分改写为2 ∶ 1。克罗地亚队为领先后的不专注付出代价，仍竭尽所能试图扳平，但一切已无济于事。终场哨响，法国队闯入决赛！

第八章　世界之巅

美梦成真，大力神杯前只剩下法国队和巴西队。高卢雄鸡将坐镇主场，有整个国家做后盾，法兰西共和国已陷入狂欢，世界杯决赛遇上悠长的暑假，还有比这更完美的安排吗？老球迷们期待两队能重演1986年世界杯上的经典对决，那一次，法国队把名帅桑塔纳率领的桑巴军团挡在四强门外。

巴西，巴西——看到这个神奇的词语，你很难不想到乐曲《多彩巴西》那动人的旋律。齐达内和往常一样坐在球队大巴的后排，有关巴西的一切不时闪现在他、队友、教练及工作人员脑海中。大巴车从克莱枫丹出发，沿提前定好的路线驶往法兰西大球场，一路上，兴高采烈的球迷夹道向法国队挥手致意。开赛之初那相对冷淡的气氛全然不见，法国已变成足球的欢乐海洋。难以想象，若高卢雄鸡最终夺冠，这个国家会是一番怎样的景象。

齐达内的家人带着小卢卡聚在斯迈勒和玛莉卡家，只有维罗妮卡和恩佐亲赴法兰西大球场，他的几个朋友也幸运地弄到球票，得以在现场观赛。各路专家们对齐达内的决赛表现充满期待，怀疑者们也忙着统计数据：世界杯开赛后，齐达内总计上场370分钟，缺席224分钟；杜加里和利扎拉祖都有进球入账，齐达内没有，因为点球大战的破门不计在进球数中。

决赛前，法国队共打进12球，仅失2球；巴西队打进14球，失7球，场均至少失1球。巴西队小组赛前两轮连战连捷锁定A组头名，接着在第三轮1 ∶ 2败给挪威队。起初，有人认为这是一场假球，因为主裁判在最后时刻判给挪威一个点球，一名评论员甚至在直播时怒不可遏地大骂裁判。但事后，一个非转播机位镜头拍摄到的画面证明，巴西队后卫巴亚诺确实拉拽了挪威队前锋弗洛的球衣。

这场失利不影响巴西队在小组中的排名，但至少说明这支桑巴军团并非无懈可击。

法国队其实没必要过于担心，因为无论个人还是球队实力，他们确实都不如巴西队。齐达内深知这一点，当然，他自己的能力绝不逊色于任何巴西球员。

巴西队中，巴亚诺与阿尔代尔的中卫组合不似4年前的桑托斯—阿尔代尔组合那样稳固；左后卫罗伯特·卡洛斯非常冒进，醉心于施展他那威力无比的远射，1997年四国邀请赛，他就在主罚任意球时，打出一脚逆天弧线，攻破法国队的球门；德尼尔森是当时世界上转会身价最高的球员，是星光熠熠的桑巴军团的豪华替补；卡福球风稳健，镇守右闸；莱昂纳多勤勤恳恳，是世界杯开赛后巴西队出场次数最多的球员；

里瓦尔多也名声在外，但主帅扎加洛并不太喜欢这名中场；罗纳尔多是最大牌的球星，是20世纪最出色的绿茵天才，走到哪都能引起尖叫。

巴西队的队内氛围或许不是特别融洽，但这并不妨碍他们的强大。第六次闯入世界杯决赛的四星巴西有足够的底气。

决战在即，法国队的压力反倒比首战南非时小了许多，那时，他们尚未证明自己的成色。决赛中，如果法国队没出现太低级的失误且只输一两个球，他们绝对算得上虽败犹荣；如果法国队大比分落败，人们肯定会指出，这支球队攻击力偏弱，淘汰赛阶段只靠后卫打进四球，实力显然不如巴西。通常说来，输给巴西队一点都不丢人。另一边，巴西队也有自己的问题，特别是在中后场：后腰塞萨尔·桑帕约虽已打入三球，但防守表现赶不上在1994年世界杯一夫当关的毛罗·席尔瓦；队长邓加饱受争议，身体似乎已不复当年；巴西队员在定位球进攻上颇有心得，在防守定位球时却显得默契不足。他们在防守中常常盯人不紧，注意力不集中，而法国队在赛前和比赛中都会保持高度的专注。决赛前，齐达内和队友们在更衣室里心无旁骛地做着最后的准备，一如1996年与AC米兰的欧洲联盟杯半决赛。

巴西队那边则是另一番场景，他们根本无法集中精力。罗纳尔多因身体不适被送往医院就医，和他住一个房间的室友卡洛斯说，罗纳尔多昏过去了。这个消息在塞纳－马恩的巴西队驻地引起一阵恐慌。

扎加洛打造的这支巴西队在战术上缺少变化，进攻非常依赖定位球和罗纳尔多的个人能力。但外星人还能上场吗？不管怎样，他本人不希望错过决赛，外界对他抱有很高的期望。罗纳尔多在之前的比赛中立下汗马功劳，对他来说，缺席决赛将是一场悲剧。尽管求战心切的罗纳尔多一到球场——他比大部队到得晚——便表态要上场比赛，但他的名字并未出现在最初公布的首发名单上，天赋出众且性格古怪的埃德蒙多顶替了他。法兰西大球场内，记者们开始传言，这是巴西队有意在放烟幕弹，以扰乱法国队的军心。

罗纳尔多确实身体抱恙。世界杯开赛前，济科被征召入队担任扎加洛的技术顾问，这位名宿给几位熟悉的医学专家打去电话，口述了罗纳尔多的症状，专家们的意见很明确：病人至少需要休息 48 小时。

济科将这一信息转达给巴西队教练组，但罗纳尔多仍坚持要上场。作为球员，谁会主动放弃踢世界杯决赛的机会呢？作为主帅，如非万不得已，扎加洛又怎会弃用一名像罗纳尔多这样的球员呢？在最终的出场名单上，埃德蒙多的名字不见了，罗纳尔多将首发出场。济科没有多言，一脸不悦地离开更衣室，他显然不赞成这个决定。桑巴军团又一次被内讧的阴云笼罩，在气势上已处于下风。巴西队，或者说一支由巴西人组成的球队，将面临万众一心、有无数主场球迷支持的法国队的挑战。巴西球员手拉着手走上法兰西大球场的草皮，但这道人墙只不过是最后的幻象。

法国队与巴西队比赛的背后，其实也是两大体育用品巨头的角力。自世界杯开幕前的 3 个月起，两段风格迥异的广告攻占了电视屏幕。巴西队的球衣赞助商耐克，推出一段梦幻且带有超现实主义色彩的广告，就像安东尼奥 · 卡洛斯 · 裘宾的音乐那样让人心情愉悦，里约热内卢的国际机场正是以这位伟大作曲家的名字命名，片中的故事也发生在机场，若热·本班那首著名的《无事一身轻》是广告的背景音乐，这首歌的最后一句唱到“你不想让我就这样结束”，全片最后一个镜头是：在机场候机楼的通道里，罗纳尔多一脚射门，将球打在一根临时充当球门立柱的栏杆上。

法国队与阿迪达斯合作的广告则是另一种格调，画面更深邃，甚至略显阴暗，背景是城市中的各种建筑。出镜的人物没有笑容，表情坚毅，片末配文“胜利与我们同在”。

在广告中，巴西人玩得很尽兴，但未能进球；法国人坚如磐石。齐达内全神贯注，似乎准备在关键时刻释放自己的全部能量。

这两部广告片已经轮番播放了好几个月，球员、教练和球迷的心理会不会受到潜移默化的影响呢？

回到现实世界，在1998年7月12日这天，法国队并不需要广告教他们如何团结一致，巴西队也没拿出面对吴宇森镜头时那种兴奋感和创造力，更没有对手身上那种凝聚力。在这种情况下，他们如何抵挡团结得像一个人的法国队和几乎占满看台的法国球迷？或许，巴西阵中一名天才本来可以抗衡高卢雄鸡，然而，这个名叫罗纳尔多的天才病得不轻。巴西队似乎已岌岌可危，但法国队还没有赢下比赛。上半场，齐达内和德约卡夫打出二过一配合，高速插向对手禁区，接着送出穿裆直塞，创造出全场第一次绝佳机会，可惜吉瓦什在防守队员干扰下没能打上力量。

巴西队的进攻软绵无力，攻守比平常更脆弱，扎加洛的球员们总是站错位置，丢球只是时间问题。

第二十七分钟，罗伯特·卡洛斯后场防守时使用华丽的倒钩动作踢空导致球出底线。四分之一决赛，正是他在禁区内倒钩解围踢空，让丹麦队获得扳平比分的机会。决赛后，卡洛斯辩称法国队员当时对他犯规了，但不管怎么说，他草率的举动给了法国队一个角球，一次得分的机会，一次能改变球员命运的机会。

佩蒂特将球从右侧角旗区开出，齐达内从罗纳尔多身后跑出，绕开巴西防线，高高跃起，压住跳错时机的莱昂纳多，用头把球顶进球门，1 ∶ 0！从齐达内起跳到球进网窝，整个过程只有 1 秒钟，这是改变他职业生涯的 1 秒钟。

法兰西大球场响起震天的欢呼，整个法国都沸腾了。齐达内跳上一块广告牌，他无比激动，但依然克制住自己的情绪。

一个球还不够保险，还没到庆祝的时候。中场到时前，机会又来了，这一次，法国在球场左侧获得角球。齐达内本想主罚，但德约卡夫告诉好友让他来。齐祖被推到战壕最前沿。

45 分 45 秒，德约卡夫把球开出，图拉姆挤出一条通道，齐达内从莱昂纳多身后插上起跳与邓加身体撞在一起，邓加向后倒去，齐达内弯腰奋力把球顶向球门底角。足球的飞行轨迹比第一个进球低很多，但结果完全相同，2 ∶ 0！

这是改变他人生的 1 秒钟！

在此之前，只有 7 名球员在世界杯决赛中上演梅开二度的好戏。

齐达内跑向看台，把球衣掀起来亲吻。

他笑着走向德约卡夫，两位功臣跪着抱在一起，随后，队友们也跑过来加入他们。法国队离首夺世界杯冠军仅剩半步之遥。

下半场，齐达内在场上闲庭信步，完成了几次大胆的过人，颇有桑巴大师的风范。他就像一个从神灯中释放出来的精灵，在圣但尼的夜空下翩翩起舞，照亮了法兰西大球场。两个球的领先优势，让一切都变得简单，法国队员自如地跑位、传球、抢断，仿佛已胜券在握。没有什么能阻挡他们夺冠了，就连裁判都在帮忙，漏吹了吉瓦什对罗纳尔多的一次犯规（禁区内拉拽球衣），没有给点球，巴西队没有制造出太多有威胁的进攻，法国队甚至还有机会扩大比分。杜加里替补上场，不断冲击巴西球门，他打入法国队在这届世界杯上的首球，也希望在齐达内帮助下为这个夏天画上最完美的句号。现实往往没有那么完美，杜加里未能得分。终场哨响，他和好友齐达内紧紧相拥。法国队成为世界杯冠军！

最终的比分是 3 ： 0，维埃拉助攻佩蒂特打进锦上添花的一球，巴西人不但输球，而且被彻底击溃。法国球迷们疯狂了。一个月前，雅凯的球队还饱受责难，谁敢相信他们能走到这一步？

漫长的欢庆之夜开始了。球员们绕场向观众们致意，之后便登上领奖台，去完成那期待已久的仪式，捧起那座沉甸甸的大力神杯。

齐达内想起了另一座奖杯——一个被砍掉一半的塑料瓶子，外面包着锡纸，拉卡斯泰拉讷的孩子们在街头踢球时，争夺的就是这样一座奖杯。

一张张或熟悉或陌生的面孔和法国队员打着招呼，他们传递着大力神杯，和颁奖嘉宾握手，低头挂上奖牌。接着，他们慢慢地从看台走回场内。

齐达内看到了维罗妮卡和恩佐，他们一直和他在一起。他紧紧抱住妻儿，眼中含着幸福的泪水，恩佐以为爸爸伤心了，也跟着哭起来。齐达内把儿子抱在怀里安抚，告诉他自己过一会儿就回来，接着转身跑开。他手捧金杯，忘记了疲劳，法国队员换上冠军T恤，大力神杯就在他们手中，也在他们胸前。

齐达内抱着大力神杯，摆出轻松惬意的造型让记者们拍照。他小心翼翼地保护着大力神杯，就像抱着一个婴儿，这是他和队友们一起拼来的战利品。

齐达内继续谢场，观众的欢呼一浪高过一浪。他止住了泪水，杜加里又哭了起来，他们是永远的挚友。齐达内不停地拥抱杜加里，不停地奔跑，不时高兴地跳起来。

巴黎香榭丽舍大道，齐达内的头像被投射到凯旋门上，他头顶是全法国人民的心声——“谢谢你，齐祖”。齐达内仍在球场内奔跑，突然，他在满场“齐祖”的呼喊声中，听到几个特别的声音，有人在冲他喊“耶齐”。

他望向看台，看到几张非常熟悉的面孔，是他的朋友们。球场内、电视前，成千上万双眼睛在盯着齐达内，而他径直跑向了自己的朋友。

他的眼里只有他们，那些来自拉卡斯泰拉讷的伙伴们。他们就在那儿，就在高高的看台上。

法国队完成谢场后，齐达内迫不及待地找到家人，并在克莱枫丹基地和他们短暂相处了一会儿，接着便赶去参加夺冠后的首场媒体见面会。

第二天下午，夺冠庆典在香榭丽舍大道举行，法国队坐上敞篷双层巴士，像凯旋的英雄一样游行，受到沿途万千群众的热烈欢迎。许多队员站起身和人群互动，齐达内坐在座位上，一边微笑，一边挥手致意。街上的观众一点不比决赛时少，他很吃惊，也担心车下的人们会被撞到，会被炙热天气烤至中暑。齐达内有些累了，但还在微笑，在享受这生命中最幸福的时刻。恩佐不明白这趟出行的意义，和前一晚一样，在父亲腿上静静地睡着了，大巴车缓慢前行，人们笑着喊着，跟在车后疯狂庆祝。大巴最终没能开到凯旋门，因为球迷已把那儿挤得水泄不通。

当晚，法国队来到丽都夜总会庆功，把这儿的球迷又惊得激动不已，在过往的时候，法国公众很少对体育明星如此顶礼膜拜。齐达内带着维罗妮卡和恩佐躲开兴奋的人群，在丽都的一间机房待了半个多小时。齐达内想避避热度，但这份狂热不会马上消失，假期中的法国人民想好好看看心中的英雄，可以通过报纸，也可以通过电视，最好能亲眼看一看，亲手摸一摸。

世界杯开赛时，环绕在法国队周围的是冷漠、质疑甚至还有敌意。但世界杯结束后，人们的态度来了个一百八十度的大转弯。那些脸涂油彩、载歌载舞的人中，肯定有一部分曾向国家队发出过嘘声。

这次夺冠意义重大，会让法国自豪上好几年。一些在世界杯前冷嘲热讽的悲观主义者，摇身一变成为高唱胜利赞歌的专家。不少上层人士开始谈论足球话题，恶补体育知识。他们相信这次夺冠将会改变法国社会，不想错过这个热点。这份热情出乎意料又姗姗来迟，背后的原因耐人寻味。

庆功之余，齐达内没有忘记瓦罗先生。他在世界杯决赛上顶进两个头球，这两个进球比他之前所有的助攻和破门都重要，他已是全民偶像，瓦罗先生知道后应该会很开心的。

但瓦罗先生正处在悲痛中，因为世界杯开幕前几天，瓦罗夫人去世了。她没有被葬回故乡法扬斯的家族墓地，而是葬在戛纳市中心的一片墓园里，这样她就能离相伴六十余年的爱人更近一点。斯迈勒夫妇参加了葬礼，陪让·瓦罗先生度过艰难时刻，分担他的痛苦，他们没有忘记，正是瓦罗先生的慧眼识珠，才让他们一家过上更好的生活。斯迈勒这样形容瓦罗夫人的离世："一个天使飞走了。"

瓦罗这一生付出很多，得到的很少。他没从球员转会费里抽过佣金，也没拿过什么荣誉，只是时常收到齐达内的问候。从耶齐到齐祖，岁月在变，友情不变，齐达内和瓦罗一直保持着联系。两人也都面临着新挑战，一个要适应失去爱侣后的生活，另一个要学会与自己暴涨的名气共存。

世界杯期间，在后卫坎德拉的倡议下，《我会好好活下去》成为法国队的战歌，每次赢下比赛后，队员们都会在更衣室里高唱"啦，啦，啦，啦，啦……"①

---

① 《我会好好活下去（I Will Survive）》最早发行于1979年，演唱者是美国女歌手葛罗莉亚·盖罗，全歌表达了一种积极向上、克服困难的精神，坎德拉推荐给国家队队友的是荷兰爱玛仕乐团的翻唱版本，"啦，啦，啦，啦，啦……"是该歌曲的高潮部分。——译注

世界杯后，全法国的电台都在播放《我会好好活下去》，共和国卫队甚至唱着这首歌欢迎法国队来爱丽舍宫参加露天聚会，那天，总统还邀请了很多政要、社会名流和文体明星到场，齐祖现身时，其他来宾竟出人意料地齐声高喊："齐达内，当总统！"

齐达内会好好活下去，不会陷入种种麻烦。在那个疯狂的夏天，有好几名法国队员或掉入桃色陷阱，无法自拔，或忙于各种应酬，难以脱身。

西班牙马贝拉，万里无云，阳光和煦。这里没有成群的球迷，只偶尔有几个 VIP 客人上来索要合影或签名，这里没有嘈杂的噪音，只有泳池里的水轻轻拍打壁边。孩子们开心地笑着，齐达内不时跳到泳池里游上一小会儿，累了就上岸休息。他终于可以躲开那些喧嚣。

齐达内和家人在马贝拉的一家豪华酒店，享受了几天难得的宁静，其间仍有不少住客认出他。齐达内知道，在未来很长一段时间内，自己都不可能回到过去了。他要利用在酒店的这几天，再过一过安静闲适的生活。齐达内需要释放压力，整理心绪，以便为即将到来的新赛季和新生活做好准备。

那两个进球彻底改变了他的人生，一切都和从前不一样了。他不再是一名运动员，而是一种社会现象，他被高级警官、公关经理和安保人员层层保护起来，齐达内已成为像兰斯洛特和圣女贞德那样的传奇人物。这种变化让人头晕，需要好好适应，齐达内已做好准备，但他的父母还没有。

玛莉卡半开玩笑半认真地说："他做了很多蠢事……最蠢的就是

（在世界杯上）进了那两个球！”对她和斯迈勒来说，日子也回不到从前了，来拜访和联系他们的人越来越多，示好的背后往往带着其他目的。这还只是个开始。世界杯后，齐达内的存在感会越来越高，资源会越来越多。那两个进球改变了一切。他成了永远的国家偶像，对于这一点，广告商比任何人都清楚。

另一个新人，守门员巴特兹比齐达内早一步成为品牌广告代言人，他是一个天赋颇高的乐天派球员，出身乡村，待人真诚，擅长社交，会大方地把自己的豪华跑车借给同队的小球员。他外向快乐，敢朝法国总统和总理喷香槟。

齐达内也是个适合当广告模特的人。他看上去清爽率真，略带几分神秘感。人们总说他腼腆，但他其实已学会如何面对媒体，在镜头前也不像刚出道时那样躲躲闪闪，无所适从。他知道如何取悦观众，如何摆造型，如何展示自己。他天生会为别人着想，也学会了珍视自己，保护自己的形象。他已做好准备让自己的肖像从马赛的滨海公路走向全国。

1999 年 1 月，齐达内成为法国连锁零售商拉冈巴涅领先折扣店的代言人。该品牌的广告语言简意赅——“帮你赢”，而齐达内就是一个赢家，双方的合作大获成功。拉冈巴涅领先折扣店的知名度一路飙升，项目策划者们站在路边的广告牌前，不动神色地聆听公众的评价，一位老太太的赞许让他们乐开了花：“瞧，拉冈巴涅领先折扣店请了个帅小伙儿，真好看！”广告画上没有写齐达内的名字，因为像这位老太太那样认不出他的人毕竟只是少数。

齐达内努力适应他越来越高的人气，他知道自己想要什么。有人建议他将肖像印在超市购物袋上，他拒绝了。

“头像印袋子上是很醒目，但袋子有时会掉在地上。我不希望被人踩！”

齐达内不想让别人踩在自己身上。世界杯后，他认识了太多陌生人。人心难测，他们是谁？他们来干什么？有什么目的？这些问题让人神伤，这就是盛名带来的副产品。但齐达内有排解忧愁的方法：他会在黄昏时分悄悄回拉卡斯泰拉讷，还会给那位慈祥的老先生打电话。

无论齐达内的声望多高，他都不会忘记让·瓦罗，他们的友谊历久弥新。让·瓦罗比以往任何时候都更需要这份友情，时间并未冲散痛苦，反而让他更感孤独。世界杯闭幕半年后，这个笑容越来越少的老人现身戛纳格雷德阿尔比昂酒店。他换掉了那辆跑了25万多公里的雪铁龙，开着一辆同样很普通的轿车，身着朴素的麂皮夹克和灯芯绒裤子，没人认识他。瓦罗来参加贝洛内义赛的新闻发布会，这场慈善活动由记者迪迪耶·鲁斯唐发起，将于一个月后在顾拜旦体育场举行。鲁斯唐在戛纳长大，正是他给因伤过早退役的贝洛内起了“幸运卢克”这个外号，人脉很广的他也为义赛请来了法国足坛的诸多球星。鲁斯唐在发布会上介绍了瓦罗，号召人们向这位老球探致敬。

1999年2月22日，让·瓦罗开心地笑了，还激动地流下泪水。法国足坛众多现役及退役球星如约赴会，入住戛纳多默格公馆。比赛将在晚上开踢，中午时分，公馆的花园搭起帐篷，活动组织方设宴款待来宾。

喀麦隆足坛名宿米拉大叔也受邀出席活动，来前还向儿子承诺会尽量多收集球星签名。席间，米拉不断起身，四处找人签名。不多时，那位备受期待的贵宾来到花园，帐篷里响起热烈的掌声，齐达内受到来自同行和前辈们的敬意。

这场午宴星光熠熠，盛况空前，你能在这看到法国国家队出场数纪录保持者马克西姆·博西斯和曼努埃尔·阿莫罗斯；法国队世界杯最快进球纪录的创造者贝纳尔·拉孔布和迪迪耶·希克斯；闪耀 1982 年西班牙世界杯的阿兰·吉雷瑟；摩纳哥俱乐部鼎盛时期的标志性人物多米尼克·比若塔和达尼埃尔·布拉沃；1986 年世界杯上几乎靠一己之力淘汰巴西队的乔尔·巴茨；优秀裁判代表罗伯特·维尔茨；助圣埃蒂安拿下 1975/1976 赛季欧冠亚军的多米尼克·罗歇托和克里斯蒂安·洛佩兹；传奇门将布律诺·马蒂尼和帕斯卡·奥尔梅塔；前戛纳中场大将若昂·米库和彼特·卢辛；无冕之王埃里克·坎通纳和让－皮埃尔·帕潘；世界杯冠军队成员杜加里、巴特兹、布兰科、皮雷斯和亨利。亨利知道自己上不了，但依然来到戛纳，尤文图斯只允许队中有一名球员参赛，这个名额显然属于齐达内，他是那颗最耀眼的明星。

记者们准备好了相机，齐达内一边和人握手，一边找坐的地方。他看到一把椅子空着，但没有立刻坐上去，他不会抢队友的号码，自然也不会占别人的座位，他问道：“请问这儿有人坐吗？”

“米拉坐这，他刚走开。”

齐达内坐了一小会儿便离开，不远处的另一张桌子旁有人和他打招呼。

是斯迈勒、玛莉卡、莉拉和埃利诺一家，他们本来准备在佩戈马的家中用餐，但主办方派人把他们请到了多默格公馆。

齐达内没吃什么东西，因为不断有人过来找他聊天，他认真地听着，很少开口。人们和他聊那两个进球，聊那些美好的旧时光，事实上，那些时光并没有那么久远，也没有那么美好。

等到宾客散去大半，让·瓦罗和齐达内终于可以坐下来好好聊一聊。午宴期间，他们和贝洛内一样，领取了戛纳政府颁发的荣誉勋章。在来宾们真诚的祝福下，瓦罗流泪了，人们知道，他和齐达内都是慷慨无私的好人。

午宴后，瓦罗同友人莫里斯·罗歇（法国足协普罗旺斯地区分会的工作人员）及她的女儿回到家中。他们聊了很多马赛和戛纳的逸事，差点忘记出发时间。他们也谈到足坛的几大憾事——胜负被看得太重，青训好苗子卖得太早，过多的犯规毁了比赛的美感。

一阵敲门声打断他们的谈话，瓦罗打开门，齐达内走了进来。罗歇的女儿有点不敢相信自己的眼睛，来者是电视和广告上的那个大明星！“如果我当时在那里，我会晕倒。”一位戛纳俱乐部的女服务生听到此事后表示。

顾拜旦体育场座无虚席，无数人冒着严寒来到现场，只为一睹齐达内的风采。和十多年前艾克斯市体育运动中心那场训练赛一样，这天的义赛也分三节进行，球星们陆续上场亮相，齐达内在最后一节出场，收获无数掌声。

他已功成名就，不需要再证明什么了，唯一要做的就是避免遇上像贝洛内那样的惨剧。贝洛内退役后当上保险经纪人，齐达内从他那儿买了一份保险，既给自己的未来加了一份保障，也照顾了老队友的生意。他已站上世界之巅，但他依然是那个耶齐，这才是他最大的成就。

第九章　足球先生

齐达内成为了世界级的球星，他暂时还没有拿到欧冠或联盟杯冠军，但大力神杯已足以让质疑者们闭嘴。不过，在意大利这个奖杯至上的国度，齐达内并未享受到真正的快乐，因为1998/1999赛季尤文图斯没能登顶意甲。

齐达内很早就萌生了去西班牙发展的念头，维罗妮卡也想去西班牙生活，她在安达卢西亚的阿尔梅利亚有亲人。外界传言，齐达内可能会转会巴塞罗那、皇家贝蒂斯或马德里竞技。一天，时任菲亚特集团董事长、尤文图斯俱乐部名誉主席乔瓦尼·阿涅利在一堂训练课上向齐达内问起此事。离开训练场时，阿涅利回答了场边记者们的提问，态度坦诚得出乎很多人的意料，但显然事先有所准备。他对齐达内的话做了解读，隐晦地表示这位明星球员性格软弱，听妻子的话。从这番“爆料”能看出，齐达内的离队并非空穴来风，阿涅利不想放走这位爱将。

意大利媒体抓住这个话题大肆报道，还登出尤文图斯前锋菲利普·因扎吉的一段评论来博眼球："我结婚后，我老婆都得听我的。"因扎吉在场上大杀四方，在场下和队友们处得并不好。和以往一样，齐达内没有做任何回应，不谈转会，也不谈婚姻。

1999 年夏，齐达内随尤文图斯回到卡蒂隆备战 1999/2000 赛季。此前，他因伤缺阵已久，先是在 1999 年 3 月与希腊奥林匹亚科斯的欧冠比赛中伤到膝盖，之后一直伤情反复，不得不接受手术治疗。齐达内获得一段意料之外的长假，人生中第一次放下所有事情，安心静养数月，有了足够的时间来思考。但养伤也把这位全民偶像推入一种孤独的境地，他有时甚至会怀疑自己能否从伤病中康复。1999 年 5 月，距世界杯决赛结束十个多月后，让·耶热医生在斯特拉斯堡为齐达内做了手术；接着，他进入术后复健阶段；7 月，距阿涅利那次约谈三个多月后，齐达内重返训练场。当时仍在意大利低级别联赛踢球的贝托尼来到卡蒂隆休整，训练间隙，他和齐达内会在酒店碰面。这对好友有很多共同语言，都热爱足球，都很赞赏意大利俱乐部的职业程度，都不喜欢足坛日益严重的两极分化和种种夸张行径。但齐达内注定躲不开这狂热的氛围。

阿兰·米利亚乔是齐达内的经济人和得力助手，帮他打理转会及合同事务。此外，齐达内还在马赛开办了一家文化传媒公司，让家人深度参与自己的场外形象推广。拉冈巴涅领先折扣店项目成功后，齐达内又接了许多新广告：迪奥把"清新之水"的代言人换成齐祖，让这款老牌香水的形象焕然一新；Canal 电视台则效法阿迪达斯，携手齐达内大打足球营销牌；富维克矿泉水也不甘人后，邀请法国10号帮他们打开市场，齐达内的球迷对这次合作颇为满意，因为他们偶像的品德确实像纯净水一般无瑕。

齐达内是一个简单而淳朴的职业球员，这种形象得到了公众的认可，他是明星世界里的一个异类。齐达内夫妇请到装潢大师克罗德·达勒帮他们装修在罗德兹的新家，特意嘱咐要采用中性、朴素和简单的风格。

各路小报抓不到齐达内的黑点，只能拿他曾服用肌酸来说事，以八卦业界的标准来看，这实在算不上什么猛料。肌酸能为肌肉提供能量，摄入后对人体有一定的危害，其使用存在争议。法国一位前职业自行车手在讲述其不幸遭遇时暗指齐达内有服药历史，接着又向前来调查自己的意大利检查人员明确表示，曾在一个意大利医生的诊所里碰到过齐达内，这位医生是个因给患者开违禁药物而臭名昭著的人物。与德尚等队友比起来，齐达内并未受到太大的质疑，却仍要面对有关方面的诘问，他起初还能保持平静，后来便难以控制情绪了。齐达内不否认曾服用肌酸，但坚称自己不是“药罐子”，没有用过已在足坛泛滥成灾的兴奋剂。

2003年10月，歌手约翰尼·哈里戴在Canal电视台的一档节目中透露，自己曾在齐达内的推荐下，去瑞士一家诊所接受充氧自体血回输治疗，疗效颇佳，让齐达内再陷舆论旋涡。事实上，该疗法虽有一定的争议性，但确实是合法的。2006年6月，法国《世界报》又将此事翻出来炒冷饭。齐达内很不喜欢这家媒体，2002年，该报采访他后登出头版头条消息“我来皇马后就没用过肌酸”。事后，齐达内点名斥责《世界报》的编辑，经过这次风波，他又和媒体拉开了距离，在后面几年极少公开发声。

2005 年 4 月，齐达内通过《队报》的周刊向外界表示，他“信任（尤文图斯）的医疗团队”，并且“一直知道自己在服用（什么），但如果一些别有用心的人试图从中做手脚，那违法的事确实在所难免。但我和尤文图斯队医一直都相互信任，所以这种情况不可能发生”。

在意大利，一位教练大胆地揭露兴奋剂丑闻，他就是极有正义感却又孤掌难鸣的兹德内克·泽曼。他指出，一些球员自行决定，或在俱乐部官员和队医的唆使下服用兴奋剂。和体坛众多敢于说真话的英雄一样，前罗马主帅受到无数人的指责。

司法界的调查仍将持续很长时间，重点是尤文图斯的医疗团队及参加过意大利联赛的数十名队员。

齐达内不再谈论离队的事情，他在千禧年面临双重挑战：既要保持平和的心态，免受各方干扰，还要证明自己带队赢球的能力，打消外界对他的最后一点质疑。齐达内对 1999/2000 赛季的前景持乐观态度，但他想错了。

1999 年 8 月，尤文图斯在切塞纳和雷恩进行国际托托杯决赛首回合较量，齐达内在这场比赛中复出。之后，他带着最佳的身体状态开始了新赛季的征程。冬季的时候，改由安切洛蒂挂帅的尤文图斯在意甲排名榜首，齐达内连续四轮比赛破门，打入四球，这在他职业生涯中尚属首次。

春季过后，好景不再。尤文图斯在赛季最后一轮不敌佩鲁贾，将意甲冠军拱手让给拉齐奥，连续两季一无所获。但人们仍会记住齐达内精彩的个人表演，比如他在客场与雷吉纳的比赛中连过数人，用左脚打进石破天惊的一球。

转眼又到夏天，2000 年欧锦赛临近了，16 支欧洲国家队将争夺欧陆足坛的至高荣耀。齐达内等到一个绝佳的机会，可以向外界证明自己绝非一个只有花拳绣腿、靠运气在世界杯决赛进球的人。这一次，法国队是夺冠热门。世界杯后，雅凯离任成为法国足协的技术顾问，他那位同样务实的助手勒梅尔接过教鞭，走上前台。勒梅尔比雅凯更有城府，但在个人魅力上逊色不少。他在 1998 年世界杯期间主要负责体能训练，他很清楚，齐达内在 2000 年夏天的状态比 1996 年欧锦赛时好很多。

勒梅尔是个精明的主帅，沿用了雅凯“团队至上”的理念，但也明白队中有一名独一无二的球员，他 9 年前还在军营中指导过他。这名球员非常渴望在欧锦赛上一展身手，拿下冠军。

出征欧锦赛前，勒梅尔带着法国队来到萨瓦省，进入蒂涅的格朗德－默特山、圣福瓦－塔朗泰斯和圣莫里斯堡进行山区拉练。这是法国国家队的惯例，有时候，他们还会去丰罗默的比利牛斯山区备战大赛。

团队至上，这不仅仅是一句鼓舞斗志、避免内耗的口号。这个“团队”也不仅仅指 11 名首发队员，足球比赛中，各队可以通过 3 次换人调整阵形和战术。11 个人的比赛，并不意味着要用 11 个相同的人战斗到底。勒梅尔治下，法国队只在个别位置（主要是后卫线）有固定首发，中前场主力和替补间的界限并不明显，全队斗志昂扬。对志在夺冠的法国队来说，这是一个利好消息。

勒梅尔的球队能和雅凯那支冠军球队相媲美吗？一些批评家在1998年世界杯上被法国狠狠地打了脸，他们吃一堑长一智，委婉地提出质疑。

勒梅尔有自己的判断，也明白公众的支持、媒体和合作伙伴的造势都是双刃剑。不论外界持什么样的态度，他都不露声色，惜字如金。

在法国，足球氛围正浓，从一家电视台拍摄的一部短片可以看出，"世界杯效应"仍在持续。该片的创作人员走过一座座城市、一处处村庄，记录下一幕幕热情有趣的画面：首先出镜的是一些路人，接着，齐达内从他们身后悄无声息地闪现出来，像喜剧演员巴斯特·基顿那样微笑，那些事先并不知情的路人被惊得目瞪口呆，忍不住尖叫起来。

这部短片或许展现出许多令人振奋的元素，同时也说明法国队背负着很高的期待。有世界杯冠军奖杯在前，法国观众的胃口很大，他们希望球队既要赢下欧锦赛冠军，更要赢得漂漂亮亮。

但法国的足球热与意大利比起来只能算是小打小闹，亚平宁半岛的专家们早已将齐达内视作意甲史上最佳球员。这位尤文图斯无可争辩的中场核心正向着下一个目标前进——在法国国家队展现他的全能身手。

他的跑动能力依旧出色，脚下活越来越细腻。经过戛纳和波尔多的历练，他的防守和身体稳步提升，意大利赛场则向他灌输了全力争胜的信念。

齐达内已变得不可阻挡。2000 年 3 月的一场比赛中，他与对手相撞后被担架抬出场外。人们不禁想到了 4 年前的那场车祸，担心这次受伤会让他遭受同样的厄运。很快，这种疑虑就消失殆尽，齐达内带着极佳的状态现身比利时。2000 年欧锦赛由比利时和荷兰联合举办，荷兰队是夺标热门之一，他们若闯入决赛，将会在鹿特丹得到万千主场球迷的鼎力支持。

法国队驻扎在布鲁塞尔郊区的亨法尔城堡。齐达内请来好友罗伯托照顾自己的饮食，这样他就能在欧锦赛期间吃上可口的饭菜。法国队员们在品尝过罗伯托烹饪的佳肴后，也对他的手艺交口称赞。这位大厨声称即便法国遇上意大利，自己也会无条件支持高卢雄鸡，这番表态让法国队上下颇为受用。

亨法尔湖畔风光秀丽，齐达内感到很惬意、很放松，他在队内颇受队友喜爱和尊敬。这支法国队兵强马壮，还拥有完备的后勤保障力量。世界杯后，他们在方方面面都力求做到最好。在临场医疗救护时，法国队医会使用一种在当时还比较先进的技术——喷射低温气体——帮受伤的球员止痛，让他们能迅速回到比赛中。

法国队厉兵秣马，静待欧锦赛开幕。

小组赛首轮，高卢雄鸡在布鲁日 3 ∶ 0 拿下丹麦，但过程并不像比分显示的那样轻松，这场比赛也帮法国队找到状态。小组赛第二轮，他们在布鲁日 2 ∶ 1 战胜捷克队，报了 1996 年欧锦赛上的一箭之仇。小组赛末轮，已提前出线的法国队对阵东道主荷兰队，齐达内坐上替补席，米库顶替他出场。米库也出自戛纳青训体系。1990 年 1 月的一个下午，在一场甘巴德拉杯[①]比赛中，他和齐达内联手淘汰过圣雷米队……10 年过去，两人都已长大。

四分之一决赛，法国队在布鲁塞尔对上西班牙队，齐达内不断地穿插、过人和传球，掌控场上节奏。只有通过慢镜重放，观众才能看清他快如魔术的脚下动作。在淘汰赛中，每一脚射门都非常关键，比赛第三十三分钟，法国队在大禁区前获得任意球，齐达内操刀主罚，兜出一脚弧线破门得分，1 ∶ 0！这个球的速度弧度俱佳，这不是偶尔为之，那一年，齐达内在尤文图斯与佩鲁贾、法国与波兰的比赛中都曾上演过类似的好戏。他的任意球技术早已炉火纯青。效力波尔图时，他就在联盟杯比赛中用圆月弯刀攻破过卡恩把守的卡尔斯鲁勒大门。

西班牙队并未束手就擒，发起一波又一波攻势，一度扳平比分，但他们有些不走运，皇马王子劳尔在比赛结束前射失点球，法国队最终 2 ∶ 1 涉险过关，连续三届大赛闯进半决赛。没人再提运气的事情了，高卢雄鸡是一支为杯赛而生的球队，有技术，有身体，还有过硬的心理素质，逢敌敢亮剑。

法国队在半决赛的对手是葡萄牙队。和两年前世界杯半决赛中的克罗地亚队一样，葡萄牙队在比赛中先下一城，之后借着领先优势巧妙地与法国队周旋。论技术，葡萄牙人和格子军团一样优秀，但齐达内也毫不逊色。他作为中场司令塔，控制着球队的进攻节奏，不断给对手防线制造威胁。下半场开始不久，亨利为法国队扳平比分。

---

① 甘巴德拉杯（Coupe Gambardella）是一项由法国足协组织的 U-19 足球赛事，旨在为法国的优秀青年球员提供展示实力的舞台。——译注

葡萄牙人很顽强，但有些不走运。两队拼至加时赛下半场，激烈程度不输世界杯上法国与巴拉圭的苦战。第一百一十六分钟，主裁认定葡萄牙后卫沙维尔在禁区内手球，判给法国队一个点球。这次判罚引发争议，葡萄牙人非常生气，声称如果对手不是法国队，裁判绝不会判罚点球。法国队或许确实受到了照顾，以往，只有巴西、德国、阿根廷和意大利能享受这样的待遇，经过近一个世纪的努力，高卢雄鸡终于跻身世界强队行列。

主裁没有改判。如果打进这个点球，法国队将晋级决赛。反之，双方将在几分钟后进入残酷的点球大战。在这个关键时刻，齐达内走上十二码。1996 年欧锦赛，他在面对捷克队时没有射失点球，1998 年世界杯，他在意大利队面前同样没有脚软，他对自己的能力很有信心。但事无绝对。此刻，他若得手自然会成为英雄，一旦失手则可能把球队推入深渊，也会给自己招来批评和非难，让他之前所有的努力和高水准表现失去意义。

齐达内助跑，摆腿，一蹴而就，法国队金球制胜！

又是一场 2 ∶ 1，齐达内把球队带进决赛。决赛的地点在鹿特丹，但对手并不是荷兰队。在另一场半决赛中，主场作战的橙衣军团惨遭淘汰，对手从第三十四分钟起就少打一人，裁判在常规时间内还判给荷兰队 2 个点球，但他们没能把这两次绝佳机会转化为得分。最终，荷兰队倒在点球大战中，无缘决赛。这个顽强的对手不是别人，正是意大利队。

在足坛，意大利是恐惧的代名词。他们技术细腻，意志坚定，也是一支为杯赛而生的队伍。不幸的是，意大利球员在场上有许多不好的动作，20 世纪 80 年代，以瑞典教练利德霍尔姆为代表的一批外教曾试图改变这种状况，却遇到重重阻力，收效甚微。

很早以前，意大利俱乐部在欧战中总是被英格兰俱乐部压制，海瑟尔惨案后，英格兰足球俱乐部被禁止参加欧洲三大杯赛 5 年，欧陆足坛的权力重心开始南移。但在国家队层面，意大利队很长时间没有拿过冠军了，他们上一次大赛夺冠是在 1982 世界杯，在崇尚公平竞技和体育道德的人看来，那是一届不堪回首的赛事。那届世界杯，意大利队前三战均以平局收场，若不是同组的喀麦隆对秘鲁时米拉打进的一个好球被无端吹掉，意大利人甚至有可能提前回家。之后的几轮比赛，蓝衣军团接连斩落阿根廷、巴西和德国登顶，但他们频繁使用犯规战术，赢得很不光彩，詹蒂莱夺冠后挥拳庆祝的画面，就是意大利队在那届世界杯上表现的一个缩影。

2000 年欧锦赛决赛那天，意大利队员带着笑容登场，齐达内则一脸严肃，稳如磐石。比赛开始后，他的表现虽不及上一场出彩，但依旧稳健。意大利队也踢得有条不紊，很有希望复制 1982 年世界杯上的成就，他们浪费了数个机会，但在下半场打进一球。计时器一分一秒地跳动，就在人们都以为这场决战会以 1 ： 0 收场时，幸运女神又一次垂青了法国队。伤停补时第三分钟，维尔托德在角度极小的情况下，用左脚把球送入网窝，法国队虎口脱险！

意大利人为挥霍机会付出代价，眼睁睁地看着奖杯从手边溜走，他们泄气了。加时赛，皮雷斯左路高速下底传中，特雷泽盖禁区内左脚凌空爆射破门，法国队再次金球制胜！

球风务实的高卢雄鸡成为欧洲冠军。在漫天飞舞的五彩纸屑中，法国队员们举起了两年来的第二座奖杯。之后，他们三五成群地聚在草坪上，久久不愿离去，享受这这场带有意大利风味的胜利，这不仅仅是因为他们有罗伯托这个意大利厨师。德劳内杯为法国队盖上了真正的强队印章，他们证明自己有能力扼住命运的咽喉。勒梅尔静静地待在一旁，没人敢去打扰他，这位教练在为欧锦赛期间去世的父亲默哀。这是法国夺冠之旅中一段略显苦涩的回忆。

法国队两年内连夺世界杯和欧锦赛冠军，这份辉煌战绩是已故前法国足协主席费尔南德·萨斯特雷留下的遗产。对勒梅尔来说，风光地赢下欧锦赛冠军是他个人履历簿上浓墨重彩的一笔，也是他留任带队征战下届世界杯的筹码。作为一位执教经验不是特别丰富的主帅，勒梅尔把众多极富个性的球员捏合在一起，打造出了一支有凝聚力的球队。但他从未说过自己想继续留在法国国家队，他内心到底做何打算？人们不禁猜测和议论起来。最终，勒梅尔还是留了下来。2 ∶ 1 力克意大利是堪比 3 ∶ 0 大胜巴西的成就，这两场胜利是时代更迭的标志，法国队建立了信心，也将送走一批功勋老臣。

通过这届欧锦赛，齐达内不仅回击了质疑者，证明了他的带队能力，也向全世界展示了他的绝世才华。他能决定比赛胜负，还能带给球迷愉悦的观赛体验，是团队项目冠军运动员的典范。他攀登到了一个新高度。齐达内深知这一点，但他的行为比以往更端正。

齐达内依旧不喜欢别人吹捧自己，不喜欢红毯和聚光灯。他只想当一个普通人。

夺冠的第二天，法国队的球员们回到巴黎向球迷致意，并通过电视向所有支持他们的人表示感谢。齐达内一家早就计划好去巴利阿里群岛度假，维罗妮卡在当天上午先行一步，齐达内晚上才赶去和妻子会合，途中回了一趟塞普泰姆莱瓦隆。

塞普泰姆俱乐部经理费尔南·布瓦给努尔丁打去电话，说罗贝尔·桑特内罗教练生病了，而且病得很重，这位教练告诉妻子，他很想再见齐达内一面，或许是最后一面。布瓦非常想满足桑特内罗这个愿望，努尔丁马上答复道："我半小时后给您回电话。"齐达内毫不犹豫地答应了哥哥转送过来的请求，努尔丁和费尔南约定了时间。

一辆奔驰车准时出现在塞普泰姆。费尔南打开后排车门，在一个婴儿座椅旁坐下。努尔丁开车，齐达内坐在副驾驶位上。他们一起向老朋友家驶去。

桑特内罗并不知道会有人来看望他。房门打开时，他惊讶不已。朴实的人终于重聚在一起，躲开外界的干扰，亲切交谈。

这或许真的是最后一面了。桑特内罗的身体很虚弱，心脏随时可能停止跳动。他希望再看一眼旧日的弟子，齐达内抽出时间，满足了他的愿望。

时钟指向 5 点，齐达内要去度假了。他将从马赛普罗旺斯机场直飞西班牙伊比萨，西班牙是齐达内向往的国度，布瓦不自觉地提起了一个话题："如果你去西班牙，你一定会很开心。那儿的人们无比真诚。"布瓦希望自己的老部下能去巴伦西亚踢球，那儿正是他的故乡。

齐达内似乎不打算在 2002/2003 赛季末合同到期时离开意大利，

并与尤文图斯队续约至2005年，但他并非没有提前离队的可能。离开前，齐达内很想和尤文图斯队再夺一个冠军，最好能拿下欧冠冠军。虽然他在1999/2000赛季为国家队出场14次，追平了个人1995/1996赛季的纪录，还拿下欧锦赛冠军，但他并不满足。

齐达内以披上法国队的蓝色战袍为荣，国家队是他展示才华的理想舞台，他特别喜欢代表法国队在故乡马赛踢球。

2000年8月16日，法国队与世界明星联队在马赛踢了一场友谊赛。赛后，即将退出国家队的布兰科在韦洛德罗姆球场的通道里，和几名队友一起公开指责球迷的表现。比赛中，只要阿内尔卡和杜加里一触球，现场观众就会发出嘘声，布兰科对此感到非常震惊和气愤。阿内尔卡当时效力于马赛死敌巴黎圣日尔曼，一直不太受球迷欢迎的杜加里，则是在2000年初刚刚转会离开马赛。

杜加里很生气，齐达内也一样，他知道被嘘的感觉。几年前，他本人在戛纳也陷入过相似的窘境。作为马赛当地球员，齐达内数次示意球迷冷静下来，但没有收到回应。

一场本应轻松愉快的慈善赛，结果演变成气氛怪异的批斗大会，齐达内非常失望。随着时间的流逝，球员们的心情越来越烦闷。8月正是雷雨频发的时节，韦洛德罗姆球场里也电闪雷鸣。

齐达内的情绪接近失控，在一次进攻中，他把球狠狠地开向界外。并不是所有人都看懂了他的动作，但有些人知道，齐达内是在发泄。他又变回那个敢爱敢恨的耶齐。

齐达内不是高高在上的巨星，愿意为朋友出头，有仇必报，不会忍气吞声。拉孔布曾说过“如果哪天对手不踢你了，就说明你的技术已经不行了”，齐达内一直没丢掉他出色的技术，也一直在挨踢。他会还击，有时还会因此吃亏。2000 年 9 月 26 日，他在与拉科鲁尼亚的欧冠小组赛中因冲撞对手染红离场。2000 年 10 月 24 日，在另一场欧冠小组赛中，一名汉堡球员在防守时绊倒齐达内，他用头撞向那名球员。裁判毫不犹豫地把手伸向口袋，齐达内知道接下来会发生什么。当裁判举起红牌时，尤文图斯 21 号一句话也没说，转身朝更衣室走去。

赛后，齐达内受到追加停赛 5 场的处罚。他承认错误，并向球迷道歉，说他会努力为球队赢回意甲冠军。但在欧冠联赛中，齐达内只能耐心等待，他急切地期盼队友们能闯入淘汰赛，打进四强、半决赛，到时他就可以上场了。遗憾的是，尤文图斯在小组赛过后便遭淘汰。2000/2001 赛季，他们连续第三年两手空空。齐达内只能把夺取欧冠冠军的希望放到下一个赛季。

尽管有上述不太美妙的插曲，国际足联仍在 2000 年 12 月 11 日把年度“世界足球先生”的奖项颁给齐达内，以表彰他在那一年的优异表现。在技术流逐渐走向绿茵舞台中心的千禧之交，齐达内是最优秀的男子足球运动员。

他给所有踢球的孩子和球员做出榜样，证明足球没有丧失其最纯真的美感和魅力，证明足球也和其他体育比赛一样，虽越来越强调身体对抗，但并不是一场只靠身体的野蛮角力。

“2000 年世界足球先生”是对齐达内最好的褒奖，也鼓舞了那些模仿他踢法的人。在 2000 年，足球依然是一项纯粹的运动。

第十章　银河战舰

荣膺2000年世界足球先生后，齐达内真的不需要再证明什么了，余下的职业生涯，他所要做的就是继续累积数据和荣誉。

性格安静的齐达内无比渴望做回普通人，可惜这是办不到的事情。面对众多商业代言邀约，他选择了一家著名的汽车厂商。新世纪第一天，一段由齐达内主演的广告片在电视台晚间新闻前的黄金时段播出。片中，他一言不发，很好地诠释了片尾那句广告语所表达的精神——行胜于言。喊出这句口号的厂商是福特，菲亚特集团的主要竞争对手之一。

尤文图斯高层并没有反对这桩合作，没有干涉齐达内的个人事务。他的影响力已越来越大。齐达内在日内瓦领取了一本红色的证书，和罗纳尔多一样，成为联合国的全球亲善大使。

尤文图斯和齐达内互不相欠。来都灵的头两个赛季，他帮“老妇人”赢下丰田杯和欧洲超级杯，还实现联赛两连冠。但他们在1999

年到 2000 年一个冠军头衔都没拿到。2000/2001 赛季，尤文图斯在欧冠中早早出局。此外，意甲激烈的对抗和乏味的踢法都让齐达内有些倦怠。

他在一次外出拍摄广告期间，获得了宝贵的放松机会。齐达内在镜头前表现得依旧平静，心绪其实有些乱。他在考虑转会离队。他没有说出来，但很清楚离开会让自己快乐。

尤文图斯在联赛中踢得不错，但并未展示出高人一筹的实力，他们的球迷有些不高兴，把矛头指向齐达内。尤文图斯 21 号表态想倾尽全力帮球队赢下联赛冠军，有人立刻把这解读为他非常愿意留在都灵。但事实并非如此。

2000 年 8 月下旬，皇马与加拉塔萨雷的欧洲超级杯比赛前夕，欧足联在摩纳哥举行年度颁奖典礼，当时足坛的热点话题是：在世界最佳球员的投票中，应该选贝利还是马拉多纳。齐达内把票投给了偶像恩佐 · 弗朗西斯科利。

欧足联公布了年度各大奖项的归属。欧足联俱乐部足球先生是雷东多，一位已转投 AC 米兰的前皇马中场；赛季最佳前锋是皇马王子劳尔；欧锦赛最佳进球属于特雷泽盖；欧锦赛最佳球员则是齐达内。对法国 10 号来说，1999/2000 赛季无疑是职业生涯的一个巅峰。

欧足联喜欢热闹，把 2000 年的颁奖典礼办得很隆重，足坛精英悉数到场，皇马众星都没有缺席，他们在五月的欧冠决赛中击败巴伦西亚夺冠。

典礼上，球员、俱乐部高层、记者和名媛们都精心打扮，身着盛装。齐达内见惯了这类场面，知道如何微笑，如何和熟人打招呼，却还是很难真正融入，在陌生人面前仍会感觉不自在。他和往常一样安静，他那些衣着夸张的队友则忙着高谈阔论，试图博人眼球。

齐达内是当晚的明星之一，并在典礼前的新闻发布会上谦虚地表示：“能获得这些奖项，我真的很开心。这说明我做好了自己的工作，我的成绩得到了大家的认可。”他心情不错，回答了很多问题，回顾了他一路走来的历程，谈到一个心愿：“我依然很想念欧冠联赛。”

正是在这次典礼上，齐达内确定皇马有意引进自己。西甲豪门在1998年和2000年两夺大耳朵杯，齐达内明白这家俱乐部能给他带来新的挑战。如果双方真的牵手成功，这笔转会的费用可能会刷新历史纪录。

齐达内于1996年来到都灵，在这儿赢得一切，除了欧冠冠军。齐达内记得，1997年和1998年，他和斑马军团两度折戟欧冠决赛，2000年，他们在赛季最后一轮丢掉意甲冠军。但他当时还不知道的是，2001年，他们会再一次与意甲冠军无缘。

齐达内越来越厌倦意大利赛场，这儿的后卫动作过于粗野。他渴望换个环境，他开始思考未来。回法国吗？这个选项显然不够现实，他若回归祖国的联赛，可能会承受很多的舆论压力，况且那里的竞技水平已经配不上他的段位。

去另一家意甲俱乐部？那是对尤文图斯的背叛，他同样会承受舆论的枪林弹雨。能去的地方只剩下英格兰和西班牙。

无论从个人和竞技角度来考虑，西班牙都是齐达内的最佳选择。

西班牙联赛踢得更开放，球风不像意甲那样刻板，理念也比英超先进。而且，去西班牙能让维罗妮卡回归故乡。

事情没有那么容易。齐达内和尤文图斯还有合约在身，1996 年，“老妇人”把他从波尔多找来，给予他充分的信任，在当时看来，这无异于一场赌博。时过境迁，阿尔卑球场变成一个巨大的金色鸟笼，尤文图斯不会轻易放他走人。

不过，弗洛伦蒂诺·佩雷斯可不是一个空想家。他经过认真考虑，制订了从尤文图斯挖走齐达内的计划。但首先，他得保持低调，不能让尤文图斯和竞争对手探到风声。

弗洛伦蒂诺很清楚，在足坛，一切皆有可能。作为西班牙最大的市政工程企业 ACS 集团的主席，他坚信，自己所要做的就是把市场经济那一套理念，照搬到观念还相对落后的足球世界——把握时机，在嗅到盈利机会时要毫不犹豫地出手，更要善于变通。在建筑行业，出高价才能拿到好项目，弗洛伦蒂诺相信，这条规则在足球界同样行得通，引进菲戈就是明证。

弗洛伦蒂诺在竞选皇马主席时承诺，他会从死敌巴萨把菲戈“挖”过来。

“佩雷斯根本不懂球，（他那套东西）在足球里玩不转。”时任皇马主席洛伦佐·桑斯如此揶揄自己的竞选对手，他觉得这位建筑巨头就是在哗众取宠。弗洛伦蒂诺不动声色地和菲戈的经纪人签下协议，让其把巴萨边锋带到伯纳乌，到时他会给菲戈开 600 万欧元的天价年薪，前提是他当选皇马主席。那位经纪人认为，这买卖毫无风险，因为转会根本不可能成行，按民调结果显示，弗洛伦蒂诺的支持率大大落后于桑斯。但竞选结果大大出乎他的意料。

弗洛伦蒂诺当选皇马主席，并签下菲戈，在俱乐部会员和合作伙伴中获得很高的人气。他保证“每年都会给球队带来一位巨星”。

“我认为，齐达内是世界上最好的球员，他必须为皇马踢球，因此我会尽一切努力把他带到这儿来。”

这位谋略大师知道这份计划实施起来颇有难度。齐达内是世界级球星，领着可观的薪水，效力于一家豪门，在意大利适应得不错。更棘手的是，他有合同在身。但弗洛伦蒂诺雄心勃勃，志在必得。

2000年9月，弗洛伦蒂诺一边暗中调查齐达内的合同条款，估算引进他能带来的收益，以确认这笔交易在经济上的可行性，同时还研究了转会操作中可能涉及的法律细节。这一系列动作连齐达内都毫不知情。

2001年5月，有关“齐达内接近签约皇马”的爆料震惊足坛——这很可能是弗洛伦蒂诺本人故意放风。尤文图斯表示这是无稽之谈，皇马一边否认，一边继续制造流言。意大利球迷和尤文图斯高层都有些生气，在皇马正式询价齐达内后，他们更是怒不可遏。“老妇人”回应得很明确：齐达内是“非卖品”。但他们的内心已不那么坚定了。

两家豪门暗中较劲，隔空打了好几周的口水仗。弗洛伦蒂诺又送上一份“很有诚意的”报价，尤文图斯方面的态度依然是拒绝。媒体每天都报道和此事相关的消息，还不厌其烦地预测这场肥皂剧的结局。他们并不看好皇马，尤文图斯毕竟是齐达内打出身价的地方。

《队报》刊出头条文章“齐达内不会去皇马的几个理由”，这家媒体在都灵城有很多线人，在转会方面消息很灵通。但这一次，他们弄错了，而且错得很离谱。他们的文章只转述了尤文图斯的立场，这家意甲豪门盲目自信，没看到皇马的决心，坚信没人能挖走齐达内。

桑斯、《队报》和尤文图斯都低估了弗洛伦蒂诺，这位“菜鸟主席”已先下手为强。他在向都灵派出谈判代表的同时，也告诉齐达内出来表态。“我想去西班牙踢球。”齐祖立刻公开表示。米利亚乔亦不断向尤文图斯高层施压。

这场拉锯战的平衡被打破了，齐达内和尤文图斯或许已到分手时刻，斑马球迷很焦虑：“没有齐达内，我们该怎么办？”

面对艰难的形势，尤文图斯高管莫吉和贝特加并不想屈服，但也知道很难留住齐达内，转而考虑如何从皇马那儿大捞一笔。“他们不是为菲戈付了6200万欧元吗，齐达内更棒，所以值更多钱。如果卖掉齐达内，我们必须补强阵容，给球迷一个交代。”尤文图斯内部有了这样的想法。

捷克中场内德维德进入尤文图斯的视野，此外，他们还瞄准了一些锋线和后场球员。只要齐达内的转会费一到手，“老妇人”就有在转会市场上豪购的资本。

齐达内的离队似乎已成定局。离开时，他会有一些遗憾，因为尤文图斯连续第三季没有奖杯入账，赛季最后一轮，另一支来自首都的球队罗马顶住压力，在意甲积分榜上力压尤文图斯夺冠。但他本人还是得到同行的认可，被意大利球员工会票选为2000/2001赛季意甲最佳外援。

齐达内先去度假了，把谈判的事情留给两家俱乐部。他在 29 岁生日那天打破沉默，毫不含糊地告诉《共和报》："如果（转会）这事我说了能算，我现在应该已经在马德里了。"

爆料，内幕，反转，否认，明星球员的转会是冗长的肥皂剧。连最天真的球迷都知道，剧中人物说的话，一个标点符号都不能信。

但再长的剧也有完结的那一天。

2001 年 7 月 7 日，尤文图斯和皇马达成共识。他们没有对外公布谈判结果，但齐达内的未来已不是秘密。第二天，各大媒体纷纷报道了这一新闻：齐达内将与皇马签下 4 年合约，最终的合同期限可能会更长。

皇马和尤文图斯没有公开具体的转会费，起初，人们估算费用在 7300 万欧元到 7600 万欧元，后来，这个数字被定位在 7500 万欧元上下。新的历史纪录出现了，忘了马拉多纳、罗纳尔多、德尼尔森和菲戈吧，齐达内才是史上最贵的球员！

这个曾经不被球探看好的马赛少年，这个从法乙开启职业生涯的无名球员，已经成长为身价千万欧元级别的球星！

两年时间，弗洛伦蒂诺给皇马带来两位巨星，不断刷新足坛转会费纪录。虽然这位大亨一直标榜自己的赚钱能力，但许多西班牙人仍质疑这两笔买卖是否真的能够盈利，并指出他的操作不够透明。据一些审计报告显示，惯用"挪用补空"的皇马，拿出一部分"结构性收入"——出售训练基地所得的款项——用于购入球员，而且，他们过往做了很多类似的事情。

齐达内不想讨论财务问题。“这数字真的很吓人，我不想再看到它，转会费太高了，我不值这个价，世界上没有球员值这个价，但它就是发生了。我知道，那是很大的一笔钱，”他坦率地表示，“我 29 岁了，这是尤文图斯能把我高价折现的最后机会，老实说，把我卖出这个价格真的很不容易，他们能用这笔钱来重建。”

这确实是一次天价引援。马德里迎来一名创造性十足的中场球员，但他的比赛影响力一度受到过质疑，他在俱乐部已经 3 年无冠。他离开的那支球队在意甲似乎已失去统治力，在欧冠中连续 2 个赛季早早出局。

尽管齐达内对老东家一直赞赏有加，但尤文图斯好像不怎么领情。“齐达内更多的是华而不实。”阿涅利说。这位大亨的俱乐部从转会中赚得盆满钵满，但他仍忍不住要给马德里球迷添点堵：“5 年的时间，他就变了心。在选择马德里之前，他妻子想去的地方是巴塞罗那。”

一贯绅士的齐祖没有理会这些嘲讽。2003 年，阿涅利去世，齐达内还回到都灵出席“律师”的葬礼。

2001 年 7 月 8 日晚上，齐达内抵达马德里。此前，他和家人一起去了波利尼西亚群岛和美国西海岸度假，也密切关注着谈判的进展。为了让这位新援不受打扰，皇马租用一架私人飞机，秘密地把他载到首都市郊托雷洪的一个军用机场。

1986 年世界杯冠军队成员、皇马总经理巴尔达诺在机场迎候齐达内，又悄悄地把他送至伯纳乌球场旁的一家酒店。这家酒店留给齐达内不全是美好回忆。

7月9日上午，“齐祖热”开始蔓延。媒体不停地报道有关齐达内的新闻，所有人都在谈论“Sissou”[①]。这笔转会给意大利和法国带去不少话题，给西班牙球迷带来无尽的欢乐。

齐达内刮起一阵旋风，皇马准备隆重地欢迎这位大牌新援。一场由赞助商出资的高规格见面会在9日下午举行，并通过电视和电台进行直播，两百多名记者来到现场，数百名球迷焦急地等在场外，只为看他一眼。

齐达内乘车从酒店前往会场，身着白衬衣和黑西装，显得有些不自在。他从许多陌生人中间穿过，走上前台，弗洛伦蒂诺和皇马传奇迪·斯蒂法诺在那儿等着他。主席先生豪迈地表示：“有些球员注定要为皇马效力，最好的俱乐部必须拥有最好的球员。”无数相机亮起闪光灯，记录着齐达内的一举一动。

“加盟皇马是一种荣誉，我一直期待着这一刻。”齐达内显得有些局促。5分钟后，见面会结束，他坐车返回酒店。

弗洛伦蒂诺认为：“皇马是一家世界豪门，齐达内也是世界级的，我们很相配。”他仍低估了法国巨星的影响力。

齐达内到马德里后，他的球衣销售火爆。签约当天，300件提前秘密印好号码和名字的球衣就被抢购一空。

和1996年他到都灵时一样，皇马的10号球衣已被占用。这一

---

① “齐祖”在西班牙语中的发音接近Sissou。——译注

次，齐达内选择了 5 号，该号码的前主人小桑奇斯在他来前刚刚退役。1987 年 1 月，齐达内曾在圣拉斐尔身背塞普泰姆 5 号，踢了去戛纳试训前的最后一场比赛。14 年零 6 个月过去了，年近而立的他已加盟皇马，拿到与菲戈、劳尔平齐的 600 万欧元年薪。

这位马德里的新宠儿没法自由出行，不能外出购物，除非商店清场只为他一人服务。他被困在酒店里，只能靠电视和 DVD 打发时光。

初到马德里的那几天很难熬。齐达内不会讲西班牙语，皇马也来不及考虑如何安顿他，他们没想到转会能如此顺利。有那么几天，这位大明星几乎是被晾在酒店，之后才有人带他去城里看待售的房源，齐达内不想租房住。

很快，第二波齐祖热就出现了。齐达内亮相伯纳尔球场，一个正等待他去征服的舞台。他看到，这座传奇球场与伟大的皇马前主席伯纳乌同名，能容纳 75000 名观众，坐落在马德里市中心繁华的商业区；他还看到，自己让媒体和公众陷入疯狂，数十名记者与数百名球迷前来为他捧场。“你好，马德里！”他用西班牙语向球迷问好，在之后的新闻发布会上又讲回法语。他面露微笑，内心其实已经有些焦躁。

齐达内入住的是一家商务酒店，这儿房间较为简陋，家人没法住进来陪他。齐达内很孤独，外界的狂热反应让他更感不安。

他的同胞兼新队友马克莱莱也住在这家酒店，两人经常见面。马克莱莱察觉到齐达内的问题，并告知俱乐部工作人员。几天后，皇马安排齐达内搬去一家环境更为温馨的五星级酒店。

媒体的热情依然很高。齐达内去哪儿呢？齐达内在干什么？齐达内吃了什么？齐达内在想些什么？类似的报道不是连篇累牍，而是铺天盖地。皇马队史上不乏巨星，比如 20 世纪 50 年代三夺欧冠冠军的法国球星雷蒙 · 科帕、传奇的迪 · 斯蒂法诺，以及后来的舒斯特尔和雷东多，但齐祖的光环似乎盖过他们所有人。他球风优雅，身体强壮，品德高尚，他看似冷峻，但瞬间就能用一个微笑打动你，所有这些都让人无法自拔。

皇马按惯例来到日内瓦湖畔的尼翁备战新赛季。追星族、当地居民和游客的热情一点不比马德里的人少。人人都想看一看齐达内，和他说话，和他握手。齐达内和以前一样，笑着满足了他们的要求。

大部分时候，尼翁都很安静。齐达内终于可以重新打开手机，拨通瓦罗的电话。他们又开心地聊了起来。齐达内说他的日常排得满满当当，7 月 13 日要陪总理去莫斯科，为法国申奥站台助威。瓦罗关切地说 ："别总是有求必应，我过去就是这么做的，瞧瞧我被害成了什么样子！"他们的话题离不开足球，但又不限于足球。

齐祖热使齐达内没法好好适应马德里的新生活，而皇马的备战期安排给他带来更大的挑战。瑞士的集训结束后，他们需要立刻飞往埃及，这样的行程看起来非常不合理。但埃及是皇马的重要市场，他们的球员在这个国家很受欢迎，有着阿拉伯背景的齐达内当然也不例外。接着，皇马又回到西班牙踢了一系列热身赛，其中一场是在阿里坎特对阵法国球队蒙彼利埃。

齐达内无论走到哪里都会吸引所有人目光。但在球场上，他和队友还没有找到默契，因为皇马不断地变换训练地点，不断在各地巡游，另一方面，媒体的狂轰滥炸也给他带来无尽的压力。

齐祖热也令见惯大场面的皇马始料未及。他们赶紧雇用保镖护送球队出行，俱乐部商店里，齐达内的球星卡和球衣总是卖到缺货，训练场外，总有大批球迷在耐心地等着围观齐达内。

下面这件事或许能让你更好地理解齐祖热。

在齐达内到马德里后不久，他和朋友马莱克打算去一个购物中心逛逛，在意大利，他们外出时最多会遇到一些来索要签名的球迷，但在马德里，他们引发了一场骚乱。两人被迫立即离店。

正是在这种背景下，齐达内迎来代表皇马的第一场正式比赛。2001 年 8 月 26 日，2001/2002 赛季西甲首轮，他随队出征梅斯塔利亚球场，挑战巴伦西亚。

齐达内的到来让皇马球迷的信心空前高涨。他们相信球队将战无不胜，重现 20 世纪 50 年代迪·斯蒂法诺、普斯卡什、科帕及亨托等人开创的辉煌。数十名外国记者全程跟踪报道皇马，有人开始把“银河巨星”和“银河战舰”的说法挂在嘴边。

马德里的高调引起其他俱乐部的反感。在反马德里主义者看来，皇马变成一个富得流油、耀武扬威的对手，必须不惜一切代价给他们点颜色看看。大战一触即发，赛前一天，皇马的大巴被一块石头击中，好在当时车上并没有人。

巴伦西亚的球迷情绪感染了他们的球员和主帅。开场后 15 分钟内，齐达内被侵犯 4 次。整场比赛，他受到蝙蝠军团的严密布防和凶狠下脚，陷入阿亚拉、久基奇、德洛斯桑托斯和阿尔贝尔达的重重围剿。最终，皇马客场 0 ∶ 1 败北。

齐达内发挥得有失水准。巴伦西亚的法国后卫安格洛马曾和齐达内一起征战过 1996 年欧锦赛，他试图安慰同胞："齐祖的能力毋庸置疑，但他背负了太多压力，远超一个正常人的承受范围。他是一个简单而聪明的家伙，但很害羞。大家要保护他。"安格洛马也有过在意大利踢球的经历，他接着指出："在西班牙，皇马总是备受关注，在意大利碰不上这种情况。世界上最好的球员到了这里，事情当然会变得疯狂！"

媒体没有给齐达内留情面，《阿斯报》写道："光烧钱不卖力是赢不了球的。在西班牙，我们都是拼死战斗，光有名气换不来尊重。"

西班牙出现一个热门话题，在电台和电视台的各档谈话类节目上，政客、经济学家、各种知名或不知名的歌手、一线或十八线的女明星以及明星的前男（女）友都在讨论齐达内，"他踢得不够好""表现一般""他会踢出来的"……

法国球迷的"仇敌"、前巴萨球星斯托伊奇科夫——曾率保加利亚把高卢雄鸡挡在 1994 年美国世界杯门外——也来添了一把火："齐达内就是下一个阿内尔卡。"阿内尔卡 1999 年加盟皇马，坐了一个赛季板凳便灰溜溜地离开，其间一直未能融入球队，也未能处理好与俱乐部高层的关系。

齐达内没有退缩，并提醒公众他来自意大利联赛，"那儿的防守强度更大"，他在那里"经常被盯得死死的"。

但这并没有减轻他的压力，球队战绩也和他过不去。西甲第二轮，皇马主场被马拉加 1 ： 1 逼平，伯纳乌嘘声四起。

第三轮，皇马客战贝蒂斯，齐达内打进个人西甲首球，但他的球队再次失利。皇马在联赛中迷失了方向，而之前一个赛季，他们还拿到西甲冠军，打进欧冠四强。

屋漏偏逢连夜雨，皇马在欧冠联赛中踢得还不错，齐达内偏偏无法上场，因为他上一个赛季受到的停赛处罚还未执行完。

在部分人看来，齐达内是球队联赛战绩不佳的罪魁祸首，他难以融入全队的战术体系，7500 万欧元的身价成为批评家攻击他的口实。媒体不再夸赞他的球技，而是揪住他的每次失误不放。有些球迷甚至认为齐达内来马德里就是养老，弗洛伦蒂诺豪购巨星的策略也饱受抨击：“一支塞满球星的球队是踢不好比赛的。”

一个段子流传开来：“知道为什么齐达内在皇马穿 5 号、在国家队穿 10 号吗？因为他在这儿只能发挥出一半功力！”

好在皇马依然支持齐达内，主帅博斯克和众队友全力维护他，情况很快就会迎来转机。

第十一章　天外飞仙

媒体采访、赞助商活动、电视和广播节目都告一段落。2001 年 9 月中旬，齐达内终于可以全身心投入训练和比赛。

“被批评的滋味不好受，人们对我太心急了，我需要一点时间适应（西班牙）。我理解球迷，他们期望很高，但我才来 2 个月而已，我和皇马签约 4 年，不是 2 个月。”

“我想和大家一样，回家后能享受片刻安宁。但我为皇马效力，这里的人们要求比意大利高很多，”他希望能过得安静一点，同时也做出承诺，“我会把精力集中到场上，尽快恢复最佳状态。”

那个时候，齐达内并不承认他曾陷入自我怀疑，但几个月后，他意识到：“那段日子并不好过，事实上还挺难熬的，不只是足球，方方面面都是。人们对我期待太高，但这在西班牙又是很正常的事情。我必须学会接受批评。”

他知道该怎么做：“有时，你在赛前会感觉疲惫，想休息，但这恰

↑ 20 世纪 80 年代，齐达内（上排左四）在拉卡斯泰拉讷的福雷斯塔竞技俱乐部踢球。

↑ 齐达内为戛纳俱乐部踢球，这是他加入的第一家职业足球俱乐部队。

↑ 齐达内与儿子恩佐在家里。

↑ 1996 年 6 月 22 日，欧洲杯四分之一决赛，法国 5 ：4 点球战胜荷兰。齐达内打满全场比赛。

↑ 1996 年 9 月 8 日，意甲联赛，雷吉纳 1 ： 1 战平尤文图斯。齐达内在带球突破。

↑ 1998 年 7 月 3 日，世界杯四分之一决赛，齐达内被意大利队员詹卢卡 · 佩索托缠抱。

↑ 1998 年世界杯，法国对阵沙特。齐达内在阿卜杜拉·苏布罗马维（左）和胡塞因·苏里曼的包夹下抢点。

↑ 1998 年 7 月 3 日，世界杯四分之一决赛，法国对阵意大利，齐达内与保罗·马尔蒂尼争抢头球。

← 1998 年，世界杯决赛，法国对阵巴西，齐达内头球破门。

← 1998 年 7 月 12 日，世界杯决赛，齐达内两球建功，法国 3 ： 0 战胜巴西，赢得冠军。齐达内举起大力神杯。

← 齐达内的哥哥努尔丁和父亲斯迈勒在马赛家中观看齐达内的世界杯之旅。

→ 法国队世界杯夺冠后的盛况。凯旋门上映射出齐达内的头像，并打出"齐达内，当总统"的字样。

← 1998 年世界杯，法国赢得冠军。齐达内手捧大力神杯。

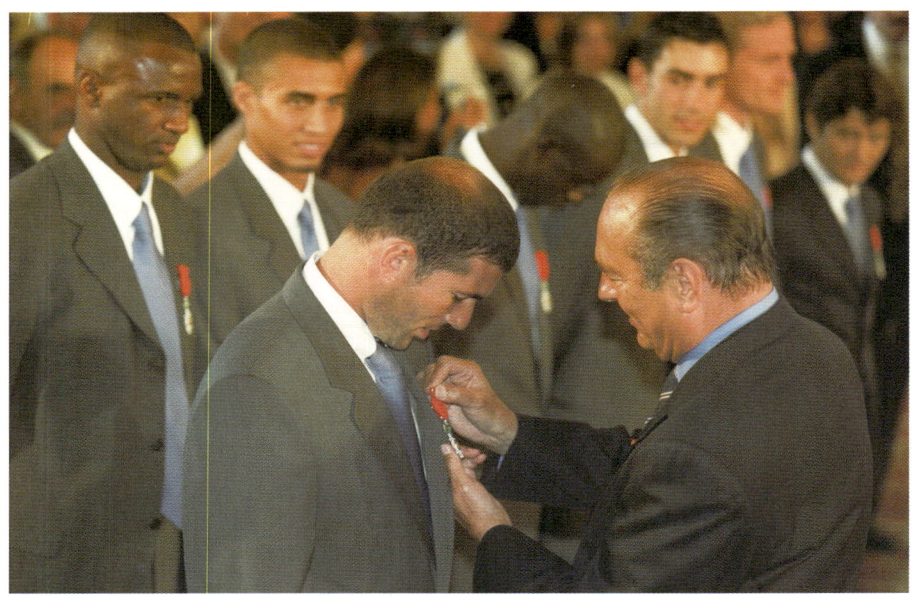

↑ 时任法国总统雅克·希拉克给齐达内佩戴荣誉军团勋章。

← 1998 年 12 月 21 日，齐达内获得金球奖。

← 齐达内与妻子维罗妮卡。

↑ 齐达内享受与儿子们的快乐时光。

← 1999 年 10 月 17 日，意甲联赛，罗马对阵尤文图斯。齐达内奋力护住足球。

← 2000 年 6 月 28 日，欧洲杯半决赛，法国 2 ：1 金球战胜葡萄牙。齐达内主罚点球。

← 2000 年 7 月 2 日，法国队战胜意大利队，赢得欧洲杯冠军。

← 2001年7月9日，齐达内加盟皇家马德里，皇马名宿迪·斯蒂法诺在新闻发布会上展示齐达内的新球衣。

→ 2002年5月15日，2001/2002赛季欧冠决赛，皇家马德里2：1击败勒沃库森夺冠。齐达内手捧大耳朵杯。

↑ 2002年4月10日，2001/2002赛季欧冠联赛，皇马对阵拜仁慕尼黑，齐达内高高跃起争球。

↑ 2002 年 12 月 17 日，国际足联 2002 年度颁奖典礼，巴西球员罗纳尔多、德国球员卡恩和法国球员齐达内在世界足球先生评选中分获前三名。

↑ 2004 年欧洲杯四分之一决赛，法国队对阵希腊队。齐达内的粉丝激情助阵。

↑ 2003 年 7 月 30 日，在中国昆明海逸酒店举行的一场阿迪达斯足球发布会上，皇马球星齐达内、劳尔和贝克汉姆展示印有他们中文名字的球衣。

→ 2005 年 7 月 20 日，皇家马德里抵达中国香河，进行为期四天的中国行。齐达内受到球迷的疯狂追捧。

↑ 2005 年 7 月 23 日，在皇马与北京现代的表演赛中，齐达内手持足球。

← 2006 年 7 月 9 日，德国世界杯决赛，法国队对阵意大利队，齐达内单挑意大利后腰加图索。

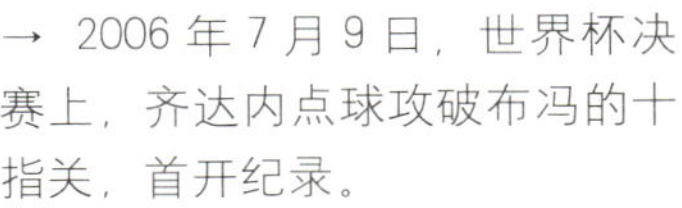

→ 2006 年 7 月 9 日，世界杯决赛上，齐达内点球攻破布冯的十指关，首开纪录。

↑ 2006 年 7 月 9 日，世界杯决赛，齐达内因头槌马特拉齐被罚出场，他黯然走过大力神杯。

↑ 2011 年 2 月 7 日，在劳伦斯世界体育奖颁奖会上，齐达内荣膺劳伦斯终身成就奖。

↑ 2014 年 3 月 11 日欧洲青年联赛四分之一决赛，齐达内的儿子、法国中场球员恩佐·齐达内在比赛中。

↑ 2014 年 5 月 24 日，欧冠决赛，齐达内在皇马主帅安切洛蒂的注视下高喊着指令。

← 2016 年 2 月 13 日，在西甲联赛皇家马德里对阵毕尔巴鄂竞技的比赛中，齐达内给 C 罗面授机宜。

↑ 2016 年 5 月 28 日，皇马战胜马德里竞技，赢得欧冠冠军。齐达内被兴奋的球员抛起来。

↑ 2017 年 5 月 21 日，皇马加冕西甲冠军。莫拉塔送给主帅齐达内一个激情香槟浴。

↑ 2017 年 10 月 23 日，在国际足联年度颁奖盛典上，皇马主帅齐达内首次当选 FIFA 年度最佳男足教练。

↑ 2018 年 2 月 9 日，在训练课上，齐达内再展脚下功夫。

↑ 2018 年 2 月 14 日，欧冠八分之一决赛，皇马球员马塞洛进球后，与主教练齐达内庆祝。

↑ 2018 年 5 月 26 日，皇马获得欧冠冠军后，齐达内和队员与大耳朵杯合影。

↑ 2018 年 11 月 29 日，齐达内做客中国中央电视台体育频道《天下足球》节目。

恰是需要加倍努力训练的时候。我必须通过努力训练来适应新环境，我到西班牙时，身体并不处于最佳状态。”在卡斯蒂亚大道尽头的体育城训练基地，齐达内挥汗如雨。

当时，皇马已出售这个训练基地，把收入用于抵债，但他们的球员仍在那里训练。体育城基地配备十几块训练场，医疗中心、停车场和球员更衣室等设施一应俱全。基地旁边就是皇马篮球队的主场雷蒙多·萨波塔球馆，球员们偶尔会去球馆的自助餐厅用餐。齐达内每天都到得很早，训练前常常会和菲戈、耶罗一起喝咖啡。

每周中，皇马出发去踢欧冠，停赛的齐达内没有偷懒，而是留在基地独自训练。

在那些日子里，空荡荡的体育城变成一个避风港，让他感觉到平静。

另外，他在一个高档社区找到一套中意的房子，把家人安顿下来，与劳尔、菲戈做起邻居。

与马德里市内其他地方比起来，齐达内选的社区绿化较好，夏天相对凉爽，此外，这里离体育城和伯纳乌球场都不远，而且紧挨着马德里的法语学校，他的孩子们就读于此。

每天，如何悄悄地送恩佐和卢卡去学校都让齐达内深感头痛，他的名气给这项日常事务带来很大的挑战。但他渐渐地熟悉了西班牙，他的身体状态也越来越好。他可以开口说一些西班牙语了，虽然有时还不太流畅，有时还会夹杂一些法语单词，但他的努力得到了别人——特别是队友——的认可。

“他是大明星齐达内，但也是个非常踏实的好人。”皇马后卫伊万

·埃尔格拉说。埃尔格拉是马克莱莱的好友，齐达内来马德里后，马克莱莱帮了他不少忙，但也表示同胞“并不需要任何人的帮助”。

因为齐达内有家人和亲友的支持，他们一直都在他身边，从未远离。

一天早上，体育城的自助餐厅里几乎没有其他人，齐达内坐在一张桌子前，心情很糟糕，维罗妮卡和斯迈勒陪在他身边。他们都惊魂未定。

齐达内刚刚回到马德里，他踢了一场比赛，更准确地说，是经历了一场的灾难。

这是法国和阿尔及利亚首次在足球场上相遇。此前，凡是有法国队参加的比赛还从未提前结束过，但2001年10月6日这天，这样的事情在法兰西大球场发生了。

按媒体赛前的报道，这场比赛本应成为一场盛会，让观众像1998年世界杯时那样高唱“法兰西，黑人、白人、北非人”“齐达内，当总统”。

赛前几天，齐达内心情不错，坦言对阵阿尔及利亚会让“自己的心为之一紧”。他的亲人都来自阿尔及利亚山村阿盖穆奈，他们非常期待这场友谊赛。

对斯迈勒来说，这场比赛意味着很多。不过，事情没有按预想的样子发展，而是迅速演变成一场闹剧。

法国右翼政党呼吁取消这场比赛，理由是出于安全考虑。据法国警方情报部门提供的信息显示，巴黎可能涌入一伙追随本·拉登的贫困地区青年，拉登是神秘的基地组织的头目，2001年9月11日，该组织刚在美国实施了一系列骇人听闻的恐怖袭击。

当时任法国体育部部长玛丽－乔治·比费受到询问的时候，属于左派政党的圣但尼市长站出来辟谣。

齐达内没有发言，以免被牵扯进政治斗争，引来不必要的麻烦。

比赛当天，大批警察进驻法兰西大球场，气氛异常紧张。比赛结束两周后，时任法国足协主席克洛德·西蒙透露赛前曾收到炸弹威胁，该消息也得到警方人员的证实："我们用搜爆犬把球场检查了两次，一无所获，因此我们决定比赛照常进行，但你可以想象开球时我有多紧张。"

在这样的气氛下，双方球员走上草坪，阿尔及利亚国歌《誓言》响起时，全场观众起立鼓掌，法国国歌《马赛曲》奏响时，看台上嘘声和口哨声四起。现场播音员介绍两队球员时，大多数法国队员收到嘘声，只有齐达内例外，他表情凝重，仿佛处于放空状态。

比赛开始后，当值裁判员受到观众的狂轰滥炸，这些画面通过媒体传播到全法国和全世界。第七十六分钟，场上比分 4 ∶ 1，法国队领先阿尔及利亚，一些观众开始冲进球场，人数从一个到十个，最后变成上百个。虽然这些人中并没有真正的恐怖分子，但他们的行为让比赛不得不提前结束。

齐达内一言不发地离开法兰西大球场，没有回答记者提问，他非常生气，非常难过，他的国家队比赛日第一次以噩梦收场。

马德里或许能帮齐达内走出噩梦，但他必须先在这儿打出名堂，在天赋和汗水的帮助下，他成功了。

不知不觉中，他渐渐融入皇马。在场上，劳尔牵制对手后卫，齐达内和菲戈一起梳理进攻，制造出许多得分机会和漂亮的进球。

远离意大利的钢筋混凝土防守后，齐达内重新找到快乐，踢得越来越好，许多观众起立向他致敬。部分苛刻的球迷仍未被征服，和5年前在尤文图斯时一样，齐达内还没有拿出稳定且全能的表现。

皇马的球风让齐达内感觉很舒服，他表示："我在这儿很放得开，这里的比赛很有趣。"西班牙给了他更大的压力，但给了他更高的自由度。

皇马的5号球衣已售出数万件，福特汽车举办了一项竞赛，二等奖获得者有机会和齐达内见面。他是一个价值7500万欧元的球员，皇马球迷总会就此展开没完没了的讨论：齐达内对得起这份天价吗？

皇马高层不惜一切代价追求大场面。他们渴望拥有最伟大的球员，渴望看到如梦如幻的美丽足球。

而齐达内能让他们美梦成真。他来马德里是为了追求快乐，也为了让球迷享受到快乐。在离开塞普泰姆14年之后，他又一次踢起美丽足球，妙传，假动作，搓球，穿裆，他找回激情，好像又回到孩提时代。那时候，他每拿到一个新球，都会迫不及待地找场地好好踢上半天。转动的球体会带来无尽的快乐，只有孩子、追梦者和天文学家才能理解其中的奥妙。

齐达内坚持按自己的风格踢球，最终也如布瓦先生所预测的那样，征服了球迷，赢得了他们的欢呼和尖叫。

"齐达内现在完全融入球队了。他花了一段时间，但这是正常的。"

时任皇马主帅博斯克说。

“他显然是个与众不同的球员，是世界上最好的球员。”西班牙最大的日报《国家报》对齐达内毫不吝啬赞美之词，还提到他在欧冠中对希腊球队帕纳辛纳科斯时的一个超级助攻。

经历了开赛期短暂的低迷，皇马逐渐找回状态，在欧冠、西甲和西班牙杯中三线奏凯。这支由齐达内掌舵的银河战舰，开始变得不可阻挡。

“在法国队之外，皇马是我效力过最好的球队，这里有很多高水平的球员。这是我梦想中的球队，我想踢得更快乐，我现在实现了这个梦想。”皇马5号承认。

2001年12月1日，2002年韩日世界杯分组抽签结果揭晓，齐达内心情不错，因为上届冠军法国队与塞内加尔、乌拉圭及丹麦分在一组，他自信地表示：“不管分组怎样，想要赢下大力神杯，你就得赢下所有比赛，我们会力争小组头名。”

但是，世界杯和欧锦赛双冠在手的法国队，并没有齐达内说得那么令人放心。2001年下半年，除了阿尔及利亚一役，他们还踢了另外两场糟糕的比赛。

2001年9月1日，法国队客场1：2输给智利队，在圣地亚哥，齐祖似乎比主队的萨莫拉诺更受球迷欢迎，智利球星在这一天上演国家队谢幕战。11月11日，法国队又客场1：1战平澳大利亚，为促成这场比赛，澳大利亚足协斥巨资改装了一架飞机，在机舱内设置了普通床位和按摩床位，以便高卢雄鸡将士能舒服地度过30小时的航程。

齐达内依然很自信："澳大利亚队把力气用错了地方（2001 年 11 月下旬，袋鼠军团在世预赛附加赛中不敌乌拉圭），热身赛的输赢并不重要……我们知道我们要的是什么……我们的状态会回来，我并不担心……我们会走到最后，卫冕成功。"法国 10 号在不同场合重复过类似的话，媒体对法国队的状态却越来越没有信心，但他们记得，1998 年世界杯前，高卢雄鸡的情况也不是太好。

新年的钟声敲响，无数烟花绽放，一个重要的年份开始了。2002 年 1 月 5 日，2001/2002 赛季西班牙足球甲级联赛第十九轮，上届冠军皇马主场迎战 1999/2000 赛季冠军拉科鲁尼亚，这是一场剑拔弩张的强强对话。

75000 名球迷来到伯纳乌球场，为自己的球队加油呐喊。

齐达内在这场对决中展现出极高的水平。第五分钟，莫伦特斯先下一城，第七分钟，马凯就为客队扳平比分，仅仅两分钟时间，两位超级前锋把现场气氛推上第一个高潮。第九分钟，齐达内在禁区弧顶左侧接菲戈传球，一个假动作把球扣向中路，电光火石间再次变换身体重心，并拨球向左路突破——整个过程中，足球仿佛黏在他脚下——紧接着，他用左脚轰出一记重炮，打破前西班牙国门莫利纳的十指关，"超级拉科"的后卫们在这次防守中完全无计可施。

"即便作为对手，你也会为这样一个进球叫好。"拉科阵中的摩洛哥国脚诺雷丁 · 奈贝特很有风度地表示。

下半场，劳尔打进一球，皇马最终 3 ： 1 赢下拉科。齐达内全场多次尝试过人，基本没有失手，送出多脚妙传，并用一记挑传给索拉里创造了一个单刀机会。

齐达内再次成为关键先生。为了让他接受球迷的致意，博斯克在第八十九分钟换下齐达内。他下场时，皇马球迷鼓掌欢呼，并大喊："齐祖！齐祖！"他们的蜜月期开始了。

本场比赛，前美国男篮"梦之队"成员"魔术师"约翰逊也到场观战。他对齐祖赞不绝口，并提到另一位和自己同时代的篮球巨星："齐达内是集'魔术师'与乔丹于一身的球员。"

第二天，西班牙最大的体育报《马卡报》用整个头版刊出一个巨大的字母"Z"，让人不禁联想到佐罗。褒奖、赞美和狂喜取代了质疑，这种情况还会持续很长时间。

对拉科的胜利让皇马成为西甲半程冠军，这是一件特别应景的好事，因为他们即将迎来百年华诞。

皇马在欧冠第一阶段的小组赛中以头名出线，在第二阶段的分组赛中暂时处于领跑位置，在西班牙国王杯中也杀进八强。他们欣喜若狂。媒体兴奋地畅想，皇马将在赛季结束时实现史无前例的成就，将欧冠、西甲和国王杯冠军通通收入囊中。在马德里，越来越多的人开始谈论三冠王和银河战舰。

齐达内试图给公众降降温："我们还没有赢得任何东西，如果你在赛季临近结束时接连输球，绝对算不上什么好事。"实际上，皇马当时在各项赛事中都算不上一骑绝尘，经常是靠球星的个人闪光拿下关键比赛。

电视转播放大了他们的优势。皇马的得分通常来自球员超强的个人能力，以及行云流水的团队配合，这些精彩画面通过电视信号传播到世界各地。观众被高光镜头迷惑，以为皇马总是如此轻松写意，忘记他们在有些场次中其实赢得非常艰难。

2001/2002 赛季，西班牙国王杯决赛的举办地是伯纳乌体球场，日期不是赛季临近结束时，而是 2002 年 3 月 6 日，弗洛伦蒂诺说服西班牙足协把这场重头戏放在这个特殊的日子——皇马建队百年纪念日——来进行。

皇马一路淘汰巴列卡洛和毕尔巴鄂竞技，闯进国王杯决赛，再次与拉科鲁尼亚相遇。

没人相信拉科能夺冠，除了他们自己。但最终，拉科在伯纳乌反客为主，2 ： 1 赢下这场决赛。对皇马来说，这样的失利堪比 1950 世界杯上的“马拉卡纳惨案”[①]。他们的球员和球迷都备受打击，齐达内也很受伤，但他想不到的是，自己未来在皇马还会输掉很多决赛。

2002 年 5 月 15 日，皇马在格拉斯哥与勒沃库森争夺欧冠冠军，银河巨星们看上去很疲惫，有些能量不足，特别是饱受膝伤困扰的菲戈。这场比赛是皇马整个赛季最后的夺冠机会，他们在西甲领跑大半个赛季，却在收官阶段连连丢分，把冠军拱手让给后来居上的巴伦西亚。

皇马曾梦想用三冠王为百年庆典献礼，最后却可能一无所得。欧冠决赛前，许多权威人士认为，勒沃库森的斗志和状态更胜一筹，皇马已精疲力竭，弹尽粮绝。

---

① 1950 年巴西世界杯，巴西队在打平即可夺冠的情况下，在马拉卡纳体育场 1 ： 2 负于乌拉圭队，痛失冠军。史称“马拉卡纳惨案”。——译注

但另一个事实是，从 1955 年欧冠俱乐部冠军杯创立到 2001 年，皇马已八夺欧冠冠军，是这项赛事中战绩最好的球队。

四分之一决赛，皇马遭遇宿敌拜仁慕尼黑，两队战得刺刀见红，悬念迭生。皇马在客场 1 ： 2 告负，回到伯纳乌后 2 ： 0 涉险过关。

半决赛，皇马和死敌巴萨陷入缠斗。首回合，皇马客场 2 ： 0 奏凯，拿下他们自 1984 年以来在诺坎普球场的首胜。比赛第五十五分钟，齐达内接劳尔妙传狂奔杀入禁区，冷静思考后，搓出一脚弧线为皇马首开纪录。

次回合开球前 4 小时，马德里发生一起汽车炸弹袭击事件，西班牙恐怖组织“埃塔”宣布对此事负责。由于一名“埃塔”成员在事发前几分钟发出了警告，这次袭击“仅”导致 17 人受伤，没有造成更大的伤亡。有关方面在紧急磋商后决定，这场极为重要的国家德比仍照常进行。两队最终打成 1 ： 1，皇马晋级。

齐达内在决赛前表态：“我非常想赢下这场比赛，不接受其他结果。”他说到做到。和之前的国王杯决赛一样，皇马和勒沃库森的第一个进球都来得很快，第八分钟，劳尔破门，第十三分钟，卢西奥扳平比分。之后，两队都踢得小心翼翼，胜负的天平直到第四十五分钟才发生倾斜。

罗伯特·卡洛斯接队友挑传沿左路下底，但没能甩开防守人，慌乱中匆忙传中。足球在空中飞得又高又慢，看似毫无威胁，但就在它即将落地时，齐达内侧身抬高左腿，绷直脚背，雕弓满月，平地惊雷，足球似离弦之箭直窜球门左上角。这是一脚“天外飞仙”，齐祖身后，年轻的巴拉克看得目瞪口呆。2 ∶ 1，皇马取得领先，并将这个比分保持到终场。

齐达内事后解释道：“我一边看着卡洛斯，一边往前跑，他传中，我盯着球，然后毫不犹豫地起脚抽射，那是我凭直觉做出来的动作。”在格拉斯哥的汉普顿公园球场，他再次扮演了英雄的角色，一如1998年的世界杯决赛。

“金子般的进球”（《民族报》）；“完美一击”（法新社）；“魔法时刻”（《西德意志汇报》）；“魔力左脚”（《图片报》）；“年度最佳进球”（《米兰体育报》）；“超凡脱俗”（《罗马体育报》）；“暴力美学”（巴尔达诺）；“我惊呆了”（皮耶罗）；“天下无双的技术”（亨利）……世界各国媒体和球员对齐祖这次表演极尽溢美之词。

《马卡报》在头版放出齐达内的照片，并配文“齐德（El Zid）”，将他比喻为西班牙历史上的民族英雄熙德（El Cid）。在这场决赛中，劳尔功不可没，也打进一球，卡西利亚斯高接低挡，多次挡住勒沃库森队员的射门，但齐祖凭借那脚“天外飞仙”，成为“刻在皇马第九座欧冠奖杯的男人”，实现了和米贾托维奇一样的成就。1998年欧冠决赛，原南斯拉夫球星一剑封喉，击败齐达内领军的尤文图斯，把皇马第七次送上欧冠冠军领奖台。

赛后，齐达内顺理成章地被选为全场最佳球员，却仍和平常一样谦虚：“我现在很激动，这座奖杯令我魂牵梦绕……这不是我一个人的功劳，是全队一起努力的结果。”这是属于他的比赛、他的冠军，但齐达内没有独享这份欢乐。他看到了看台上的马莱克，并将好友从人群里一把拽出来，带回更衣室一起庆祝。

夺冠次日，皇马球员返回马德里，在机场受到万千球迷的热烈欢迎。他们按惯例前往西贝雷斯广场举行庆典，给丰收女神雕像系上皇马围巾。

球迷们高声歌唱“谁是世界上最好的球员？齐祖，是齐祖”“多么漂亮的进球啊！多么漂亮的进球啊！齐达内，齐达内”。齐达内回应道：“从我们降落到现在，到处都人山人海，这太疯狂了！我想起了1998年世界杯，这气氛简直一模一样，这里是欢乐的海洋！这是我来西班牙的第一个赛季，是我第一次赢得欧冠冠军，大家是如此热情，我太高兴了！”

在远东，2002年世界杯即将开幕，而齐达内是这届赛事上最受人期待的球星。在生活中，他也迎来一件喜事，他的第三个儿子泰奥出生了。

法国人民欢欣鼓舞地憧憬着世界杯，期待球队能卫冕成功。在一则广告中，法国队的球衣甚至被提前绣上了第二颗星。

另一边，功勋教头勒梅尔受到质疑，人们批评他战术过于死板，选人和组队存在问题。法国队的球员可能更有经验了，但年纪也变大了。此外，德尚、布兰科等一批颇具威望的老将已不在队中。

法国教练组在世界杯前犯下许多低级错误：让数名疲惫不堪的球员出战热身赛，没有提前考虑比赛地的天气情况，选择了一家位于闹市区的酒店，赛前没有考察球场，没有给球队定下严格的作息制度……

无数小错终于累积成大错。2002 年 5 月 26 日，法国队在水原与韩国队踢热身赛，亨利拖着一条伤腿上场，齐达内则拉伤大腿。

“我自己决定上场的，我对此事负责。”齐达内不想责怪任何人。但所有人都想问一个问题：他为何要踢这场比赛？

法国队的医疗团队开始与时间赛跑，力求创造奇迹，让齐达内赶上小组次轮与乌拉圭的比赛。首战塞内加尔，他肯定上不了。

10 号的缺席让高卢雄鸡丢了魂，也让非洲幼狮信心大增，齐达内在场边眼睁睁地看着球队输掉揭幕战。

齐达内需要接受治疗，很少和全队一起行动。球队合练时，他在另外的场地上单独训练，或者在队医布瓦赛尔和安保主管维达尔的监护下，去喜来登酒店的泳池游上几圈。他冒着堵车的风险，去首尔市区配备有先进医疗设施的私人诊所接受治疗。

“齐达内的存在对我们很重要，他能让大伙安心。但我们很难看到他，就好像他不在队里一样。”马克莱莱透露，这位老将直到小组末战才得到出场机会，他和齐达内一起坐在场下，无助又紧张地看完法国队的第二场比赛。此役，亨利早早染红离场，法国长时间少一个人，艰难地 0 ∶ 0 逼平乌拉圭。“这结果令人沮丧。”齐达内赛后承认，但没有批评任何一名队友。

若想从小组中突围，他们最后一场必须赢丹麦两球以上。齐达内承诺“我们会做到的”，忍着伤痛强行复出。法国队无比信任齐达内，可他的身体确实不在状态，他的大腿缠着厚厚的绷带，但这无济于事。

奇迹没有发生，丹麦 2 ∶ 0 赢下比赛，这结局令人失望透顶。一球未进，仅拿一分，上届冠军未能小组出线，上次出现类似的情况还要追溯到 1966 年世界杯。高卢雄鸡垂头丧气，没能拿出与身份相称的表现及团队精神。

齐达内默默地承受痛苦，没有怪罪任何人，没有指责队友。但这届世界杯，部分法国队员在场上确实踢得毫无激情，更有甚者在场下作风散漫，临赛前很晚都不归宿。据知情人士透露，法国队当时的“队内纪律已混乱到无法形容”，而许多球员对此并不关心。

“我们想念那些能在更衣室里拍桌子的家伙，我们应该对自己狠一点，在场上再卖力一点。”齐达内后来不无遗憾地表示，依然没有点名攻击任何人。

齐达内倾尽全力拯救法国队，但有些人辜负了他。在法国与阿尔及利亚那场混乱的比赛之后，这是国家队留给齐达内的第二段伤心回忆。他们已不再是世界冠军，法国队的赞助商迅速封存了那些两星球衣，撤下相关的广告。

2002 年夏天，巴西人笑到最后。桑巴军团一改 4 年前松散的作风，齐心合力捧起大力神杯，为胸口添上第五颗星。

假期过后，皇马重新集结，罗伯特 · 卡洛斯笑言 :“我和齐祖打了个平手！”1998 年，他输给齐达内，这一次，他和巴西队在世界杯决赛中赢下德国。

对劳尔、卡西利亚斯、萨尔加多、埃尔格拉和莫伦特斯等西班牙球员来说，这趟亚洲之旅非常糟心，他们在四分之一决赛中遭遇不公正的判罚，不敌韩国队，含恨而归。

夏天即将结束时，世界杯最佳射手驾临马德里。由于与国米主帅库珀交恶，罗纳尔多愤然出走，转会皇马。顽强的外星人战胜伤病，在远东赛场独进 8 球，拿下金靴奖，上一个有如此得分效率的球员是 1970 年世界杯上的盖德·穆勒（单届世界杯 10 个进球）。

和前一年的齐达内一样，罗纳尔多也让马德里媒体和公众陷入疯狂。他们认为，两位世界足球先生联手，皇马将攻无不克。

齐达内和罗纳尔多在场外关系很好，在意大利时就是朋友。“我膝盖动手术时，齐祖来巴黎的医院探望过我，而我的一些国米队友都没有来过。”“外星人”透露。

齐达内很高兴媒体转移了注意力：“我解脱了，罗尼来后，大家几乎都在关注他，我终于可以清净一下了！”此外，他还一反常态地放出豪言：“如果我们每个人都百分百健康，别人很难阻挡我们。论球星数量，只有 AC 米兰能与我们匹敌，但我们与米兰不同，我们更团结，更像是一支球队。”

在皇马队内，气氛略显不同。“西班牙帮”不太欢迎罗纳尔多，因为他肯定会抢走莫伦特斯的位置。莫伦特斯在队里人缘很好，在场上也摧城拔寨，为皇马立下过汗马功劳。幸运的是，擅长处理心理问题和人际关系的主帅博斯克出手化解了矛盾。

2002 年 12 月初，皇马迎来 2002/2003 赛季的第一场重要比赛，远赴横滨，与来自巴拉圭的亚松森奥林匹亚争夺丰田杯。齐达内期待在亚洲赛场打个翻身仗。

在 69000 名观众的见证下，罗纳尔多和古蒂各进一球，皇马 2 ：0

轻取对手。

第八十六分钟，比赛大局已定，齐达内被索拉里换下，球场里掌声雷动。在2002年年末，齐祖重新收获欢乐和认可。

2003年1月5日，2002/2003赛季西甲第十六轮，皇马主场迎战巴伦西亚，这是一场新老冠军间的焦点大战。

齐达内挥舞魔杖，指挥银河战舰拿下一场酣畅淋漓的大胜（4 ：1），这绝对是他身披白衫后踢得最好的比赛之一。

他全场奉献一个进球和两次助攻，光芒四射，点燃了队友、观众和记者的激情。《马卡报》在主显节前一天发布头版消息“三王之一”。[①]“齐达内在马德里的最佳表演之一。”一名记者这样形容皇马的第四个进球。

这个球由20岁的小将加西亚·波尔蒂略打进，但大部分功劳要记在齐达内身上。他在中圈连停带过摆脱一名防守人，接着用假动作晃开另一名巴伦西亚球员，狂奔30米，搅得对手防线七零八落，然后送出直塞，让波尔蒂略可以舒舒服服地起脚打门。

“我觉得，齐达内就是世界上最好的球员，他拿球时能变出魔法。他搞定了一切，然后告诉我‘去得分吧，孩子’。”波尔蒂略回忆道，“他在中场接球，踩单车过了两个人。我身边是（巴伦西亚后卫）阿亚拉，我看不到空间，便向左边跑去。齐达内太出色了，想跟上他的思路可

---

① 据《圣经》记载，耶稣出生后，三位东方博士在大星指引下，带着礼物前来朝拜，让世人知道救世主临凡。后人把1月6日这天定为“主显节”，又称“三王来朝节”。——译注

不容易……我猜他可能会传球给右边的菲戈，结果，他像变戏法似的把球送到我脚下，这是最棒的主显节礼物！”

齐达内收到如潮好评。罗伯特·卡洛斯认为："送齐达内一个土豆，他会用爱抚来回报你。"罗纳尔多言简意赅："我爱齐祖。"

凭借这场胜利，皇马把和联赛领头羊皇家社会的积分差距缩小到3分。他们在欧冠中表现优异，在国王杯中闯进八强。但随后，战舰遇上了麻烦。

2003年1月29日，皇马在国王杯四分之一决赛0∶4惨败给马洛卡，当时，外界认为他们只是不小心打了个盹。他们在西甲一路奏凯，在欧冠更是势如破竹，连克多特蒙德队（2∶1）和AC米兰队（3∶1），在四分之一决赛经历两场惊心动魄的大战淘汰曼联。首回合，皇马主场3∶1获胜，次回合，双方移师梦剧场，罗纳尔多戴帽，齐达内掌控全场，皇马3∶4落败，总比分6∶5惊险晋级。很少夸人的红魔队长罗伊·基恩在赛后承认："我交手过的最好的球员应该是齐达内，这毫无疑问，他在场上很投入，他身体强壮，态度端正，技术全面。他就是最好的球员，而且仍在提高，对我们所有人来说，这才是最可怕的事情！”

但齐达内没能帮皇马挡住同一个对手的又一轮狂攻。2003年5月3日，西甲第三十二轮，皇马在主场1∶5再次惨败给马洛卡！几天后，他们还要参加与尤文图斯的欧冠半决赛。

首回合，皇马主场2∶1取胜。次回合，银河战舰很不在状态，马克莱莱的缺阵让他们失去中场屏障。

对齐达内来说，这场比赛的感觉有些奇怪。他回到阿尔卑球场，但走进了客队更衣室。

尤文图斯中场内德维德非常希望打好这场比赛，作为齐达内的替代者，他不想在两人的正面交锋中落于下风。

齐达内不想过于煽情：“回到阿尔卑球场，我很激动。我在这里度过了5年时光，对我来说，那是一段美好的回忆，我希望球迷也能和我一样。我想告诉自己这是一场普通的比赛。我在场上只会全力争胜，不会考虑对面是尤文图斯队和我的老朋友们。和他们交手可能会让我心情有些复杂，但现在不是考虑这些事情的时候。”

比赛的结果又是一场噩梦。1 ∶ 3，皇马输得很彻底，整场被尤文图斯压着打。尽管菲戈罚丢一个点球，齐达内在终场前扳回一分，但双方场面上的差距远比分差显示的大。

这场失利在西班牙引起轰动，人们突然意识到，皇马并非世界上最好的球队，甚至远远赶不上尤文图斯。“打盹”已不是偶尔性事件，皇马和他们的支持者都有些坐不住了。在联赛中，皇马试图扭转颓势，追上黑马皇家社会。来自南特的法国主帅雷纳·德努埃巧施妙手，把一支前一个赛季压哨保级的球队变成争冠劲旅。

第三十四轮比赛开始前，皇马在积分榜上还落后于皇家社会，若想夺冠，他们在剩余的轮次中必须全胜，还要期待对手犯错。

皇家社会在倒数第二轮马失前蹄，客场输给维戈塞尔塔，把榜首位置让给皇马。最后一轮，皇马3 ∶ 1力克毕尔巴鄂竞技，完成救赎，队史第二十九次登顶西甲，齐达内第一次捧起西甲冠军奖杯。

“我们输给了伟大的皇马，一支明星球队，齐达内、罗纳尔多、劳尔、罗伯特·卡洛斯、马克莱莱……我们的积分换到其他赛季基本都能夺冠，这说明我们和皇马都打出了很高的水平。他们太棒了，我们没法击败他们。”德努埃日后回忆道。

与毕尔巴鄂的比赛终场哨响后，皇马球员高兴地庆祝起来，绕场一周感谢球迷，但没有留下来观看焰火表演。外界对他们提前离场的原因做出了各种猜测。

皇马队员们穿着印有数字“29”的T恤，坐着敞篷大巴前往西贝雷斯广场，那儿有十万多球迷在等着他们。球员们到达广场后却惊讶地发现，警察拉起封锁线，禁止他们爬上丰收女神雕像。

警方是严格按政府的命令办事。丰收女神雕像是马德里的标志，是无数游客争相拍照留言的地标，市政部门厌倦了年复一年永无止境的雕像维修工作，不希望它受到破坏。

皇马球员被剥夺了延续传统的权利，显得无比失落。但更糟糕的事情还在后面等着他们。

午夜时分，皇马球员和管理层在马德里一家大型酒店聚餐，这本应是一场庆功宴，但所有人的脸色都很难看。一些矛盾被搬到台面上，巴尔达诺被指责总是回避问题，说一套做一套，弗洛伦蒂诺的政策受到抨击，还有人控诉他独断专行，对莫伦特斯太冷血无情。球员们认为没有得到俱乐部的尊重，老队长耶罗差点和巴尔达诺动手。一场叛乱正在酝酿之中，有球员甚至建议大家不要出席第二天的夺冠庆典。

凌晨4点左右，弗洛伦蒂诺站出来收拾场面，用麦克风喊话，要求所有人保持克制，称一定会处罚不守规矩的人，提醒全体队员务必参加庆典。第二天，除了得到特许的麦克马纳曼和自称睡过头的罗纳尔多，皇马全员出席夺冠庆祝活动。

弗洛伦蒂诺没有等待和手软，火速宣布博斯克下课，并表示不会与耶罗续约。

“俱乐部告知我，无法接受我在夺冠当晚的行为，但我认为，他们很早以前就已经决定了我的命运。”耶罗说。

休赛期，皇马任命葡萄牙籍教练奎罗斯为球队新帅。弗洛伦蒂诺开始实施清洗，成功地将莫伦特斯租借到摩纳哥，并拒绝给马克莱莱涨薪。此前，这名中场大闸曾在齐达内的支持下，得到巴尔达诺的口头涨薪承诺，并保证不会在赛季结束前提出工资方面的要求。马克莱莱很受伤，他认为自己配得上更高的薪水。双方互不相让，马克莱莱最终转会切尔西，弗洛伦蒂诺觉得，这只不过是处理了一个可替代性很高的刺头球员。事实上，他犯下大错，犯下他任期中最大的错误之一。

第十二章　情缘难舍

作为一家伟大的俱乐部，皇马为何组建不出一支伟大的球队？是他们用错了教练吗？

2002/2003 赛季末的动荡过后，弗格森爵士的助教奎罗斯在伯纳乌走马上任。世界级豪门皇马，居然把教鞭交给一位之前从未独立执教过豪门的教练，这实在有些不合常理。

风波似乎渐渐平息，但这只是假象。球员们对巴尔达诺和弗洛伦蒂诺依然不满，也越来越看不懂俱乐部的政策。皇马愿意引进“万人迷”贝克汉姆，却不愿给中场大将马克莱莱加一点工资。

马克莱莱是一名勤勉的后腰，非常受队友欢迎。齐达内出面试图帮同胞争取利益，但弗洛伦蒂诺固执己见，这说明他对足球的理解确实有些肤浅。在这位主席看来，马克莱莱卖不出球衣，没有华丽的技术，并非一个不可或缺的人物。

2003/2004 赛季，银河战舰上又多了一位巨星，但少了一位兢兢业业的船工，切尔西捡了个大便宜。

齐达内感觉，前一个赛季的错误好像在重演，甚至错得更离谱。夏天，皇马前往中国和日本踢热身赛，球员们在本应好好休整的时候，却经历了舟车劳顿。齐达内曾抱怨："这真的太糟糕了！"可悲的是，这句话是他私下说的。在公开场合，他更多的是用一些套话表达不满，比如"这个休赛期的备战情况可能算不上最好"。

和众多队友一样，齐达内有苦说不出，只能提醒人们："佩雷斯是主席，他是做决定的人。"语气中满是讽刺和无奈。

然而，2003/2004 赛季开局阶段，皇马踢得并不差。贝克汉姆出人意料地转型后腰，齐达内和菲戈分守中场左右两翼，锋线上罗纳尔多突前，劳尔拖后。银河战舰运转良好，奎罗斯的工作无可指责。

皇马领跑西甲积分榜，还在第三轮 7 ： 2 痛击巴拉多利德，让人不禁想起他们在迪·斯蒂法诺时代的强势与辉煌。

在欧冠中，他们 3 ： 1 赢下波尔图，之后前往齐达内的故乡对阵马赛。

"马赛人民比马德里球迷更关心这场比赛，"齐达内表示，"毫无疑问，对我来说，这是一个特殊的时刻。我自小就是马赛球迷，经常怀着无比激动的心情，去韦洛德罗姆球场看比赛。我现在是，未来也依然会是马赛球迷，这不是我第一次和马赛交手，但在家乡比赛的感觉总是很特别，这里有我的朋友和家人。"

2003 年 11 月 26 日，已稳获出线权的皇马在马赛为锁定小组头名而战。只要齐达内一拿球，现场大多数观众都会叫好，但也有少数人发出嘘声。他发挥得很好，皇马2 ：1取胜。

2003年12月16日，齐达内第三次获评国际足联世界足球先生。次日，西班牙《国家报》称齐达内是“球场上的尼金斯基”[①]，“能用双脚拉小提琴”。

这位绿茵舞者的每一次控球、过人、射门和传球都令皇马球迷如痴如醉，他已超越马德里“王子”劳尔，成为伯纳乌球场的新宠儿。2004年1月，齐达内和皇马商定续约至2007年，并担任俱乐部的“终身形象代言人”。他表示：“加盟皇马仿佛就在昨天，我依然想在这儿效力很长时间。”

皇马又开始憧憬三冠王伟业，弗洛伦蒂诺说：“每项赛事（欧冠、西甲和国王杯）都很重要！”

“我们以前吃过亏，我们必须小心翼翼，脚踏实地，成败就在一线之间。”齐达内表示。

2004年1月底，马德里队在国王杯四分之一决赛中横扫巴伦西亚。2月底，他们在西甲以8分优势高居榜首，再次压过巴伦西亚。在欧冠八分之一决赛中，他们经历苦战（两回合比分分别为1 ：1和1 ：0），迈过强敌拜仁慕尼黑。

但3月17日的国王杯决赛，萨拉戈萨让皇马饮恨，齐达内依然与这项杯赛冠军头衔无缘。“在那之前，我们一直踢得很好，保持了8个月的好状态，打进了国王杯决赛，在联赛中也处于领先地位，还进了

---

① 尼金斯基是一名伟大的俄罗斯舞蹈艺术家，曾被人称为“世界第八大奇迹”。——译注

欧冠八强，一切都很顺利，”齐达内回忆道，“但我们的身体出了问题，我们撑不住了，让出了西甲榜首位置。”接着，他们在欧冠中也停下前进的脚步。

2004 年 4 月 6 日，摩纳哥路易二世体育场，欧冠四分之一决赛次回合。上半场，皇马和摩纳哥打成 1 ：1，总比分 5 ：3 领先，晋级在望。主队球员久利并不知道皇马已是外强中干，中场时，他在通道里对国家队队友齐达内说："放放水，下半场收着点打。”这是玩笑还是真心话呢？齐达内没时间细想，反唇相讥道："我们已经放水啦，你没看出来吗？”他没想到的是，赛后自己的话会被媒体挖出来，引发热议。

下半场，齐达内和队友没能破门，久利和皇马弃将莫伦特斯各入一球。双方两回合打成 5 ：5（4 ：2，1 ：3），摩纳哥凭借客场进球多的优势过关。

在西班牙，球迷知道摩纳哥两回合都比皇马踢得好，但依然无法接受出局的结果，毕竟摩纳哥在实力及知名度上均远逊于尤文图斯、曼联和拜仁。所有人都觉得皇马肯定出了某些问题，这种感觉是正确的，2003/2004 赛季结束时，疲惫的银河巨星们两手空空，只挤进了下一个赛季的欧冠资格赛。

“那是我在皇马经历过的最糟糕的时光，我们精疲力竭，在一个半月的时间里输得底朝天，那段日子真的很难熬，但好在家人一直陪在我身边，我也知道，这只是足球，不是生活的全部。”齐达内表示。

幸运的是，国家队比赛任务可以帮他忘记俱乐部的烦心事。

2004 年葡萄牙欧锦赛开赛在即。法国队已改由桑蒂尼领军，在欧锦赛预选赛中以不败战绩晋级，一些观察家又燃起希望，相信球队会找回 1998 年世界杯时的精神。

球员们信心十足，教练组称已吸取了两年前败走韩国的教训。此外，比起神秘的远东，葡萄牙也让他们感觉更为适应。

齐达内“把往事一笔勾销”，甚至做出一定的牺牲。在桑蒂尼的坚持下，他在部分场次中踢边路。

2004 年 6 月 13 日，欧锦赛 B 组首轮，法国队在里斯本光明球场迎战英格兰队。三狮军团坐拥贝克汉姆、兰帕德、杰拉德、欧文和 18 岁的鲁尼，法国这边则有巴特兹、加拉斯、图拉姆、维埃拉、马克莱莱、亨利和特雷泽盖，双方看起来旗鼓相当。但比赛开始后，高卢雄鸡显然没有打出既定的战术。第三十八分钟，贝克汉姆开出任意球，法国队的防线有些混乱，兰帕德禁区内抢点头球破门。第七十三分钟，鲁尼又为英格兰赢得一个点球，贝克汉姆走上十二码。但巴特兹挡出了前曼联队友的射门，两队的运势发生逆转。

第九十分钟，法国队依然 0 ∶ 1 落后。伤停补时第一分钟，法国队在大禁区前获得一个位置极佳的任意球。齐达内自信地摆好足球，准备主罚——在皇马，这项任务一般属于贝克汉姆。这一次，法国 10 号亮出圆月弯刀，足球急速地飞过人墙，从球门左上角直落网窝，英格兰门将詹姆斯毫无反应。

场上比分变为 1 ∶ 1，法国队的好运没有就此而止。

两分钟后，杰拉德回传失误，亨利在禁区内形成单刀，詹姆斯无奈扑倒了他。主裁判指向十二码，齐达内冷静地一蹴而就。2 ∶ 1，法国队压哨逆转取胜，带走三分。赛后，媒体一边称法国队“抢劫”了英格兰，“赢得牵强”，一边把齐达内捧为救世主。

他毫无悬念地当选全场最佳球员，也保持了一贯的谦虚，向巴特兹和亨利表示感谢。

维埃拉认为：“神帮了我们一把。”他指的是齐达内吗？一场胜利并不足以让人放宽心，法国队没有展现出高人一筹的实力，反而暴露出诸多弱点。小组赛次轮，法国队在莱里亚对阵克罗地亚队，桑蒂尼调整了战术，但收效甚微，两队 2 ∶ 2 握手言和。比赛第五十二分钟，克罗地亚队进球，将比分反超为 2 ∶ 1。齐达内捡起球，把队友叫到身边，简单地交代几句，要求他们别放弃。这一幕被运动心理学爱好者们津津乐道，类似的举动在齐达内身上并不多见，这说明他非常想回击对手，也改变了自己的处事方式。这位明星球员终于意识到，他必须像以前的德尚和布兰科那样，在场上承担起领袖的责任。

“我们没输，这真是个奇迹。”巴特兹赛后承认。

“克罗地亚队踢得非常好，我们的身体出了一点问题。”齐达内分析道。

小组末战，法国队在科英布拉对阵瑞士队，桑蒂尼又改回第一场时的阵形和打法，让齐达内出现在右路。高卢雄鸡在打平即可出线的情况下 3 ∶ 1 击败瑞士，但他们的状态依然不能令人满意。“我们表现得不够完美，但我们赢了，出线了，我们目标一致，我们都想走得更远，这才是最重要的事情。”齐达内在赛后表示。

他的话和实际情况有很大出入，齐达内是想刻意营造一些团结的氛围吗？无论他做何打算，结果都是徒劳。4 天后的四分之一决赛，法国队在里斯本遭遇后来的新科欧洲冠军希腊队。这个对手防线稳固，球风乏味，效率很高且总能与好运为伴，非常难对付，法国队 0 ：1 败北出局。

齐达内又一次被某些出工不出力的队友拖累。赛后，他表示 ："我们没有发挥出正常水平，在场上不够投入。我们没有心往一块想、劲往一处使，只有在丢球后才能打起点精神，这令人失望。我们本来可以做得更好，但我们思想不够统一。一个时代就要结束了吗？等等看吧。我们所有人都是输家。"外界第一次讨论起齐达内是否还会留在国家队。

《巴黎人报》甚至爆料称法国队的阿森纳帮密谋排挤齐达内，并点到亨利和皮雷斯的名字。还有媒体透露，亨利曾抱怨 ："齐达内不给我传球！"这并不令人意外，任何球队在遭遇低谷时都可能被曝出类似的新闻。

无论媒体如何捕风捉影，如何添油加醋，当事人都保持沉默，桑蒂尼与球员没有透露诸如队内会议、球队心态这样的细节信息，这进一步加深了外界的疑虑，各种各样的猜测层出不穷。

齐达内这边，不到 3 年的时间在国家队 3 次遭到打击，如此经历已让他萌生去意。

桑蒂尼在率队出征葡萄牙前就已宣布不会留任，欧锦赛后，他如约离去。2004 年 7 月 12 日，常年执教法国 U21 国青队的多梅内克升任法国国家队主帅，法国足协的这一决定并不太得人心，很多人更看好布兰科和德尚，他俩中的一位如果挂帅国家队，齐达内才有可能继续留队。

在每次公开亮相和出席新闻发布会时，齐达内都会被记者追问是否真的要离开国家队。此事似乎已成定局，多梅内克给齐达内发去语音留言，这并没有改变任何事情，反而被解读为新主帅对核心球员缺乏尊重。

直到2004年8月11日，这对将帅才在马德里见上面，此时距多梅内克履新已过去近一个月。多梅内克告诉齐达内，他将颁布一些新队规，比如禁止在按摩间和会议室使用手机，夜间不得随意外出，作息制度必须得到严格遵守。齐达内对此并不反感，毕竟在过往的集训中，法国某些大牌确实经常突破底线，破坏球队的氛围。但多梅内克没有向齐达内许诺任何特权，这多少让皇马巨星有些“不爽”。

齐达内其实很矛盾，想走又想留，朋友和家人希望他在激情未褪时仍能为国效力，但他必须在事业和生活之间做一个选择，他不只是法国队的10号，还是3个孩子的父亲。齐达内15岁便离家闯荡绿茵，没法像普通人那样，抽出许多时间陪伴父母、姐姐、哥哥和妻儿。

17年的足球生涯带来许多快乐，但也带来许多压力，剥夺了他享受家庭时光的机会。

齐达内有些累了，决定遵从内心的想法，急流勇退，告别国家队。

足协规定球员不能拒绝国家队的征召，否则就会受到处罚。但谁敢处罚齐达内呢？谁会因此苛责他呢？ 2004年夏天，一份经过精心准备的声明震惊法国，除了包括欧塞尔传奇主帅居伊在内的少数人，大部分民众都表示理解齐达内。

8 月 12 日，齐达内在个人网站上发文 ：“我相信，在人生中的某些时刻，我们肯定知道自己应该停下来。我仔细考虑过了，并非一时冲动。无论欧锦赛结果如何，我都打算退出国家队。我不敢相信，我的国脚生涯就要结束了，但有时候，我们必须做出这样的决定。我是时候说再见了。”

在 Canal 电视台的镜头前，他敞开训练服，显得如释重负，轻描淡写地宣布一个令球迷非常意外和遗憾的消息。

欧锦赛之前，极少数媒体已探到风声。一位老人从齐达内本人那里获知了秘密，又在不经意间把消息走漏给蓝色海岸地区的一家电台。这个老人的名字叫让 · 瓦罗。

93 场国家队比赛，有过欢乐，也有过失望，32 岁的齐达内决定结束这段冒险。

雅凯公开批评自己的老部下，认为他应该留在国家队履行“传帮带”的义务。齐达内对此很失望。对职业球员来说，为国征战确实是一种荣耀，但他们真的必须为此牺牲一切吗？

如果民意调查结果可信，大多数法国人都理解齐达内。他们认为 ：“他已经为法国队做了太多事情，他可以被原谅。”国际足球比赛日又到了，齐达内留在马德里，许多皇马队友都前往各自的国家队报到，训练基地显得非常冷静，他有些不习惯。

“多年来，我一直都跟着国家队比赛任务跑。现在，大伙都去克莱枫丹集合了，我却留在这里，这感觉有点奇怪！但我可以好好休息，可以更好地陪伴家人，这很棒。”

在被记者问到如何看待法国队的表现时，齐达内的回答是“我没看比赛”“比赛没转播”，甚至还有“我去看麦当娜的演唱会了”。

每当有人问他是否还会回国家队时，齐达内都会说：“那（退出）不是一个轻率的决定。”2004 年 10 月，他甚至被问烦了：“我不想再回答这个问题，如果你们还要问我这个，我不会再参加新闻发布会！”齐祖和高卢雄鸡看来真的缘分已尽，人们不得不接受这个事实。

对皇马来说，这是一个利好消息。齐达内休息得越多，能量就越充足，银河战舰就能走得更远。

在经历了一个无冠赛季之后，弗洛伦蒂诺需要给球迷、球员一点刺激和惊喜。为此，他任命卡马乔为球队新帅。

卡马乔球员时代效力过皇马，是该俱乐部的名宿之一，曾作为主帅带西班牙国家队打进 2000 年欧锦赛和 2002 年世界杯八强。但后来的事实证明，让他执教皇马是一个巨大无比的错误。

与从未赢得球员尊重的奎罗斯不同，卡马乔的问题是独断专行。他和手下的球星们在足球理念上有很大的分歧。他要队员更多地使用身体，给球队强加了许多技术训练，这让人难以理解。

卡马乔告诉齐达内：“齐祖，你很棒，这没问题！我尊重你，但我和你说这些是为了你好，为了球队好，你不能抱怨，必须一脚出球，不要搞马赛回旋，不要总是把球带在脚下！”齐达内没有回应。一些记者就此向他发问，他委婉地回答：“有人来主持球队工作，对我们严格要求，有时候这挺好的。”

从球队的角度出发，齐达内明白皇马必须更有纪律性。他们少了马克莱莱，少了一个能覆盖中后场的铁腰。出身后卫的卡马乔可以帮皇马补上这块短板，然而，让齐达内改变球风，让罗纳尔多在卡洛斯助攻回撤补位，这样的改革未免有些过于激进。

2004/2005 赛季前，齐达内曾希望球队能打出好的开局。事与愿违，赛季开始后，皇马状态低迷，2004 年 9 月 15 日，他们在欧冠小组赛首轮客场 0 ： 3 惨败给勒沃库森。

卡马乔上任不到 3 个 月便下课，并表示自己离开是为“俱乐部好”。他私下和人说：“球员们不听我指挥，不执行我的指令，我留下来没有任何意义。”

齐达内肯定不会想念卡马乔，但也知道这段波折浪费了不少时间。他表示：“不管教练是不是卡马乔，上场比赛的都是球员。我们必须应对各种变化。我们是一支很棒的球队，我们必须证明这一点。”

随着加西亚·雷蒙临时接过帅印，皇马的队内氛围和战绩都有了好转。他们打出应有的表现，闯进欧冠十六强。

冬歇期，齐达内前往留尼旺度假减压。在此期间，皇马又进行了人员调整。雷蒙离任，巴西人罗森博格成为新主帅，丹麦球员格拉维森加盟，将填补马克莱莱离去后留下的中场防守漏洞。

格拉维森是个幽默的人，给危机中的皇马带来许多欢声笑语。他第一次走进更衣室时就把新队友逗乐了：“你们好，菲戈、劳尔、齐达内、罗纳尔多、贝克汉姆……我是格拉维森，我来这儿拯救你们！”不幸的是，他的场上表现远不如他的笑话精彩。

新主帅倒非常适合皇马。与雷蒙不同，卢森博格很善于管理明星球员，拥有清晰的战术理念，也特别喜欢齐达内，还把他推回更靠近中路的位置上。在罗森博格看来，这样才能更好地发挥齐达内的才华。

皇马慢慢找回状态，拿到一轮连胜。他们在赛季下半程高奏凯歌，但依然没有拿到西甲冠军。

齐达内表示 :“这两个赛季（2004/2005，2003/2004），我们的走势貌似正好相反。我们在（2004/2005 赛季）下半程表现得不错，但为时已晚。若想拿冠军，你整个赛季都得保持好状态。”在欧冠八分之一决赛中，他们和尤文图斯重逢，萨拉耶塔绝杀了皇马，齐达内颇感失望。

春天临近结束，皇马又度过一个失败的无冠赛季。在炎热的夏天，一个大新闻再次震惊法国。

2005 年 8 月 3 日，退出国家队近一年的齐达内，在个人网站宣布他会重新穿上那件蓝色球衣。《巴黎人报》援引亨利的话称 :“上帝回来了！”对球迷来说，这份声明的意外程度丝毫不输一年前那份。

“我决定回到国家队。一年前，我说我想清楚了，现在，我改变主意了。这是我人生中第一次在一些重大事情上改变原来的决定。我有过仔细的考虑，不是临时起意。”

这个好消息实在太出人意料，有些球迷甚至认为齐祖的网站被黑了。几小时后，法国足协打消了所有人的疑虑 :“齐达内将重返国家队。”

多梅内克花了几周的时间，劝说法国最好的球员回心转意。“主教练告诉我，他一直期望得到我的帮助。他来马德里找了我好几次。”齐达内透露。

“我一直希望他回来，国家队大门从未向他关上。他是世界杯夺冠功臣，但我一直拒绝为他举办国家队告别赛，那样他就真的回不来了，我个人拒绝这种情况的发生。”多梅内克表示。

维埃拉在劝说齐达内重返国家队的过程中发挥了很重要的作用，此外，他还促成图拉姆和马克莱莱的回归。

齐达内的回归意味着维埃拉将让出队长袖标，但这位铁腰并不介意：“我和齐祖可熟了，我在尤文图斯和图图（图拉姆昵称）也天天见面。”

齐达内和多梅内克多次面谈，也表明了各自的观点。齐达内只想踢最习惯的位置——中路或左路，绝对不会去右路，同时老搭档马克莱莱要在后方保护自己。齐达内答应主帅会尽力劝说图拉姆归队，多梅内克则要求这几位老将遵守他立下的那些新规。

这对将帅就很多事项达成一致，包括如何向媒体发布信息：齐达内先发表声明，然后，多梅内克将他选入法国与科特迪瓦比赛的大名单。

齐达内在个人网站上发文后，他的广告合作商法国橙色电信公司和 Canal 电视台，抢在其他媒体发声前，用不同方式公开了一些相关的采访信息。这些商业行为显然是提前策划好的，也引发了人们的思考和议论。

只有法国队和齐达内出现在 2006 年世界杯上，商业伙伴们的利益才能得到保证。阿迪达斯在一年前已被齐达内的退队搞得焦头烂额，对他们来说，若法国队再拿不到世界杯参赛资格，无异于一场灾难。法国电视一台、法国电视六台、Canal 电视台和《队报》统统不希望看到这样的灾难发生。

那么，赞助商有没有向齐达内施压呢？

“完全没有，”他本人澄清道，“我回来绝不是因为这个，这是我自己的决定，没人能影响我。当然，方方面面的要求和压力，可能确实是客观存在的，但我做决定前没有受任何影响。我休息好了，也重新找到了动力。“此外，他还透露他的复出得到父母的“祝福”。明白家庭重要性的人，肯定知道这并非一个无关紧要的细节，齐达内很看重家人的意见，因为他们不会受任何利益的驱使，不会给他任何压力。

亲人们不希望齐达内离开法国队，也为他的选择感到高兴。齐达内是一个感性的人，从不会让物质需求左右自己的想法，但并不讨厌财富，也知道自己的名气对亲人有多重要。长久以来，他的知名度让他们不用为经济问题感到担忧。

齐达内复出的过程还有这样一段插曲。

一位和齐达内相熟的《法国足球》记者，在接受采访时透露，曾听齐祖提起：

太神秘了，太说不通了，我不确定自己是否完全搞懂了。一天凌晨 3 点，我突然醒来，和一个人说话，一个很难碰到的人。我无法解释那一切。我独自和那个人聊了好几小时，之后，我决定回到国家队。那个人力劝我（回归），我好像无法拒绝他。

这是齐达内的原话吗？这样的描述有没有添油加醋？一家电台曾为此专门联系过那位记者，但他保持了沉默。这位记者历来声誉不错，且和齐达内相识于波尔多，交情颇深，他的爆料就算措辞有所夸张，但内容应该基本属实。

齐达内难得向媒体敞开心扉，没想到却招来讽刺，有人嘲笑他可能"听到了圣女贞德的声音"。

那场"谈话"会不会只是一次再普通不过的出神或夜间冥思？

公众和媒体被一堆难题困扰：那个和齐达内谈心的神秘人是谁？他真的存在吗？是齐达内在求助童年的自己吗？是让·瓦罗吗？还是某个前队友？马赛的某位老友？某个家人？

齐达内在个人网站上再次发布声明："我想告诉大家，你们误会了。我一直很清醒，看完我这段话，你就会知道我说是一个人，而不是带有宗教或神秘色彩的东西，那个人是我的兄弟。这是我的私事，所以我当时不想说这个人是谁，但我现在要公布他的身份，以免大家继续乱猜。"

兄弟？哪个兄弟？法利德、努尔丁，还是贾迈赫？为什么是兄弟？公众的疑虑并没有解除，有些人甚至比之前更困惑了。齐达内对媒体彻底失望了，称"这件事把自己搞得很头痛"，以后"如非必要"，再不会公开接受采访。

想知道齐达内为什么重返国家队，先得了解他为何离开国家队。

2004 年 8 月，齐达内踢完欧锦赛，身心疲惫。他付出很多，却没有得到任何回报。桑蒂尼治下紧张的队内关系让他有些失望，法国足协的新帅人选则直接把他推向门外——齐达内更希望德尚或布兰科能挂帅国家队。此外，多梅内克上任后对他的态度，皇马的无冠赛季，也是影响齐达内决定的重要因素。

2005 年 8 月，他离开国家队一段时间，能从不同的角度来看待问题。皇马补强了阵容，卢森博格承诺会在新赛季实行轮换制，给所有队员上场机会。齐达内接受了这样的安排，和年轻的巴西前锋罗比尼奥分享出场时间，这可以减轻他的负担，让他为法国队留出一部分精力。

最重要的是，一年的分别，让齐达内找回了为国家队比赛的欲望。“在我职业生涯中，许多美好时刻都来自国家队。”

复出是有风险的。法国队当时正在为世界杯参赛资格而战，一旦失败，势必会影响到外界对齐达内的评价，毕竟他此前的职业生涯已接近完美。“我需要法国队。我没有算计这又算计那，我循着自己内心深处的想法走。”齐达内无比坚定地表示。

齐达内重返国家队的消息占据各大报纸的头版。他回来是因不想留下遗憾，几个月以来，他和所有喜欢法国队的人一样，一直在电视前饱受煎熬，看着主队丢尽前世界冠军的颜面，与二流球队苦苦缠斗。

“时间才过去不到一年，我们不会忘记齐达内的威力，即便他已 33 岁……他的出场能像佐罗的‘Z’一样让对手胆战心惊。”《阿尔萨斯日报》表示。

齐达内宣布复出后，法国队的第一场比赛是在蒙彼利埃对阵科特迪瓦（友谊赛），第二场比赛是在朗斯对阵法罗群岛（世界杯预选赛），这两场赛事的余票都在几小时内售罄。

在一项调查中，79%的受访者对齐达内的回归感到满意，73%的人表示法国队将会顺利打进世界杯。

2005 年 8 月 17 日，970 万观众收看了齐达内国家队复出战的实况转播，在蒙彼利埃，一位球迷打出这样的横幅：“法国谢谢你！”

齐达内穿着法国队的蓝色球衣，出现在蒙彼利埃的莫桑球场。他表示，他比 1994 年 8 月首次为国家队出场时“还要激动”。“我换上球衣，走上草坪，我忘不了那种感觉，我好像又回到 11 年前。”齐达内仿佛在谈论一次新生。

那一晚，观众整场都在高唱“齐祖、齐祖”，法国队在神奇 10 号的带领下，零封对手，打入三球，收获大胜。比赛第六十二分钟，维尔托德开出角球，齐达内在后点左脚推射破门，为法国队把比分改写为 2 ： 0。

“我试图找回过去的感觉，在赛前热身时，在更衣室里，我不断地和队友们交谈，一切都很顺利。对我们来说，最重要的肯定是赢下世界杯预选赛，但击败科特迪瓦增强了我们的信心。”法国队队长齐达内说。

2005 年 9 月，法国要在 4 天内连踢两场世预赛，先在主场对阵实力较弱的法罗群岛，接着去客场——他们此前从未征服过的兰斯多恩路球场——挑战同组最强对手爱尔兰。

9 月 3 日，法国队 3 ∶ 0 轻取法罗群岛，由于同组的瑞士和以色列在另一场比赛中打平，高卢雄鸡在该小组处于有利位置。与此同时，法国电视一台的广告收费也水涨船高，赛前和中场时段的广告费用，从每 30 秒 77000 欧元涨到每 30 秒 89000 欧元。

齐达内时隔 18 年重回爱尔兰，他上次来到这个国家代表的是法国 U19 国青队，那支队伍的领队埃斯凯莱特已在 2005 年成为法国足协主席。时光荏苒，齐达内走过了一段与蓝色球衣有关的漫长旅途。

2005 年 9 月 7 日，法国队在都柏林陷入苦战。“在爱尔兰比赛，你必须非常强硬，他们的球员都是硬茬。”齐达内判断得非常准确，从比赛一开始，兰斯多恩路的气氛就如地狱般恐怖，在这个球场里，橄榄球运动员历来比足球运动员更受欢迎。罗伊·基恩不断对法国 10 号下脚，齐达内表示：“我看到基恩冲我来了，我告诉自己：我会挨他一脚，但我不能躲，我们要赢。”

齐达内没有退缩，赢下和基恩的对抗，也拉伤了右腿内收肌。

凭借亨利的精彩进球，法国队 1 ∶ 0 取胜，出线前景一片光明。

在这次出征期间，除了讨厌的伤病，法国队还遭遇恶搞。比赛前，法国足协的一名新闻官将手机递给齐达内，并告诉他总统想和他说几句。齐达内有点意外，接过手机，听到总统向他询问球队的情况。齐达内很吃惊，因为他知道总统正处在中风后的康复期，但对这样的问候感到欣慰。

他回答：“总统先生，一切顺利，我们能赢。”接着，这位“希拉克”以个人和国家的名义，向齐达内和全体法国队队员提了一点“小要求”——在赛前奏国歌时将右手放在胸前。齐达内允诺道：“我们会照办的。”比赛开球前，他在更衣室里把队友召集到一起，转述了“总统”的话，所有球员都欣然同意。

十多分钟后，《马赛曲》在兰斯多恩路球场奏响，法国队首发十一人、替补队员和教练组成员都将右手按在胸前。这一幕非常感人，法新社立即发文报道此事。

赛后第二天，一家电台自豪地宣布这是他们的“妙计”，那通电话只不过是一出恶作剧，总统本人并未和法国队通话。“我拨通了法国足协的电话，然后说了那番话。”模仿希拉克的人证实道。

球员们都有些不开心。“拿身体欠安的总统开玩笑，这有点不道德。如果这不是恶搞，这本来是很棒的事情。”让－阿兰·布姆松说。“我认为这么做有些不妥，这对我们和总统都缺乏尊重。”西塞表示，但随后又补充，总统可能会觉得这事“还有点意思”。

作为事件的主要受害者，齐达内完全开心不起来，拒绝发表意见，但告诉队友他不喜欢这个恶作剧里的“商业元素”。他的善良一而再再而三地被人利用，这一次还招来嘲弄。他觉得沉默似乎是唯一的选择，对待媒体比以往更加冷淡。

世预赛倒数第二轮，法国队客场对阵瑞士队。赛前，有人提出这样一个问题：那个动作的来源是一出恶作剧，法国队队员还会用相同的方式向国歌致敬吗？在新闻发布会上，齐达内没有给出答案，并表示需要和队友商量：“我们会讨论一下。”讨论的结果很明确——不会，法国队绝不会向恶作剧者表示支持。

为尽快恢复以赶上与瑞士一战，齐达内在受伤后只为皇马出场过30分钟。

法国队如果赢下瑞士，就将直通德国世界杯；如果和对手打平，仍有机会直接晋级，但不能自己掌握命运；如果失利，最多只能拿到附加赛资格。

齐达内在赛前称他已经伤愈。“这一个月以来，我只上场过半小时，但当你比赛欲望足够强烈时，训练和比赛时间并不是重点。我没跟队训练，但我会上场。我们已经准备好赢球了！”法国教练组对齐达内的身体状态略有担心，起初并不苛求他首发，也做好了调整战术的准备。毕竟在2005年3月的主场比赛中，少了齐达内的法国队整场压制瑞士，那一场，两队最终互交白卷。

2005年10月8日，齐达内踢满全场。此役，由于亨利和特雷泽盖缺阵，齐达内是法国阵中少数能改变比赛进程的球员之一，他的出场对队友和对手的心理都会带来影响。最终，两队1 : 1握手言和，最后一轮，法国队需要赢下塞浦路斯，并寄望爱尔兰在都柏林不输给瑞士。

10月12日，塞浦路斯在法兰西大球场摆下铁桶阵，法国队狂轰滥炸近30分钟无法破门，西塞、维尔托德和戈武一次次冲锋均无功而返。这时候，又是齐达内站出来拯救了球队。他在小禁区左侧精准卸下萨尼奥尔的斜长传，近距离打门得手。1 : 0，法国队终破僵局。

终场哨响，法国队4 : 0获胜，瑞士在客场被爱尔兰逼平。法国队打进2006年德国世界杯。

这是高卢雄鸡20年来首次通过世预赛进军世界杯。1998年和2002年，他们分别作为东道主和上届冠军直接晋级，1990年和1994年，他们都未能参赛。

有些奇怪的是，齐达内赛后独自站在中圈，低着头，面无表情。之后，他离开球场，飞回马德里，没有对媒体说一句话。

几天后，齐达内承认，与瑞士一战后，他被媒体的批评困扰，也指出客胜爱尔兰才是关键战役，在主场击败塞浦路斯不值得过度兴奋。但他没有提到他过往在法兰西球场的糟糕经历——2003年2月12日，法国队在这里0∶2输给捷克，那一天，现场观众对齐达内报以嘘声。在足球世界里，球迷总是变幻无常，球员深受其扰，一个像齐达内这样的传奇球星也不能幸免。

齐达内对法国队的世界杯前景很乐观：“我们可以夺冠，我们能做到。”记者问他如何评价自己的回归，他笑答：“我好像从未离开！”

第十三章　告别时刻

穿鞋身高 188 厘米，肩宽 46 厘米，腰围 106 厘米，胸围 104 厘米，马德里蜡像馆测量齐达内的这些身材数据，据此为他制作蜡像。

齐达内在尤文图斯时已是球星，来皇马后进一步提升了他的地位，不仅收获了更多的冠军头衔（西甲冠军和欧冠冠军），还跻身传奇球星的行列，成为球迷和广告公司的宠儿。

2001 年前后，齐达内的名气在法国达到顶峰，转会皇马这几年，他更是在全球范围内变得家喻户晓。如果他想躲开那些热情的球迷，他只能把度假地点选在偏远的国度，或是足球氛围相对不那么火热的美国。

他从不追求名气，也不喜欢随名气而来的待遇："出名有好也有坏，但我永远不会忘记自己来自哪里，不会忘记什么才是真正重要的东西。"

他的年收入约 1200 万欧元（工资和广告代言费用各 600 万欧元），他创造出巨大的商业价值，在必要时会慷慨解囊，向有需要的人施以援手。

他和罗纳尔多一起成为联合国开发计划署的亲善大使，在圣诞假期前往留尼汪岛探望住院儿童。他持续资助欧洲脑白质营养不良症协会，一直致力于在世界杯范围内消除贫困，他参加各种慈善义赛，助力抗洪救灾和禁毒运动，为法国化工厂爆炸和阿尔及利亚地震的受难者募集款项。

齐达内有时不知道如何与成年人相处，但在小孩子面前总会表现出内心和蔼可亲的一面。他很善于安抚病人的情绪，不只出席公开的慈善活动，在媒体镜头之外，在日常生活中，总会自发地帮助和善待他人。

一次皇马输球后，球员和教练都板着面孔径直离场，没有停下来与等待他们的记者和宾客交谈，那些有身份的贵宾们或许并不在意这些，但对某些特殊群体来说，能否得到偶像的关注绝非小事。

一对夫妇带着他们的唐氏综合征患儿，胆怯地向皇马球星们打招呼，只有3个球员注意到他们并停步给予回应。这3个人是劳尔、罗伯特·卡洛斯和齐达内。齐达内微笑着在男孩的衣服上签名，并和他握手，搂着他的肩膀合影留念。

在法国，一位患有退行性疾病的小球迷特别喜欢齐达内，非常想现场看皇马比赛。在父亲的陪伴下，这个孩子来到西班牙观赛。比赛结束后，他试图叫住齐达内索要签名，但没能成功。齐达内从一些记者那里获知此事，给男孩准备了比签名更棒的礼物。他邀请这对父子来观看皇马训练，并抽时间和他们聊了一会儿天，拿出一件有皇马全体队员签名的球衣送给男孩。在同意与孩子见面前，他只提了一个条件：禁止媒体拍照和采访。这是他踢球及成名以来的一贯作风，即便他已渐渐适应虚伪的成人世界，但他从未忘记初心。“我想起了儿时的自己，那时候，我非常想要弗朗西斯科利的签名和球衣。如果我能帮别人实现类似的梦想，我一定不会犹豫。”齐达内解释道。他永远不会拒绝孩子们的签名请求。

但球迷很难在脱口秀节目上看到他的身影，很难通过报纸读到他赛场内外的琐事。齐达内钻进一个保护壳，为自己争取空间，以便好好休息减压。他每个月在皇马都会收到无数的采访请求，所有记者都想约他，一些经济实力不够或与他形象不符的企业，也希望跟他洽谈合作事宜。齐达内不胜其烦。

有一次，一名记者在体育场基地对他说：

“齐内丁，能给我半小时吗？不会耽误你太久的。”

“不行，我早就说过了，我现在只参加新闻发布会。”

“我大老远从巴黎过来就为找你。”

“我说过了，不接受采访。”

“伙计，这一点都不酷。”

“谁给你权力对我说这种话？我们又不认识，我不欠你什么，从没答应过你什么。你凭什么向我提要求，还要指责我。”

一些从法国、意大利等地赶来采访齐达内的记者总会吃闭门羹，他们似乎不了解西班牙的“齐祖热”有多疯狂。

齐达内留给媒体的时间极其有限，他只对赞助商 Canal 电视台和少数几名记者——基本是他的老相识——保有耐心。

他每隔一两个月在新闻发布会上和西班牙记者见一次面。发布会当天，现场一般都是人山人海，热闹非凡。齐达内不想让一些旅居马德里的法国记者失望，但不会因此接受更多的采访。

他不喜欢公开谈论政治，每当被人问到此类问题时，他都会说他不懂或不便回答。

齐达内并没有成天躲在马德里郊外的富人区，这位巨星经常外出去餐馆吃饭，但每次都要小心翼翼，以免引起骚乱。他喜欢生活在马德里："我觉得我退役后会留在马德里。"在一次采访中，齐达内曾幽默地表示："在意大利，我晚上 7 点换好睡衣，11 点睡觉。我们来马德里后过得非常开心，非常非常开心。我喜欢看演出，喜欢看电影，也喜欢弗拉明戈。在马德里，有意思的事情太多了。"

他 4 个孩子中有 2 个出生在西班牙：2002 年 5 月，他和维罗妮卡有了泰奥；2005 年 12 月 26 日，他们夫妇收到一份圣诞礼物——四儿子埃尔亚。

2006 年 1 月 15 日，齐达内给球迷送上大礼。他在西甲第十九轮独中三元，职业生涯首次戴帽，对手是防线稳固的塞维利亚。当时，皇马球员的心情并不好，他们战绩糟糕，卢森博格在圣诞节假期前下课，新来的洛佩斯·卡罗不是一位有个人魅力的教练，他们似乎仍未逃出无冠赛季的怪圈。但 1 月 15 日这天，伯纳乌球场座无虚席，大家知道这是一场重量级对决，来访的塞维利亚是一支劲旅，在那年晚些时候还赢得欧洲联盟杯冠军。开场后，皇马气势如虹，第七分钟，古蒂禁区内接齐达内传中打门得手，场上比分变为1 ： 0。塞维利亚在第五十分钟打进一球，将双方拉回同一起跑线。第五十八分钟，皇马阵中的塞维利亚旧将巴普蒂斯塔在禁区内被放倒，裁判判罚点球，齐达内操刀主罚命中，2 ： 1，主队再度领先。两分钟后，古蒂投桃报李，送出一记精彩的脚后跟助攻，齐达内再次打穿客队门将帕洛普的十指关。塞维利亚队在第八十四分钟把比分差距缩小到一球，之后便开始围攻皇马球门，这让自己的后防漏洞百出。伤停补时阶段，齐达内抓住机会再下一城，4 ： 2为球队锁定胜局。

状态火热的齐达内没能把皇马拉出危局。仅仅一个月后，弗洛伦蒂诺宣布辞职，费尔南多·马丁成为俱乐部新主席。这个消息震惊了所有人，包括齐达内。当时他正在克莱枫丹随法国队备战与斯洛伐克的友谊赛，那场比赛，他们最终1 ： 2不敌对手，这是齐达内在国家队复出后吃到的第一场败仗。“首先，佩雷斯的离任太意外，没人能想到，我完全不敢相信。但我认为他做决定前肯定有过深思熟虑。签约皇马是我人生中最美好的事情之一，”齐达内说，“没有他，我来不了这里，我不会忘记的。”虽然齐达内对弗洛伦蒂诺心存感激，但不可否认的是，这位主席成天念叨的“齐达内＋帕文”政策没能获得成功，还让队内的球星和年轻球员间出现隔阂。

齐达内表示：“那些话是不对的，带来了负面影响，让球队出现了裂痕。我们队里有很多性格不同的球员，有些人个性还很强，这是我们的客观情况，我们之间可能缺少沟通。”不过，他并没有说他会考虑退役：“我的合同还有一年零三个月才到期。让我们先过完这个赛季，为世界杯做好准备，然后我们再看看吧。”

2006年2月21日，2005/2006赛季欧冠八分之一决赛首回合，皇马主场0：1负于阿森纳。3月8日的次回合较量，他们又在伦敦和对手打成0：0，黯然出局。两回合比赛中，洛佩斯·卡罗没有给年轻球员太多机会，赛后，各大报纸对皇马的老队员狂轰滥炸，罗纳尔多、贝克汉姆和齐达内承受了最多的火力，《马卡报》直言“体重和年龄正在压垮他们”。齐达内在心中暗下决定。

那段时间，巴萨在西甲一骑绝尘，皇马已夺冠无望。

齐达内不断受伤，在训练中已很难打起精神，比赛渐渐成为他的负担。

2006年4月25日，西班牙卡迪纳塞电台播报了一条独家新闻：齐达内告知皇马主席、主帅和三位队长（劳尔、古蒂及罗伯特·卡洛斯），他放弃自己最后一年的合同，将在世界杯后挂靴。第二天，齐达内通过Canal电视台正式公布退役的决定：

“我将在世界杯结束后退出赛场。现在距赛季结束还有两周，距世界杯开幕还有53天，在这个时候宣布这样的决定，听起来可能有点奇怪。但我已经想清楚了，必须在世界杯之前告诉大家结果，我考虑这件事情已经有一段时间了，我不能想个没完。

“我不能在世界杯后度假时再说：‘好的，我退役了，我不踢了，你们去找其他人吧。’我要对俱乐部负责，让他们有时间找人替我。

“最重要的是，我认为自己的身体已扛不住了。我知道自己没法再坚持一年，我们拼了两年都一无所获。每个人都知道，对皇马这样的俱乐部来说，成绩有多重要。一旦拿不到好成绩，你必须从自己身上找问题。

“我不想再来一次，我知道自己已经达不到过去的水平，我年龄大了，踢不动了。这几年来，我们踢得不好，我不想再来一次。”

齐达内表示：“我得告诉大家我的决定，这样我才能把精力全部放在世界杯上。这是我的最后一个目标，是我现在唯一想要考虑的事情。我已经做出最终决定。我一年前决定回到法国队，但当时情况有所不同，那时，我还在为皇马效力。现在，我不踢了，再也不踢了。我可能还会参加业余比赛……但再不会踢职业比赛和顶级联赛了，这就是我的决定……这就像一块大石头终于落了地。我告诉自己：‘去吧，你还有一届世界杯。’我希望让大家提前知道，这样你们就不会带着满肚子疑问来问我问题。在世界杯上，我只会被问到与世界杯有关的问题，关于法国队以及比赛的问题，而不是我下赛季要做些什么。再也不会有下个赛季了。”

几天后，齐达内参加一个新闻发布会，来自世界各地的记者挤满会场。他告诉大家他有多累：

皇马每年有五六项冠军要争夺，全拿到是不现实的，但一个都拿不到也让人沮丧。是时候停下了。两年来，我没打出理想的状态和水平，我不再是25岁了。对我来说，比赛的难度在一天天增加，我找不到动力。我续约时本来只打算签一年，但佩雷斯想和我签两年。足球给了我一切，我生命中最重要的两个元素就是家庭和足球，我尽全力让大家开心，对我来说，足球就是一切。队友让我别退役，至少再踢一年。我有点内疚。我在皇马还剩下 3 场比赛，3 场很重要的比赛，我们仍在为联赛亚军而战。但愿我还能再踢 10 场球！

10 场？皇马 3 场，法国队 7 场，也就是说，他想打进世界杯决赛。

齐达内退休后会做什么？会去当教练吗？“说不准，但现在看来，不会。”他如此回答，但并没有掩饰他对指导后辈的兴趣，“我和主席聊过了，我们计划要为孩子们做点事情，我不踢球了，但我仍想和皇马保持联系。这是我们正在商量的事情。我想把足球带给我的东西，回馈给孩子们。我想留在西班牙，不是整个余生，但至少会待上那么一段时间。”

齐达内的决定在世界各地引起轰动。巴西传奇球星济科认为，齐祖的退役是“足坛的一大损失，他是一名如此重要的球员，我非常钦佩他。我们都希望，像他这样的球员能够尽可能长地延续职业生涯，以激励后来者”。时任皇马主帅卡罗说，齐达内“无疑是世界上最好的球员，齐祖是一个很好的榜样，他的成长历程更值得大家学习”。

马拉多纳甚至希望说服齐达内重新考虑：“我在世界杯上会碰到他，到时，我会跟他聊一聊。我会要他继续踢球，不要退役，我们爱他不是因为那些奖杯，而是因为他的球风，以及他让我们从足球中感受到的快乐。我尊重他，但不接受他的决定，他给世界带来如此多的欢乐，他若退役，所有热爱足球的人都会难过。齐达内是一位大师，身材高大，却能自如地控球，这真的是一件很神奇的事情。齐达内是那种能带给人快乐的球员。”

皇马球迷尊重齐达内的决定，也欣赏他高贵的品格，他放弃600万欧元的工资。他们深情告别齐达内，也会记住他带给马德里的美好回忆。齐达内把最好的岁月献给了伯纳乌，他那华丽的控球和传球会常留在皇马球迷心中。

2006年5月4日，2005/2006赛季西甲倒数第三轮，皇马客场挑战桑坦德竞技，齐达内在沙丁鱼人球场收到桑坦德球迷的致敬。5月7日，西甲倒数第二轮，齐达内迎来伯纳乌告别战，皇马主场对阵比利亚雷亚尔，后者当时也在争夺下一个赛季的欧战参赛资格。比赛前，球场大屏幕播放了齐达内过往的精彩集锦，当“天外飞仙”出现在画面中时，现场八万余名观众齐声喝彩！

齐达内出场时，球迷在看台上亮出印有他头像的巨型海报。比赛开始后的几分钟，只要他一拿球，现场都会响起掌声。中场休息时，皇马1∶2落后，一些不满的球迷发出嘘声。第六十六分钟，齐达内头球破门，扳平比分。最终，两队3∶3握手言和，观众把欢呼送给齐达内。

家人和马莱克陪在他身边，球迷们一边高唱“齐祖，齐祖”，一边举着海报说“谢谢你，齐祖”。他哽咽无语，朝球迷鼓掌，拒绝了记者的采访。

2006年5月16日，西甲末轮，皇马客战塞维利亚，齐达内的俱乐部谢幕战。这场比赛的气氛一点都不轻松，皇马尚未锁定联赛亚军和欧冠门票，巴伦西亚仍在他们身后紧追不舍，塞维利亚也要为进入欧冠资格赛而战。皮斯胡安球场的观众毫不留情地向齐达内报以嘘声，他们对任何一位做客这里的球星都不会心软。

齐达内的心思已经在其他地方了吗？“最后一战前，皇马核心心烦意乱，差点没跟队友合影。他出场得有些晚，当时，皇马其他首发球员已四散落位。面对不耐烦的摄影记者，齐达内将银河巨星们召集过来，重新拍照。”法新社记者写道。

3 ：4，齐达内在西甲的最后一战以失败告终。他在第 66 分钟打进一球，这是他 2005/2006 赛季的第九个进球，也是他在俱乐部赛事中的最后一个进球。

那些想看齐达内为皇马踢球的人只能去电影院了。2006 年，一部名为《齐达内：21 世纪的肖像》的纪录片上映，该片由视觉艺术家菲利普 · 帕雷诺和道格拉斯 · 戈登联手制作，用 17 台摄像机——其中 2 台是美国军方的超级变焦摄像机——全程记录齐达内 2005 年 4 月代表皇马对阵比利亚雷亚尔时的表现，直到他染红下场。和另一部有齐达内出镜的纪录片《追梦之队》一样，《齐达内：21 世纪的肖像》被选送 2006 年戛纳电影节。

《追梦之队》的主角并不是齐达内，但他参与了影片的拍摄和制作，这引发公众与影迷的兴趣，该片在戛纳电影节的国际影评人周[①]上

---

① 戛纳国际影评人周，是戛纳国际电影节于 1962 年创办的平行单元之一，旨在精心呈现全球新锐导演的作品。——译注

试映。《齐达内：21 世纪的肖像》则入围电影节非竞赛单元，并得到齐达内本人的推荐，这让广大喜欢他的影迷——不一定是球迷——非常开心。

《齐达内：21 世纪的肖像》是一部视觉美学作品，为观众提供了一些有趣的观赛视角。但也有部分人理解不了导演的拍摄手法，对该片感到失望。

相比《齐达内：21 世纪的肖像》，《追梦之队》预算更少，也更接地气。该片把镜头对准齐达内和他的 10 名戛纳青训队友，记录长大后的他们在两年时间里的生活点滴，他们中的大部分人都没有进入职业足球圈：弗雷德里克·迪福在公众游泳池当管理员；埃里克·贾科皮诺经营一家急救中心；法布里斯·莫纳希诺经营一家安保公司；德尼·安布吕斯特在一家香水厂工作；朱朱特·穆塞－迈迪退出警队，成为一名医护人员；吉勒·昂帕尔祖米安赋闲在家。

该片在戛纳共放映 3 次，每一次观众的反应基本一致：在齐达内说话时凝神倾听，在弗兰克·戈梅谈起他的悔意时陷入沉默，为努尔丁·穆卡不如意的踢球经历唏嘘感慨，为遭遇严重伤病的门将米歇尔·阿尔曼多兹扼腕叹息。

观众们很喜欢《追梦之队》，这部影片的风格很像齐达内，朴实，真诚，动人。

影片的第三次放映被安排在拉博卡，让·费尔南德斯因病缺席，居伊·拉孔布到场观影，他非常想念自己的球员。放映结束后，贝托尼感慨道：“踢球虽好，教育更重要。”齐达内当时正随国家队在蒂涅备战世界杯，没有现身戛纳。

2005 年 3 月，为了拍摄《追梦之队》中的一些镜头，齐达内和 10 位老友在马德里相聚。电影演职人员入住的酒店，是皇马球员在比赛日前集合的地方。彼时正值银河战舰的多事之秋，酒店里经常会有大牌出现。

昂帕尔祖米安是 11 人中最后一个到店的，他在安静的酒店大堂里大喊一声，让气氛变得活跃起来 ：“贝克汉姆在哪儿？告诉他，我们到了！”

15 年来，11 个朋友第一次重聚一起，尽管当时马德里德比开战在即，但齐达内依然为老队友们留出时间。银河巨星又变回米蒙青旅那个无忧无虑的少年。他很高兴，也很激动 ：“我仿佛又回到过去。”

第十四章　最后出击

“加油，老家伙们！”距 2006 年世界杯开幕还有几周时，法国民众和媒体这样给国家队打气。有 2002 年的教训在前，法国人民显得谨慎了许多。况且这一次，他们问题不少——靠着几名老将回归才艰难晋级，大名单不得人心，平均年龄有些偏大，主帅多梅内克的执教能力饱受诟病。

尽管齐达内战功赫赫，但媒体对他能否打好世界杯持怀疑态度。由于身上一直带着小伤，他在皇马的最后几场比赛里表现得略显低迷。他是吸取了 4 年前的经验，在为世界杯留力吗？这是完全可以理解的。2002 年，他经历了一个马拉松般的赛季，踢了七十多场比赛，赢下欧冠决赛后马不停蹄地赶赴亚洲，接着便在与韩国的热身赛中受伤。

2006 年 5 月 19 日，法国队在滑雪胜地蒂涅集结，正式开始备战德国世界杯。1998 年，齐达内和队友们也是在这里开启世界杯之旅，他们又找到一些相似的感觉。和雅凯一样，多梅内克不受媒体待见，此外，多数法国民众不看好法国队的前景。

法国队的 23 人大名单出现了一个新名字：帕斯卡 · 齐姆邦达。2005/2006 赛季，这位国家队新人在维冈竞技大放异彩，被英超官方评选为赛季最佳右后卫，他的入选算不上什么大新闻，真正让人意外的是，久利、阿内尔卡、米库、皮雷斯和达科特等老将均遭多梅内克弃用，而最叫人看不懂的是，巴特兹仍将出任首发门将。

2005/2006 赛季，另一位法国国门格雷戈里 · 库佩随里昂拿到法甲冠军，状态正火。但在齐达内的游说下，多梅内克选择重用巴特兹。虽然这位老门将巅峰已过，不时还会犯浑——2005 年，他在一场俱乐部友谊赛中冲裁判吐口水，遭到禁赛半年的处罚，齐达内仍相信老队友的能力足以应付世界杯。

教练组计划带球员们去格朗德默特冰川登山，途中，所有人通过安全绳连在一起，一人摔倒，其他人要合力帮他站起来。论险峻程度，他们所攀的山峰远不如珠穆朗玛峰，甚至还赶不上勃朗峰，但这并不是最重要的，这次团建旨在增强全队的凝聚力。

活动的过程并不愉快，身体状况不佳的巴特兹落在大部队后面，没准时赶上全队的午餐。库珀很不高兴，认为巴特兹搞特殊化，无视队规，不尊重队友。

库珀愤然离开，带着妻儿沿原路下山。当时，里昂俱乐部的体能训练师罗贝尔 · 迪韦纳也在国家队服务，他拨通库珀的手机，劝这位门将回来跟球队会合。

齐达内客观冷静地评论了此事：“这时候发生总比后面（世界杯时）

发生好。”接下来的日子里，法国队及时修复了裂痕，变得越来越团结。2006 年 5 月 27 日，距世界杯开打还有两周，法国队在法兰西大球场和墨西哥队踢热身赛，此役，齐达内第一百次为国家队出场。

纪念和庆祝并不是这天的主题，齐达内想通过比赛找状态。他出场 52 分钟，表现平平，没有进球和助攻入账。他下场时收到欢呼，但多拉索、西塞和巴特兹等球员没逃过被嘘的命运。法国队很受伤，齐达内尤甚，这位法兰西大球场的宠儿，一直希望巴黎球迷能善待国家队。

嘘声带来意想不到的效果。赛前，法国队就已遭遇媒体的口诛笔伐，因为他们在蒂涅没有满足所有球迷的签名要求。在法兰西大球场的更衣室里，法国球员们做出决定：同心勠力，一致对外。面对着充满敌意的外部世界，他们像 1998 年那样，紧紧抱成一团。

他们又喊出那一年的口号“生死与共”，这种气势非常重要。因为之后的几场热身赛，法国队踢得同样不是很顺。5 月 31 日，他们在朗斯 2 ∶ 0 击败丹麦队，6 月 7 日，他们在圣埃蒂安 3 ∶ 1 战胜中国队，这场比赛留下许多故事：西塞被犯规断腿，痛别世界杯（里昂前锋戈武紧急入替）；齐达内在十二码滑倒，罕见地罚丢点球。

2006 年 6 月 8 日，法国队出发前往德国西北部，入住汉诺威附近哈默尔恩镇上的明希豪森城堡酒店。这家五星级酒店是高卢雄鸡世界杯期间的大本营，以一座建于 16 世纪晚期的古堡为主体，附带有一个 18 洞的高尔夫球场，其名字很容易让人想起各类文学作品中那位著名的“吹牛大王”明希豪森男爵；而哈默尔恩也流传着一个关于“花衣魔笛手”的神秘传说：中世纪时，当地鼠患成灾，一位穿花衣服的魔笛手受村民之托，用笛声把老鼠引到河中淹死，事后，村民们却拒付报酬，这位魔笛手如法炮制，吹着笛子拐走了村里所有的小孩。这些元素大大满足了一些记者和专家的猎奇心理。法国队把离店日期定在柏林决赛的前一天——7 月 8 日。根据国际足联要求，赛前一天，参赛球队必须在比赛地城市过夜。

剑指柏林，这是多梅内克反复强调的目标，这种自信只招来怀疑和嘲讽。

法国队首先要从 G 小组突围，该组的其他 3 支球队是瑞士、韩国和多哥。

法国队把备战工作做得很扎实，特别是在战术和体能方面。2002 年，他们曾在身体和体能环节吃了大亏。这一次，法国足协破天荒地聘请了体能训练师罗贝尔 · 迪韦纳作为技术顾问随队出征世界杯。

迪韦纳的业务能力非常出色。“我们在他的指导下努力训练，”齐达内透露，“为八分之一决赛储备体能。”法国队不想重蹈 2002 年的覆辙，在小组赛后便打道回府。

战术上的问题更为复杂，多梅内克和齐达内并不合拍。法国队队长从未公开批评过主帅，心里却不认可他。多梅内克虽欣赏齐达内，但不希望球队为了某几个球员——特别是球星——做出牺牲。然而，在世界杯期间，他们必须通力合作，不断沟通磨合。

多梅内克听取了齐达内的部分建议，如让巴特兹把守球门，但拒绝了他让亨利和特雷泽盖出任双前锋的请求。

多梅内克认为，亨特组合在国家队从未有过太好的发挥。他比较看中里贝里，这位马赛边锋速度飞快、攻击力强且充满侵略性，可以埋伏在中场，利用亨利制造的空间伺机前插。

“我们需要更保守一点，这样我们才能更有底气。”齐达内后来在Canal电视台的节目中回忆道。

在对外沟通事务上，多梅内克放权给球员自行做决定。万一齐达内不想和媒体说话该怎么办？多梅内克说：他本来就没那个义务。

这届世界杯，法国队队员很少在媒体面前露面，这让一部分记者有些不高兴。

更衣室里发生的事情需要留在更衣室，不应被外人知道。大部分队员认可这条不成文的规则，法国队很团结。

场上，齐达内和亨利尽弃前嫌，在球队由攻转守时都积极参与防守。

2004年欧锦赛，只有德塞利不上场时，齐达内才会戴上队长袖标。与克罗地亚一役，他在对手进球后把队友召集到身边，给他们加油鼓劲。德国世界杯，他的领袖身份或许不那么明显，他的领袖作用却变得更加重要，变得无处不在。每场比赛前，他都会在更衣室里做动员讲话。比赛中，他在加拉斯等后卫犯错时，会毫不犹豫地加以责骂——就连图拉姆也未能幸免，他会指导里贝里和马卢达跑位，还会不断地和好友马克莱莱讨论场上站位。

2006年6月13日，世界杯第五比赛日，法国队终于走上赛场，在斯图加特迎战老对手瑞士队。双方在世预赛中同处一组，有过交手。

瑞士队踢得比法国队更保守，双方都不想丢球，比赛很沉闷。

法国队场面占优，却始终没能把优势转化为得分，齐达内不在最佳状态，仍传出不少好球，还为队友创造了几次打门良机。

两队最终互交白卷。法国队整场的表现并不丢人，图拉姆认为：“我们在场上踢得很投入，防守补位非常严密，我们和2004年欧锦赛时不一样。”

法国媒体却不买账，认为法国队与2002年时相比毫无进步。《队报》写道：“齐达内和他的球队找不到节奏。”持悲观态度的报纸远不止他们一家，有些媒体甚至表示法国队“平庸”“碌碌无为”“一盘散沙”“毫无生气”。

球员们很恼火，认为这些批评不客观。但球队的信心反而变得更强了，老大哥齐达内和图拉姆及时安抚了部分队友的紧张情绪。

他们要把目光投向后面的比赛，齐达内将逐步给这届世界杯打上属于他的烙印。

6月18日，小组赛次轮，法国队在莱比锡对阵韩国队。4年前，齐达内的噩梦正是始于这个对手。

法国队开局不错，第九分钟，亨利射入一球。之后，维埃拉打进一个好球，却被判无效，裁判坚持认为足球没有越过门线，法国队队员的心态多少受到一些影响，志在3分的他们迟迟未能扩大领先优势。

第八十一分钟，朴智星打进一球，1∶1，法国人为自己的低效付出代价，开始大举压上，试图再度把比分超出。第八十五分钟，齐达内在前场拼下球权，为亨利送上直塞，这是一次绝佳的机会，可惜后者的射门被李云在扑出。紧接着，求胜心切的齐达内在无球状态下推搡韩国队员，吃到一张黄牌。

他没有踢完这场比赛，在终场哨响前被替换下场。“如果第二个进球没被吹掉的话，我们本应2 ：0领先。在那之后，韩国队不断威胁我们的球门，当他们最终破门得分时，我们有些受挫。我们在下半场踢得不好，体能下降，没有像上半场那样逼抢施压。”法国队队长赛后分析道。

由于在对阵瑞士的比赛中已领到一张黄牌，齐达内累积两黄，将自动停赛一场，错过小组末轮与多哥的比赛。

更令人难以接受和意想不到的是，多梅内克居然在伤停补时阶段换下齐达内，替换他出场的特雷泽盖接过队长袖标。

齐达内铁青着脸离场，没有看多梅内克一眼，扯下手腕上的吸汗带，扔在地上。

比赛结束后，这次换人成为焦点话题，一位莱比锡中央球场的工作人员添油加醋地称，齐达内在更衣室里怒火难消，狠狠地踢坏了一扇门，显而易见，这扇受损的门会被保留下来，因为“踢它的人是史上最伟大的足球运动员之一”。但据几位目击者透露，齐达内从未踹门，那扇门在赛前就已经损坏。

从这件事可以看出，十多年来，齐达内受到了何等的关注，背负着何等的压力。

将帅失和的闹剧似乎在法国队愈演愈烈，自齐达内回归以来，多梅内克从未在公开场合提过他的名字。多梅内克试图用“为下一场比赛做准备”，来解释他颇具争议的人员调整，还说没注意到齐达内下场时的表情。

齐达内保持了克制，没有因沮丧而口不择言，给出一个听上去比较可信的理由：“我当时很难过，很生气，因为我们非常需要 3 分。我没法笑着走下球场，没法像赢球时那样和队友击掌庆祝。但我没事。”

法国队连平两场后，法国媒体坐不住了。《巴黎人报》在头版上写了一个巨大的“*Nul*”（有“平局”和“垃圾”之意），一语双关地评价高卢雄鸡的战绩和场上表现。

齐达内无法出战与多哥的关键比赛，有人认为这“是件好事”，说球迷不会想念齐达内，还要法国队抓住契机，适应没有他的打法。这些人忘性太大，前两轮比赛，若队友能好好把握机会，将齐达内的几脚妙传转化为进球，法国队的处境本会截然不同。

在其他国家，有媒体甚至断言达内的职业生涯将惨淡收场。

多梅内克没有忘记剑指柏林的目标，这一下，外界对他嘲讽得更厉害了。

法国队的球员们依旧团结。法国和多哥比赛当天，齐达内将度过 34 岁生日，马卢达表示，球队“会把晋级作为礼物送给他”。齐祖的好友萨尼奥尔说：“1998 年，他停赛了，法国一路走到最后。”齐达内本人相信：“我们都在往前看。我们遇上了不小的困难，但我们会迈过去，因为我们后面还有很多场比赛要踢，我们对此深信无疑，我对队友很有信心。”

齐达内对教练组就不那么信任了。踢完韩国后，法国队的所有球员——只有球员，没有教练——在酒店外开会聊了好几小时，会议主题是“生死与共”。一群骑士走出城堡，这颇像英雄电影里才有的情节。彼时，法国球员还想不到，他们在之后的比赛中会经历怎样的大起大落。

齐达内向队友道了歉。6 月 23 日，在法国对多哥的比赛开球前，他表现得很有担当，照常出现在更衣室，给全队讲话。他是在真实地表达自己吗？他的性格到底是爽朗还是内敛？他又找回“多嘴多舌”（戛纳职业培训中心的老师曾这样评价他）的一面了吗？ 他在心态放松时是否有成为一名优秀演说家的潜质？

在纪录片《追梦之队》中，已故的前塞普泰姆教练桑特内罗说，小时候的齐达内比大部分队友“更有性格”。2006 年，他更是久经沙场，荣誉等身，心思缜密，信念坚定，自信满满，他已是一个真正的领袖。

当法国队现身球场时，媒体拼命地寻找齐达内，从此刻起，每一场比赛都可能是他的最后一战。齐达内没有坐在替补席上，按规定，停赛的球员不能出现在场边。看台上也没有他的身影。

齐达内和同样停赛的阿比达尔一起，坐在球场更衣室里观看电视直播，这样既能离队友近一点，也能避开媒体的镜头。中场休息时，比分仍是 0 ： 0，齐达内鼓励了队友，并再次强调他很信任他们。法国队有机会赢下比赛，但需要提高射门的精度。上半场，球队每浪费一次得分良机，齐达内和阿比达尔都会急得直挥拳。

终场哨响，法国队最终 2 ： 0 战胜对手，为齐达内送上最好的生日礼物——淘汰赛入场券。在本场立下汗马功劳的维埃拉也可以好好庆祝 30 岁生日。

法国队需要净胜多哥两球以上才能确保出线，他们做到了。而瑞士队在另一场比赛中击败韩国，三战积 7 分，以 G 组头名身份晋级十六强。

虽然没有拿到小组第一，但法国队已完成一个阶段性任务，也找回了一些士气。“中场时，更衣室里发生了一些事情。”萨尼奥尔透露。

赛后，多梅内克又一次提到7月9日的决赛。这似乎仍是一个遥不可及的目标。

电视机前的法国观众松了一口气，但有一个人没能见证法国队从小组突围。让·瓦罗已到弥留之际，在6月24日凌晨与世长辞。

瓦罗和齐达内这对忘年交，一位走到了生命的终点，另一位正走向职业生涯的终点。一个时代就要落幕。玛莉卡早就得知瓦罗病重，但没有第一时间把消息转告儿子。

亲友们不想让齐达内分心，都对他守口如瓶。虽然法国队不怎么和外界交流，但他们并不是处于真空状态。6月25日，齐达内从一位前戛纳队友那里获知噩耗。他抬头看了天空一眼，没有告诉外人他的想法，有人认为，他目光所向之处或许并不是球场的大屏幕。

八分之一决赛，G组第二名法国队将迎战H组第一名西班牙队。西班牙是齐达内生活了5年并且想长留的地方，西班牙队阵中有他的多名皇马队友：拉莫斯、卡西利亚斯、萨尔加多和劳尔。

对法国队来说，这一战，输赢的意义完全不同。输球回家，他们的世界杯之旅会被打上失败的标签；赢球晋级，他们或许可以毫无压力地准备下一场比赛。因为法国和西班牙之间的胜者，很有可能在四分之一决赛对上巴西队。桑巴军团是上届冠军兼夺冠大热门，在八分之一决赛中对阵少了中场大将埃辛（停赛）的加纳队。

法国队心情愉悦地回到哈默尔恩。齐达内、马克莱莱、萨尼奥尔和巴特兹没有参加训练，而是安静地坐在一起聊天。经历了小组赛阶段的绝地逃生，高卢雄鸡已不再紧张，心态平和，动力十足。

在淘汰赛中，斗志和意志是取胜之匙，这些元素需要通过战斗来积累。法国不缺少阅历和经验，他们阵中的大多数球员都效力于欧洲豪门，常年参加欧冠。在世预赛期间，他们踢了好几场关键比赛，包括客场对爱尔兰的小胜，以及之后主场与瑞士的平局。

西班牙队很高兴，他们认为自己遇上一个人员老化、实力下降的对手。小组赛，法国表现一般，连平两场，仅胜多哥；西班牙则气势如虹，三战三捷，一路斩落乌克兰、突尼斯和沙特阿拉伯。斗牛士军团隐隐露出冠军相，但换个角度看，他们的状态来得可能有些过早。

西班牙老帅阿拉贡内斯在小组赛中轮换了“老将”劳尔、阿尔贝尔达和马切纳，以实现主力阵容的年轻化。

《马卡报》放言：“我们将为齐达内送行。”

这会是最后一场比赛吗？齐达内仔细考虑过这个问题。他不想听天由命，但也准备了一件 T 恤，上面写着一段话，向所有那些帮助过自己的人致谢。他本打算在法国队输球时穿上它。世界杯结束后，齐达内向 Canal 电视台揭秘：“那件 T 恤帮了我大忙。它就在我的背包里，但我不想被拿出来！”

西班牙队不会看到这件 T 恤。汉诺威 HDI 竞技场距法国队驻地约 50 公里。这段路不长，法国球员们有些急不可待，已准备好给年轻气盛的斗牛士军团一点教训。

6 月 27 日，《马赛曲》又在球场奏响，西班牙球迷一如既往地发出漫天嘘声，齐达内依旧一脸严肃，没有和劳尔等皇马队友谈笑致意。

这一晚，一对同住马德里的好邻居出任比赛双方的队长，身披白衫的是齐达内。

第二十八分钟，比利亚点球破门，西班牙取得领先。但随着时间的推移，法国队攻势渐盛，他们的 10 号状态正佳，控球几乎不丢，不断地用假动作过人，带球推进，把全队的进攻梳理得井井有条。

上半场结束前，里贝里接维埃拉直塞建功，把比分扳成 1 ： 1。下半时，齐达内掌控全场，让法国队重焕活力，无愧西班牙媒体赠他的“大师”之名。他在进攻端享有充分的自由，踢得如鱼得水，在防守端也会积极回撤支援队友，及时拿球策动反击。

第八十三分钟，齐达内开出任意球，西班牙队禁区内盯人不紧，后点的维埃拉趁势将球顶进。2 ： 1，法国队实现反超。

之后，西班牙全线压上反扑，后防空虚。第九十分钟，齐达内在法国球迷的助威声中，接维尔托德分球，大步流星杀入禁区，晃开普约尔打出一脚低射，卡西利亚斯扑错方向，3 ： 1，法国队锁定胜局！唯一美中不足的是，齐达内在进球前几秒又领到一张黄牌。

西班牙人无奈地低下了头，齐达内欣喜若狂，朝底线后的摄影记者区走去，吐出舌头，放松地摆臂。这套庆祝动作让人想起 1998 年世界杯上的杜加里。毫无疑问，这对好友都在享受复仇的快感。

赛后，齐达内坦言：“西班牙人一直在取笑我们，因此我想告诉他们，我暂时还不想回家！世界杯仍在继续，我们很高兴。我们为这场比赛做了充足的准备。我们在小组赛踢得可能不够好，但今晚我们想证明给所有人看，我们是一支优秀的球队，我们想走得更远。”

捷报和喜悦一起传回法国，开心的球迷占领了香榭丽舍大街和各大城市的市中心。民众对法国队恢复了信心，“齐达内当总统”等口号重新响起，法兰西大地梦回 1998 年。比赛当晚，法国电视一台的收视率创下 2006 年的最高纪录。

“齐达内打进第三球后，我们彻底释放了。有些情绪一直压在我们心中，我们已经忍了好几周，忍了好几个月，”多梅内克说，“我们终于可以把它释放出来了，这种感觉没法言传，只能意会。整个法国都沸腾了，我永生难忘。”

他坚定地认为：“我们的目标是 7 月 9 日（的决赛）。”这一次，怀疑者的声音小了许多。

法国变成欢乐的海洋，天堂里的让 · 瓦罗应该会很开心。6 月 28 日下午，天气温暖而潮湿，瓦罗的遗体被安葬在他妻子的墓地旁边，马莱克和齐达内的家人出席了葬礼。一段与足球有关的故事画上句号，一个伟大而谦逊的好人永别凡尘，他从不追名逐利，他高贵的品质将会继续影响后来的体育从业者。

时隔 8 年，法国和巴西这对老冤家在世界杯上重逢，这是一场会让 · 瓦罗先生感到高兴的对决。对法国队来说，本场只要不惨败给对手，他们的世界杯征程就算得上成功。

巴西队在 2005 年联合会杯上勇夺冠军，在世预赛南美区的比赛中抢到头名，顺利打进世界杯——这是史上首次上届冠军通过预选赛争夺世界杯参赛资格。桑巴军团是公认的头号夺冠热门，但事实上，他们的前场梦幻四人组（罗纳尔多、罗纳尔迪尼奥、阿德里亚诺和卡卡），并不如2002年的3R组合（罗纳尔多、罗纳尔迪尼奥和里瓦尔多）犀利。罗纳尔多的身形已经走样，功成名就的罗纳尔迪尼奥开始厌倦赛场。

当时，巴西队连教练席都星光熠熠，主帅是卡洛斯·佩雷拉，助教团队中有传奇教头扎加洛，佩雷拉有1994年世界杯冠军奖牌在手，扎加洛曾以球员、主帅和助教的身份四夺世界杯冠军。佩雷拉认为，所有外国球员中，仅齐达内一人够格入选五星巴西。

巴西队希望报1998年的一箭之仇。巴西媒体接过《马卡报》的枪，一家巴西报纸在头版登出一张齐达内排队领养老金的恶搞图片。

大战当前，历来傲慢的扎加洛认为巴西队稳赢无疑。他的自信与双方球员的态度形成鲜明对比。

巴西球员在心理上有些害怕法国人。1986年墨西哥世界杯，巴西队正是被法国队淘汰出局；1998年世界杯，齐达内的两记头球让巴西很受伤。

在哈默尔恩，心态放松的齐达内表示："到目前为止，这届世界杯是一段美好的旅程。我们全员健康，合力打进八强，我们真的很开心。"与巴西一役，他会遇上几位皇马队友，包括刚刚成为世界杯历史最佳射手的罗纳尔多[①]、罗伯特·卡洛斯、西西尼奥和前途无量的罗比尼奥。

---

① 罗纳尔多在与加纳的比赛中打进一球，以15个进球成为当时的世界杯历史第一射手。2014年，这一纪录被德国前锋克洛泽打破（16球）。——译注

巴西队员非常认可和尊敬他们的对手。罗伯特·卡洛斯说："齐达内是世界上最好的球员，永远都是，我觉得他就像个教授。"在巴萨与齐祖多次交手的罗纳尔迪尼奥认为，齐达内"是所有观众都喜爱的球员，是世界最佳球员之一。他的退役真的非常令人遗憾，他在场上场下都非常伟大"。

赢下西班牙后，齐达内信心满满，状态奇佳。在训练中，他心情大好，几乎变身球队的开心果。人们都快忘了他性格中的这一面，忘了他在戛纳和波尔多时经常会逗队友发笑。

2006 年 7 月 1 日，法兰克福世界杯球场，齐达内在赛前热身时看起来心情不错，一边拨弄脚下的足球，一边微笑着和队友交谈，来自全球各大电视台的记者都在谈论 1998 年世界杯决赛，都把目光和镜头对准了他。

时光带走了他的能量和头发，但给了他愈发纯熟的球技，他应对媒体也越来越老练。齐达内具备封神的一切条件。

法国队的首发十一人与外界预测的一致：门将是巴特兹；后防线上萨尼奥尔、图拉姆、加拉斯和阿比达尔一字排开；马克莱莱与维埃拉组成双后腰；齐达内坐镇中路；里贝里和马卢达分居两翼；亨利突前出任箭头。

巴西队调整了首发阵容，小儒尼尼奥出人意料地替下阿德里亚诺。梦幻四人组在前几场发挥得并不理想，考虑到法国队强大的中场实力，佩雷拉决定在该区域增加兵力。

法国和巴西的国歌相继奏响，双方首发球员列队握手，齐达内笑着跟好友罗纳尔多拥抱。开场后，巴西人迅速进入状态，齐达内也非常强势，开场不久就送出两脚长传，虽略微失准，却展示出必胜的决心。15 分钟过后，巴西队似乎有些泄气，因为法国队踢得张弛有度，齐达内表现得几近完美，使出马赛回旋、挑球过人、不看人传球和外脚背传球等十八般武艺。他那招牌的卸球、盘带和外脚背控球转身让人应接不暇，他用数不清的短传和长传串联起全队的进攻，这是他国家队生涯——甚至可以说是职业生涯——的最佳表演之一。但他本人更愿意强调比赛本身的重要性："我觉得这算不上我最好的发挥，但这是一场世界杯的关键比赛，这是和巴西队的比赛！"

上半场结束，齐达内搂着罗比尼奥，有说有笑地离场，这是一场事关半决赛资格的战役，但双方球员的心态都不错，齐达内放开了手脚，最终也将为法国队扫清压在他们头顶的所有阴霾。

第五十七分钟，比赛的均势被打破了。法国队在中场左侧获得任意球机会，齐达内把球开向远门柱，亨利拍马杀到，飞身一脚端射，足球应声入网，1 ∶ 0！这是齐达内和亨利第一次联手为国家队得分，他们为这一刻花了整整 55 场比赛！巴西队全力反攻，但于事无补，这个金子般的进球把法国队送进四强。

高卢雄鸡成为唯一在世界杯上 3 次淘汰桑巴军团的球队。

整个法国欢欣鼓舞，一百多万人聚集在巴黎街头，"加油，法兰西"和"齐祖、齐祖"的喊声响彻云霄，法国队想要雪耻，他们的球迷也渴望胜利。加拉斯感叹之前公众和媒体对球队缺少耐心："我们在小组赛阶段中没有感受到（这样的热情和支持）。"

法国队队员们留在球场内，久久不愿离去，享受着赢球后的快乐。当他们回到更衣室时，希拉克总统的亲自到访，把欢庆的气氛推向另一个高潮。

法国队的将帅关系依然没有回暖的迹象，齐达内和所有教练组成员只是简单地握了一下手。法国队能走到柏林吗？齐达内没有考虑这个问题，而是到巴西的更衣室找朋友聊了一会儿，并和罗纳尔多交换球衣。巴西人虽然输掉比赛，但对法国队的表现心服口服。齐达内毫无悬念地获评全场最佳。

在混合采访区，一位巴西记者哭着对各国同行说："我当然希望巴西赢，但现在我可以安慰自己，因为我看到了齐达内的表演，有几个人能像他那样踢球，这太令人感动了。"

齐达内对媒体仍十分忌惮，只接受了法国电视一台欧洲体育频道的采访："这场胜利太关键了，我们必须赢下这一场，我们做到了。我们稳守反击，打出了团队配合。我们配得上胜利，也会为进入决赛而努力。太棒了，我们不想就这样停下来，我们想继续前进，一路走到最后。"

此时此刻，齐达内的耳边只有赞美。多梅内克依然强调团队至上，但不忘表扬他的队长："你们看起来好像有点惊讶，我们可不惊讶，他可是齐达内！我们知道他有多'特别'。他知道他快退役了，所以拼尽全力，对他来说，每一场都可能是最后一场，没必要留力了。这也是我想告诉每个队员的事情：把每场比赛都当最后一场来踢，而齐达内用不着我提醒。"

佩雷拉认为："齐达内打出8年来最好的一场比赛。他满场飞奔，掌控全场。我们都知道齐达内的能力，他的任意球为法国队带来胜利。"球王贝利说："齐达内是球场上的魔术师。"全世界的足球专家都为齐达内疯狂，有人称他是"艺术家"，有人赞美他的"魔法"和天赋，有人说他"把众神带到人间"。

巴西媒体大度地承认："齐达内第二次让巴西落泪，他们不同于我们的球星，他能在关键时刻挺身而出。"圣保罗的一家报纸发出呼喊："来我们这里退役吧。"另一家报纸则自我安慰道："我们输了，但我们又可以看他多踢一场了。"那件告别T恤仍静静地躺在背包中。

法国队离决赛已近在咫尺，和2000年欧锦赛一样，他们在半决赛遇上了葡萄牙队。

葡萄牙队由2002年世界杯冠军教头斯科拉里领军，拥有德科、C罗、马尼切、保莱塔和菲戈等名将，一路淘汰争冠劲旅荷兰和英格兰，自1966年以来首次杀入世界杯半决赛，实力不容小觑。

2003年11月18日，多梅内克率领的法国U21国青队，在主场不敌葡萄牙U21国青队，痛失2004年欧青赛参赛资格。那场比赛混乱无比，红牌、斗殴、点球大战、兴奋剂疑云和更衣室暴力等元素一样不落。但参加2006年世界杯的葡萄牙国家队阵中，只有C罗和波斯蒂加亲身经历了那天的事情。

2000年欧洲杯，齐达内在十二码射入金球，将葡萄牙队挡在决赛门外。这段痛苦的回忆令葡萄牙球员刻骨铭心。

2006年世界杯的八分之一决赛和四分之一决赛，葡萄牙队拼得可谓惨烈。他们先跟荷兰打出一场“历史性”的红黄牌大战，裁判全场共掏牌 16 次，包括 4 张红牌；接着，他们又与英格兰刺刀见红，鲁尼在一次冲突中染红离场。

斯科拉里在对阵法国前表示：“能看到齐达内和菲戈交手，这真是太好了，足球不会在他们的脚下哭泣。”

战胜巴西后，齐达内信心爆棚，他们在世界杯上已完成任务，他相信自己的职业生涯肯定会风风光光地落幕。他非常放松，甚至和烟民萨尼奥尔、巴特兹一起，在酒店窗前吞云吐雾了一番。这一幕被“狗仔队”拍下，不久之后，齐达内抽烟的照片见诸报端。但对那时候的法国队来说，此事无伤大雅。

齐达内的一个哥哥从马赛自驾到德国，现场观看了法国队的所有比赛。他非常迷信，半决赛前，齐达内邀请他坐飞机去慕尼黑，他表示谢绝，坚持驾车前往。

2006 年 7 月 5 日，宏伟的安联球场观者如堵，齐达内在欢呼声中入场。开球前，他和皇马队友菲戈亲切交谈，两人的关系一直很好。菲戈想不到，他很快就会像劳尔和罗纳尔多那样——按西班牙媒体的说法——接受“刺客之吻”。

齐达内发挥得不如对巴西时出色，但依旧稳健。第三十三分钟，马卢达和亨利打出配合，后者在禁区内被卡瓦略绊倒，主裁判判罚点球。齐达内走上十二码，这个任务难度不小。葡萄牙门前站着里卡多，四分之一决赛，这位门将扑了 4 轮点球，3 次封出英格兰球员的射门。

齐达内只助跑了很短的距离，一如既往地发力打球门左侧，球速和角度都很完美，里卡多扑对了方向，却鞭长莫及。1 ： 0，法国队取得领先，并把优势保持到终场。齐达内在对阵西班牙时曾领到一张黄牌，但本场没有染黄，不会再受到停赛处罚。

他如愿打进决赛，他的球员生涯将在柏林之夜谢幕。

“我们进决赛啦！我们进决赛啦！”在慕尼黑，在法国各地，无数球迷同声高呼。

2220 万观众收看了这场半决赛的直播，这个数字约为法国总人口数的三分之一，是法国有收视统计以来的最高纪录。

齐达内赛后告诉 Canal 电视台：“罚点球时，你得有一点压力，但要摆正心态。我当时在心里说，如果这球能进，我们就能赢。我们会 1 ： 0 领先，只要后面不丢球，我们就能进决赛。我告诉自己必须打进这个点球。我有点累了，现在最需要的就是休息，我们今晚拼得很凶，天气也很热，我们需要好好恢复。”

那晚唯一的坏消息是，法国国内发生多场小规模骚乱，造成 7 人身亡，多人受伤。体育运动不值得人们如此疯狂。齐达内深知这一点，经常呼吁球迷理智看球，也不希望别人过度神化他在球队中的作用。

法国淘汰西班牙后，媒体一致吹捧齐达内，冷落了另一位功臣维埃拉。这位铁腰在比赛中传射建功，为球队反超比分，功劳不输齐祖。

但这个世界崇拜英雄，也渴望英雄的出现。法国队队长齐达内背负着所有人的期待，生涯最后一战，他能带队取胜、光荣告别吗？

第十五章　梦断柏林

“我们付出了很多，终于走到这一步，我们将努力赢下大力神杯。这并不容易，决赛会很艰难，但我们有实力，也会全力以赴。我们的口号是‘生死与共’。”齐达内表示，“我们必须把奖杯带回家，这将会是梦幻般的结局，我们为此而战，为我们自己，为23名队员，也为全体工作人员和所有支持我们的人而战，我说的是那些从头到尾支持我们的人，而不是那些半途加入的人。”

无论决赛结果如何，齐达内都会让很多人羡慕。他的谢幕战是世界杯决赛，这是贝利、马拉多纳、克鲁伊夫和贝肯鲍尔都没有享受过的待遇，这是迪·斯蒂法诺、济科、范巴斯滕和普拉蒂尼从未踏上过的舞台。对齐达内来说，这场决赛还有更深层次的意义，因为他的对手是意大利队。意大利给他提供了比法甲更大的舞台，见证他一步步变强，成长为超级球星，跟他有千丝万缕的联系。齐达内将与皮耶罗、赞布罗塔、因扎吉等老队友重逢，还将和执教过自己的里皮教练刀兵相见。

此前，齐达内从未输给过意大利队。意大利人对齐达内和亨利可能并不服气，但仍把话说得很客气，负责盯防法国队队长的加图索表示："齐达内是防不住的！我可没打算防住他，他是世界上最好的球员之一。他在世界杯上有过许多精彩的表现，他34岁了，在之前3场比赛中打出了极高的水准，我只能祈祷他已经累了。我需要一点运气，和他交手本来就是看天吃饭，有时你能占到便宜，有时你占不到，他是那种能让观众感觉票价值得的球员。"

意大利对这场决赛志在必得。对他们来说，这是一次复仇的机会。2002年，他们在欧锦赛决赛中败给了齐达内、图拉姆、维埃拉、特雷泽盖和亨利；更为最重要的是，蓝衣军团需要一场胜利提振意大利足坛的士气。2005/2006赛季结束后，亚平宁半岛深陷"电话门"丑闻，多家意甲豪门牵涉其中，里皮携一众意大利国脚以哀兵姿态出征世界杯。

蓝衣军团没有被压力击倒，反而一路闯进决赛。第一阶段，他们有些慢热，但依然抢到小组头名。八分之一决赛，他们凭借一个争议点球压哨绝杀澳大利亚。四分之一决赛，他们大胜乌克兰队。半决赛中，他们通过加时赛淘汰了东道主德国队。

6场比赛，只丢1球，意大利是这届世界杯上防守最好的球队。他们的队长卡纳瓦罗与齐达内同为世界杯金球奖候选人，他们的门将布冯刚刚打破前辈曾加的世界杯连场不败纪录（1990年世界杯，5场不败），这对搭档领衔了一条赛会最佳防线。

全球的目光都聚焦在柏林。事实上，“全球”可能还不太准确。英国出生的美籍宇航员皮尔斯·塞勒斯在太空中祝“齐达内、亨利和维埃拉好运”。亨利和维埃拉效力过伦敦的阿森纳俱乐部，曾是英超赛场上的大明星。

2006年7月9日19点15分，法国队现身柏林奥林匹克体育场的草坪。他们没有伤病和停赛的烦恼，如外界预期的那样，排出了和八分之一决赛时相同的首发阵容：巴特兹、萨尼奥尔、图拉姆、加拉斯、阿比达尔、维埃拉、马克莱莱、里贝里、齐达内、马卢达、亨利。

热身期间，齐达内做了充分的跑动和放松，才开始触球练习。

另一边，工作人员将大力神杯安放在场边的底座上。

《马赛曲》奏响，法国队员并肩而立，每个人都紧紧抱住身边的队友。20点整，阿根廷籍主裁奥拉西奥·埃利松多鸣哨示意开球。

意大利人一上来就踢得很有侵略性。第三十四秒钟，卡纳瓦罗在防守中凶狠地撞翻亨利。法国给出强势的回应，不断向意大利球门施压。第六分钟，马特拉齐在禁区内碰倒马卢达，意大利中卫的犯规动作并不明显，主裁判仍判给法国队一个点球。齐达内走上十二码，面对世界杯最好的守门员。他在职业生涯中打进过无数点球，但这次的压力不同以往。体育场里，所有人都屏气凝神，气氛紧张到极致。

齐达内罚点球时喜欢踢左边，布冯知道这一点，齐达内也明白布冯的心思。“我不能按套路出牌，特别是在面对他（布冯）时。”齐达内后来向Canal电视台透露。此外，他还担心自己因太想进球而发力过狠，热身赛对阵中国队时，他就出现过这样的失误。到底该怎么踢？

齐达内想起决赛前与亲人的一次通话，他们告诉他 ：“去享受你的最后一场比赛。”

齐达内打定主意，起步助跑，抬腿佯装发力，在脚面与球接触的一刹那突然卸力，将球轻轻搓向球门右侧。“我希望踢出一个被人记住的美妙点球。”他后来解释道。足球击中横梁下侧，砸向地面，接着弹出球门。齐达内会为自己的托大付出代价吗？不会。主裁认定足球整体已经过线，进球有效，法国队 1 ∶ 0 领先！

在世界杯决赛上，艺高人胆大的齐达内玩起“勺子点球”，布冯完全扑错方向，只能望球兴叹。这套技术又名“帕内卡点球”，1976 年欧锦赛决赛，安东宁 · 帕内卡在点球大战中冷静地“勺子”吊射得手，助捷克斯洛伐克队击败联邦德国队，成功登顶。

齐达内成为史上第四位在两届世界杯决赛中破门的球员，此前，只有联邦德国的保罗 · 布莱特纳（1974 年和 1982 年世界杯）、巴西的瓦瓦（1958 年和 1962 年世界杯）以及贝利（1958 年和 1970 年世界杯）实现过同样的成就。这也是齐达内为法国队打进的第三十一个球，他超越方丹和帕潘，成为排在普拉蒂尼、亨利和特雷泽盖之后的法国队队史第四射手（截至 2006 年）。

看台上的法国球迷兴奋到无法自制。

意大利队夺得 1982 年世界杯冠军后，《法国足球》记者雅克 · 费朗撰文称 ：蓝衣军团为了胜利，踢着一种“不择手段，近乎无耻”的足球。意大利人喜欢防守和破坏，但这并不意味着他们不懂进攻，在需要的时候，他们有能力攻出来。齐达内进球后，意大利队组织起了有效的攻势，法国队的防线承受着很大的压力。第十九分钟，马特拉齐头球破门，亲手把比分扳成 1 ∶ 1。

在加图索寸步不离的盯防下，齐达内踢得不像对巴西时那样光芒四射，但在攻防两端依然做出了很多贡献。他不断地提醒和支援队友，组织全队争夺球权。第三十二分钟，意大利球员佩罗塔在拼抢中受伤，主裁判吹停比赛，齐达内决定调整战术，并迅速把意图传递给维埃拉、图拉姆和马克莱莱。

中场休息后，法国队渐渐处于上风，意大利队踢得很吃力，但没有丢分，马卢达和亨利的突击都无功而返。第八十分钟，卡纳瓦罗在争顶中撞倒齐达内，后者痛苦地坐在地上，感觉肩膀可能脱臼，一度向场边做出换人手势。经过队医简单的检查和处理后，齐达内留在场上继续比赛。意大利人没有手软，密不透风地逼抢他，但齐达内勇敢地坚持下来，踢得依旧潇洒自如。

加时赛开始了，法国队依旧占据主动。第九十九分钟，里贝里带球杀入禁区，打出一脚低射，足球擦着右侧立柱滑出底线。法国队的最佳得分机会出现在第一百零三分钟，萨尼奥尔右路起球传中，齐达内禁区内抢点头球大门。那一刻，历史差点就要重演——齐达内打进两球，法国赢下决赛。但布冯飞身做出惊天扑救，力保城门不失。

加时赛上半场过后，比分仍是 1 ∶ 1。时间一分一秒地流逝，点球大战似乎已不可避免。到时，一次足球中框弹出或折射入网，一次脚底打滑或其他失误都有可能决定奖杯归属。一种悲观而压抑的感觉萦绕在法国球迷心头：如果齐达内这次罚不进点球，我们会输吗？在足球运动里，没有比这更残酷的事情了。至少在当时看来，情况就是这样。

齐达内在这场决赛中进了一个球，在比分被扳平后训斥了队友。他承担起了队长的责任，卖力地防守和进攻，也受到对手的侵犯。他只要在点球大战中不失手，就能完成使命，光荣退场，他和神坛间似乎已没有太多阻碍……

第一百零八分钟，替下伤兵维埃拉的迪亚拉在前场分球给马卢达，后者向禁区内起球。马特拉齐从背后贴住齐达内，并双手拉拽他的球衣。这个犯规动作本应被判罚点球，但几位裁判似乎都没有注意到这一幕。

足球被解围出禁区，踢到法国队半场。齐达内用流利的意大利语告诉马特拉齐，如果他这么想要这件球衣，他很乐意在比赛结束后把球衣送给他。这是在调侃对手动作过大。

齐达内的最后一件落场版球衣，是无数人渴望得到的礼物。马特拉齐却把他的大度理解成傲慢，认为自己受到冒犯和挑衅，对齐达内骂出脏话。

这样的举动本该受罚，可惜当时所有的裁判都盯着足球所在的方位。齐达内慢慢走向本方半场，突然之间又转过身来，回应了对手的出言不逊，一头撞向马特拉齐的胸口。

意大利中卫顺势倒下，并倒地不起。比赛再次中断，几名球员围在事发地点。身高 193 厘米的马特拉齐真的如此弱不禁风吗？现场观众都知道他在干什么。

在现代足坛，“演戏”是司空见惯的事情，拉丁系的球员更是擅长此道。奥林匹克体育场嘘声四起。

埃利松多没看清事发过程，向边裁达里奥·加西亚求助，后者表示自己同样没有看到。这时候，担任第四官员的西班牙籍裁判路易斯·梅迪纳·坎塔莱霍明确告知主裁判：是齐达内撞倒了马特拉齐。坎塔莱霍的信息来源很有可能是视频回放，他事后对此予以坚决否认，因为在那个年代，国际足联禁止裁判员使用视频回放技术协助判罚，否则，维埃拉打进韩国队的那球也不会被判无效。

埃利松多毫不犹豫地跑向齐达内，神情严肃，高举红牌，法国队队长被处以极刑。他球员生涯的最后一幕竟是染红离场！

“齐达内抓着我的手，他承认自己用头撞人，并问我：‘你不知道刚刚发生了什么吗？’他没告诉我是否有人在演戏，也没说是马特拉齐激怒了他。他没有质问我，只是用纯熟的西班牙语解释他为何会做出那样的反应。”埃利松多后来向阿根廷《号角报》透露。

看台上的嘘声越来越大。观众们所嘘的对象不是齐达内，而是裁判，他们看不到电视回放，不理解埃利松多的决定。

摄像机镜头捕捉了一切，唯独录不到马特拉齐的声音。有些时候，语言比行为更具攻击性。

意大利球员深知前尤文图斯中场的脾气，这场冲突是他们精心布好的陷阱吗？

足球不是无声的运动，许多球员知道如何用语言激怒扰乱对手。意大利人赛后对是否设局缄口不言，此事的真相难以探究。但在法国球迷的心中，那张红牌绝对有失公允。

以胜利作为告别，用T恤讲出感谢，绕场一周，最后致意，率队凯旋……所有这些都不可能实现了。就算法国拿下这场决赛，他们庆功时的感觉也会和想象中不同。

齐达内怏怏地走向场边，口中念念有词，低头从大力神杯旁经过，他没法第二次举起这座奖杯了。他快步走下球员通道的楼梯，回到更衣室，在那儿通过电视看完了比赛。

各国电视台的解说员们只能看到视频画面，听不到球员在场上说的话，无从知晓事情的真相。他们瞬间改变口风，收起对齐达内的赞美，一致批评他。一场无形的审判开始了，被告无权申诉，无权辩解，因为他毁了法国梦，他的行为“不可原谅”“不可饶恕”。美梦成空，全民英雄沦为罪魁祸首。

埃利松多吹响加时赛结束的哨音。两支球队没能分出胜负，足球却成为最大的输家。一位伟大球员的告别仪式被毁掉了。齐达内的暴力撞击确实不合时宜，有损世界第一运动的形象。但裁判的执法也难言公正，他们惩治了球场暴行，却放过了污言秽语。反击者又一次被挑事方戏弄。决赛后的第二天，法国裁判吉勒·韦西埃在《尼斯晨报》发表专栏文章称：“亲爱的完美主义者们，我们已经有了视频回放。现在，我们是否需要马上引入收音设备，以便好好听听那些嘴巴不干不净的球员在场上说些什么？”

点球大战中，意大利5名出场队员全部罚中，法国队在第二轮派出蓝衣军团最害怕的特雷泽盖，但加时赛才匆忙上场的他没有找到准心，一脚劲射，足球踢中横梁。2000 年欧锦赛的金球英雄，只能把满腔遗憾留在德国。

6 ∶ 4，意大利队获得了胜利，第四次成为世界杯冠军，他们的上一次夺冠是在 1982 年。那届世界杯，蓝衣军团靠着喀麦隆的好球被吹侥幸从小组突围，靠着詹莱蒂的铁拳开路登上冠军领奖台。

那时候，一家法国足球报纸把意大利队戏称为“亲爱的土匪”，2006 年，一切仿佛没有改变。世界杯决赛结束一周后，一名记者撰文称，意大利队虽然整场被法国队压制，但依然“配得上胜利”。一家足球杂志社在刊物封面上祝贺意大利“大获全胜”，他们的编辑特别强调，蓝衣军团“没有任何道德方面的问题”！

荣耀属于胜利者。再见，齐祖。万岁，马特拉齐！意大利人对他们的挑事专家、脏话高手顶礼膜拜。2006 年 7 月 16 日，瓦伦蒂诺 · 罗西在赢下世界摩托车锦标赛德国站比赛后，甚至套着马特拉齐的球衣上台领奖。

所有法国队员都深感遗憾，齐达内没有返场领取奖牌，并表示：“我不知道，如果我在场上多待 10 分钟，我们会不会赢。但我觉得，就算我留在场上，恐怕也改变不了点球大战的结果。”

队友回到更衣室后，齐达内向他们道歉。马卢达说：“没人责怪齐祖。他在场上，结果就会不同吗？没人说得清楚。他吃到红牌，我们都知道原因是什么，大牌球员经常会受到挑衅。”阿比达尔生气地说：“他不是灰溜溜地离开，他足够伟大。我们都知道他对足球做出过怎样的贡献，给这届世界杯留下多少精彩瞬间。”图拉姆说：“我们觉得，他很自责让球队少打一人，他后来也意识到他掉入意大利球员的圈套。”

他们都想强调齐达内的生涯成就，都避谈那次撞人。毕竟没人听清马特拉齐到底说了什么。

齐达内独坐在更衣室里，静静回忆他的行为，思考着在一场现代马戏中，一个男人应如何行事。这场马戏的舞台不在大帐篷里，而在足球世界杯上。

他不再是半神齐祖。在空旷的马赛旧港，垃圾车开始收集满地的垃圾，法国电视一台的一名记者面对直播镜头，说出这样一番话：“我们让他变成法国偶像，变成一个完美的人。这种爱戴可能压垮了他，他崩溃了。他或许想重新做回普通人。”失利的阴云笼罩法国，人们似乎都想从心理层面解读齐祖失控的原因，对这种分析的意义和根据完全不做考虑。

许多人认为，世界级球星的身份让齐达内背上成为道德模范的压力。1998 年世界杯，他扮演孤胆英雄，在决赛中完成自我救赎。2006 年，他成为法国队的大佬、队长和定位球操刀手，是这届世界杯决赛中唯一的巨星，是这个星球上关注度最高的人之一。然而，一个球技精湛、人气超高的球星，就必须承担比旁人更大的责任吗？在笔者看来，齐达内要严于律己的理由只有一个——他臂膀上的队长袖标。

午夜时分，马赛城已经入睡，费尔南·布瓦走过桑特内罗长眠的墓地，回到塞普泰姆莱瓦隆的家中，想起了多年前的往事：在罗讷河口省的一场比赛中，小耶齐第一次被人激怒。二十载光阴过去，少年已成长为齐祖，一路上也受到过无数挑衅。塞普泰姆的智者心绪不佳，看问题却不纠结：齐达内的职业生涯是如此波澜壮阔，一点小错瑕不掩瑜。

决赛后的第二天，世界各国媒体达成默契，各路专家肆无忌惮地贬低齐达内，有人刻薄地称他“毁了自己的职业生涯”，他头撞马特拉齐的照片几乎出现在每张报纸的头版，该事件的热度甚至超过世界杯本身。“罪恶头槌”（巴西《天报》）；“一撞之耻”（葡萄牙《公报》）；“愚蠢”（美国《纽约时报》）；“野蛮人”（科威特《祖国报》）……铺天盖地的报道持续了两天有余。

有人翻出记录说，齐达内整个生涯中总共染红 13 次，屡有过激行为，更有甚者说他“就像个疯子”。

但在齐达内的球迷看来，那一撞不是发疯，而是真性情的表现，他不能容忍对手的恶行逃过判罚，不会在受到侮辱时屏气吞声。

一个问题仍困扰着所有人：马特拉齐到底说了什么？坊间流传着各种答案。巴西环球电视台请到的唇语专家认为，马特拉齐 3 次“问候”齐达内的姐姐。英格兰的一些专家则在接受采访时表示，意大利中卫使用了“恐怖组织妓女的儿子”之类的词眼，马特拉齐本人否认了这个说法。

“我只是抓了一下他的球衣，几秒钟就松开了。他转过身，上下打量我，非常傲慢地嘲讽我：‘你很想要我的球衣对吧，我赛后会把它给你的。’是的，我确实骂他了，这是事实。但那是再普通不过的脏话，你在场上经常能听到的那种。”马特拉齐回国后说，他对他的劣行早就习以为常。

齐达内也会给出他的最终解释。他接受团队的建议，决定和英国媒体保持统一口径。

2006 年 7 月 12 日下午，他先做客法国电视一台，接受明星主持人克莱尔 · 沙扎尔采访，这段访谈于当天 20 点录播。随后，他又去到 Canal 电视台，与熟知法国足球的媒体人米歇尔 · 德尼佐长谈。

那天晚上，Canal 电视台首次在收视率上战胜法国其他地面频道。

齐达内打开话匣子，讲到他的世界杯故事，讲到马特拉齐事件："他扯了一些非常私人的话题，扯到我的母亲和姐姐。那是一些不堪入耳的话，你只要听到，就想马上跑开。这就是我的反应，你们都看到了，我当时转身就走。但他又说了一次，接着是第三次……"他没透露马特拉齐具体说了什么，但隐晦地表示专家们分析得没错。

"我是个父亲，无数孩子看到了那一幕，我很抱歉。我的所作所为是不可原谅的。二三十亿电视观众和数百万儿童看到那一幕，我想明确地告诉大家，那样的行为不值得学习。"

齐达内在两家电视台的节目中多次向观众道歉，但并不后悔撞了马特拉齐，他表示："我不后悔，我后悔就意味着马特拉齐没犯错，事实显然不是这样。我一点都不后悔，是马特拉齐挑事在先，他不挑衅我，我不会还击。"

一项调查结果显示，60% 的法国民众理解齐达内，在他通过电视屏幕坦露心声后，这个数据上升到 82%。

社会各界人士都表态声援齐达内。前法国队国家队主帅米歇尔 · 伊达尔戈说：“他的行为确实应该挨批，但毫无疑问的是，他可以被原谅。”2006 年 7 月 14 日，希拉克总统接受国庆节例行采访，记者问他如何看待此事，希拉克回答：“大家都知道，我非常欣赏和敬重齐达内，这事应该不会影响我（对他的看法）。他的行为显然是不可接受的，齐达内本人也勇敢地承认了错误。我不想给事情定性，我认为国际足联已经展开调查了。让我们等等看吧，看这中间是不是发生过挑衅、辱骂等。我现在不知道具体情况。我们不接受齐达内的行为，但我们理解他。”这是希拉克的真实想法吗？还是他有意在引导舆论？慢慢地，希拉克的观点得到公众的广泛支持，许多人在看清事件的所有细节后，选择站在齐达内这一边。

2006 年 7 月 10 日，法国队回到祖国，从机场前往爱丽舍宫面见总统，一路上，齐达内收获了最热烈的掌声和欢呼。之后，法国队全体成员在克里雍大饭店的阳台上向民众致谢，热情的球迷再一次把爱和温暖献给他们的 10 号。

在那些不喜欢足球或讨厌齐达内的人看来，他的形象或许已不再高大，但对那些一直支持和爱护他的人来说，齐祖的魅力有增无减。

决赛的那天晚上，人们在凯旋门附近反复高唱：“齐祖，我们爱你！”这样的声音温情无比，让齐达内退场的背影显得不那么落寞，随着时间的推移，这首颂歌的传唱度会变得越来越高。

第十六章　新的舞台

一切都结束了，齐达内终于可以享受一段前所未有的悠长假期。自他 1987 年走出戛纳火车站以来，夏天留给他的主要记忆是按摩油和防晒霜的气味，是教练的大喊和阳光下的蝉鸣。

他在 19 个赛季的球员生涯中休过一些假，成名后更是有财力安排不错的行程，带亲友去到世界各地。但他的假期总是很短暂，因为他的球队每年都要为联赛、世界杯或欧锦赛冠军而战，备战计划会占去他很多时间。

当战靴挂起，他总算可以好好陪伴家人，忘记讨厌的世界杯，想想未来的事情。2006 年夏天，他的假期不用为任何赛事让路。

2006 年 7 月 19 日，皇马的 5 号球衣有了新主人——从尤文图斯转会加盟的卡纳瓦罗。

2007 年 6 月 7 日，世界杯决赛结束 11 个月后，阿迪达斯在西班牙穆尔西亚举办了一项商业赛事，供来自世界各地的年轻球员展示身手，齐达内受邀担任其中一支球队的队长，他的教练是老熟人安切洛蒂，前尤文图斯主帅在那年5月底刚刚率AC米兰夺得意甲冠军。齐祖和安切洛蒂带队打进决赛，决赛由奥拉西奥·埃利松多执法。当时，这位前名哨也已结束绿茵执法生涯，在阿根廷政府担任要职。

齐达内和埃利松多相见甚欢，在场上握手寒暄，互开玩笑。

这次重逢的最大赢家是阿迪达斯，德国品牌的商业推广以“和解”为主题，其境界比竞争对手高出不少。2006年世界杯结束后，耐克携手马特拉齐推出一部主旨暧昧的广告片，意大利铁卫在片中挺起胸膛，经受住保龄球、橄榄球运动员、破门锤和越野皮卡的轮番冲击，毫发无损，屹立不倒。

退役后，齐达内与阿迪达斯等商业伙伴仍保持着合作关系。

他的日程表上安排了一些商业和慈善活动，但他把余下的时间全部用来陪伴家人，他们一起住在马德里。他的老东家在2007年和2008年两夺西甲冠军，恩佐、卢卡和泰奥相继加入皇马的青训营。

2009年1月，时任皇马主席拉蒙·卡尔德隆辞职，他的副手维森特·博鲁达任代主席。几个月后，博鲁达也离任。皇马需要选出一位新舵手，弗洛伦蒂诺决定参选，并承诺当选后会让齐达内担任自己的顾问。弗洛伦蒂诺很清楚齐达内之于皇马的意义，他在这里踢过球，把家安在这里，他的儿子们都在这里长大，对重视“精神传承”的俱乐部会员们来说，这些都是加分项。在竞选的过程中，随着对手一个接一个退出，弗洛伦蒂诺成为唯一的候选人，结果已无悬念，他再次当选皇马主席，并兑现诺言，让齐达内出任顾问。

财大气粗的皇马在建队方向上一直摇摆不定，这与他们的身份不符，足坛豪门大多会执行长远而稳定的发展规划。自 1974 年传奇教头米格尔 · 穆诺斯卸任后，皇马各任主帅留下的最长执教时间纪录是 4 个赛季，同一时期，AC 米兰的纪录为 8 个赛季，巴萨和拜仁为 6 个赛季。政策的不稳影响了他们的成绩，皇马当时已连续 7 年与欧冠冠军无缘。

齐达内曾为皇马在欧冠中立下过赫赫战功，人们很好奇，这位名宿真的只安心于做一名顾问吗？他有没有想过接受更重要的职位呢？他有能力帮皇马结束动荡吗？

顾问的身份给了齐达内自由，他不用对球队的战绩负责。这很幸运，因为弗洛伦蒂诺回归后的第一个赛季（2009/2010），皇马一线队没有拿到任何一项冠军头衔。他们在欧冠中早早被里昂淘汰出局，止步十六强，决赛时只能在家门口看着国际米兰捧起大耳朵杯[①]。2010 年夏天，马德里迎来一个大人物，在国际米兰实现三冠王伟业的穆里尼奥成为皇马新帅。

穆里尼奥和齐达内性格迥异，看上去不像那种天生的搭档。但葡萄牙主帅曾在 2010/2011 赛季初告诉法国电视一台 ："我希望齐达内多和我在一起，不要总是待在主席先生身边。"

随后，皇马发布一份官方声明，简述了齐达内的职责 ：为一线队创造良好的工作环境。他重新回到训练和备战的节奏中。

---

① 2009/2010 赛季欧冠决赛在伯纳乌球场举行。——译注

2011 年春天，一位名叫瓦拉内的年轻后卫开始受到外界的关注，齐达内从前波尔多队友斯特凡 · 普朗克和迪迪埃 · 塞纳克那里获知了该球员的一些情况，塞纳克当时是朗斯俱乐部的球探。有传言称，瓦拉内下一站很可能会前往老特拉福德。2011 年 5 月，齐达内说服弗洛伦蒂诺把这颗新星列为头号引援目标。 6 月，17 岁的瓦拉内做出加盟皇马的决定，成为弗洛伦蒂诺两段任期内签下的最年轻的球员。以往，这位皇马主席只爱买球星，不怎么关注潜力股。

2011 年，齐达内到马德里已 10 年，他身边的同事换了一拨又一拨，他对皇马训练基地和伯纳乌球场已了如指掌，在俱乐部内建立了良好的人际关系。这年 5 月，他被任命为一线队的足球事务总监。

在外界看来，这个职务的责任并不明确，许多人认为，他只是一个高层代言人，没有什么实际的决策权。

齐达内不断地观察和思考，对他的未来逐渐有了清晰的规划。他前往法国里摩日体育法律和经济中心，与同样退役的埃里克 · 卡里埃和奥利维耶 · 达科特重聚，一起进修体育管理学课程。卡里埃和达科特都有一项齐达内从未赢得过的荣誉——国际足联联合会杯冠军。

齐达内所学的课程对教练业务有涉及，但更偏重于管理，主要讲授法律、经济和体育方面的知识。管理这个概念离齐达内似乎有些过于遥远，他不希望进入俱乐部管理层，更希望靠近球场，和球员们在一起。他对自己的定位是教练，而不是管理人员。

齐达内挂靴时曾被人问到是否有执教的打算，对一名像他这样出色的球员来说，踢而优则教好像是再自然不过的事情，有些人甚至预测他会成为法国队的主帅。最开始，齐达内没想过当教练，但后来，他的想法有了改变，他已经准备好接受这个挑战。另一边，弗洛伦蒂诺表示希望齐达内在4年内挑起皇马大梁，但没透露具体想让他扮演什么角色。

齐达内只当了一个赛季的足球事务总监。2012年和2013年，他把大部分时间都用来学习充电。

2013/2014赛季，齐达内正式走上教练岗位，佩雷斯为他提供了最佳的实习平台——皇马一线队。彼时，穆里尼奥已离开马德里，安切洛蒂成为皇马新帅，齐达内担任老上级的助教。

他重回赛场，坐在安切洛蒂的旁边，静静观看比赛，不时会向场上传递一些信息和指示。在他的帮助下，大卫·贝托尼进入皇马教练团队，这位深得齐祖信任的老友主要负责收集对手情报。

齐达内很享受助教这个新身份，也从安切洛蒂身上学到不少精妙的战术。当时，加雷斯·贝尔刚刚加盟皇马，转会费据称刷新世界纪录，但具体的数字没有得到官方确认，因为皇马不想惹队中头牌C罗生气。在训练场上，贝尔和C罗等球星对齐达内都非常尊敬。

安切洛蒂是一名优秀的教练，在踢球和执教时都曾拿到过欧冠冠军，而欧冠赛场对齐达内也有着特殊的意义。2013/2014赛季，两人带皇马杀入欧冠决赛。

2002年5月15日，齐达内用一脚“天外飞仙”，帮皇马第九次在欧冠中加冕。从那以后，伯纳乌球场的大屏幕经常会回放那个进球，皇马球迷一直在等待他们的第十座欧冠奖杯。

2014 年 5 月 24 日，马德里双雄会师里斯本争夺圣伯莱德杯，这是欧冠决赛首次上演同城德比。皇马在大部分时间里 0 ： 1 落后于马竞，伤停补时第四分钟，莫德里奇发出角球，曾和齐达内当过队友的拉莫斯挺身而出，头球破门，扳平比分。

加时赛里，马竞崩盘。贝尔和马塞洛连下两城，C 罗在最后时刻罚进点球。2004 年的欧锦赛决赛，C 罗与葡萄牙国家队在里斯本光明球场不敌希腊队，痛失德劳内杯。这一次，葡萄牙巨星在同一块场地上和皇马 4 ： 1 赢下欧冠决赛。

齐达内时隔 12 年再度有机会抱起大耳朵杯。无论他在这次夺冠过程中的贡献如何，马德里球迷对齐达内都非常满意，他的存在本身就是一种幸福的巧合。

2014/2015 赛季，齐达内成为一名主帅，带领皇马预备队卡斯蒂亚征战西班牙足球乙二级联赛，该联赛是西班牙足球联赛系统中的第三级赛事（西乙 B），共有 4 个分组和 80 支参赛球队。卡斯蒂亚志在升入西乙联赛，为实现该目标，他们首先要在赛季第一阶段挤进小组前四。齐达内的时间再次被熟悉的事务占用，和以往不同的是，他要在技术区独立承担指挥球队的重任。

他还要独自面对媒体，解释他的战术和用人选择。但在更衣室和训练场上，他并不孤独。多年绿茵打拼的经历告诉他，如果没有一个可靠的团队，一名主帅肯定没法掌控一支球队。他已做好准备，他选择的副手是一位值得信赖的伙伴，一位在业务及生活上与他理念相通的老友——大卫 · 贝托尼。1988 年，齐达内和贝托尼相识于戛纳，26

年过去，对足球的热爱让两人的关系变得更近。

齐达内的长子恩佐也在卡斯蒂亚队中，这名年轻的中场更喜欢别人叫自己费尔南德斯，这是他母亲原来的姓氏，也是他自己的名字。

齐达内工作得非常投入，在实践中打磨自己的执教技术。西乙B球场的看台普遍偏小，有时候，观众的助威声还不如球员们说话的声音大。告别戛纳预备队后，齐达内很久没见过条件如此简陋的场地了。

2014年12月，齐达内回到家乡向马赛主帅贝尔萨取经。阿根廷狂人热情洋溢，个性鲜明，崇尚进攻，齐达内从他那里获得不少灵感。

一些麻烦事找上齐达内。2014年10月27日，西班牙足协向他开出禁赛的罚单，理由是他“无证执教”。皇马在法国足协的配合下提出申诉，称齐达内持有满足当前工作需要的证书。11月12日，西班牙体育仲裁法庭判定禁赛处罚无效。

齐达内是一名菜鸟教练，也是一位天生的领袖，资历显赫，善于处理与青年才俊及大牌球员的关系。2015年1月，刚满16岁的马丁·厄德高加盟皇马。齐达内帮助挪威金童迅速融入新环境，适应了西班牙赛场的节奏。

2015年3月，齐达内来到慕尼黑参观拜仁俱乐部，见到西班牙籍名帅瓜迪奥拉和已成为拜仁大将的里贝里。

此次出行是欧足联精英教练培养计划的一部分，齐达内的同伴有伯纳尔·迪奥梅德、萨尼奥尔以及马克莱莱，负责指导这4位少帅的领队是居伊·拉孔布。当时，这位老帅在法国足协担任教练员讲师。离开拉博卡的训练场多年后，耶齐又有机会聆听昔日恩师的教诲。

2015 年 5 月，齐达内成功拿到欧足联职业级教练员资格证书[1]，终于可以名正言顺地执掌职业球队。

2015 年 5 月 17 日，2014/2015 赛季西乙 B 第一阶段比赛结束，卡斯蒂亚仅排名小组第六，比第四名少两分。齐达内在执教的第一个赛季没能带队走得太远，这样的结果有些令人失望，但两天之前，他已收到一个好消息：卢卡随法国 U–17 国青队晋级欧青赛四强，将和比利时 U–17 国青队争夺决赛门票。

半决赛中，两支青年军拼到点球大战。前三轮，卢卡扑出两球，双方打成 1 ∶ 1。第四轮，比利时队员射失，守门员卢卡走上十二码。如果他打进这球，法国队将直接赢得胜利。

卢卡做了一个和父亲一样大胆的选择，踢出一记勺子射门，可惜足球弹框而出。

第五轮，卢卡站回门线，如果比利时队员将球罚进，法国队的压力将非常大。

伊斯麦尔·阿扎乌起脚打门，齐达内家的次子飞身把球抱在怀中。随后，欧蒂桑内·爱德华一蹴而就，法国国青队拿下比赛。5 月 22 日，小雄鸡们又在决赛中击败德国国青队，时隔 11 年再度问鼎 U–17 欧青赛。他们上一次站上这项赛事的领奖台时，阵中有后来的皇马前锋本泽马。

欧青赛决赛后的第二天，另一名年轻球员成为马德里球迷谈论的

① 该证书是欧洲最高等级的足球教练员资格证。——译注

焦点。2014/2015 赛季西甲末轮，皇马主场迎战赫塔菲，16 岁零 5 个月的厄德高在下半时替换 C 罗出场，完成西甲首秀。但挪威天才要走的路还很长，2015/2016 赛季开始后，他又回到卡斯蒂亚，恩佐成为他的队长，同时，这支球队还迎来一名强援，一个深得齐达内信任的理疗师哈米杜·穆赛德。穆赛德是科摩罗人，长期在法国工作，专攻且擅长筋膜疗法。这是一项新技术，不为太多人所知，其原理是通过理疗手段松解全身筋膜，达到检测和预防身体组织暗伤的目的。

与此同时，贝尼特斯取代安切洛蒂，成为皇马一线队主帅。安切洛蒂下课时，有人预测齐达内会接过他的教鞭，类似的传言会一直持续到贝尼特斯任职期间。

贝尼特斯在皇马的日子并不好过，冬天的时候，他与部分球员的关系变得紧张，一些队员和球迷不喜欢球队的打法。2015 年 11 月 21 日，2015/2016 赛季西甲第十二轮，皇马在主场 0 ∶ 4 耻辱地输掉国家德比。此后，他们在积分榜上“稳”居第三，被巴萨和马竞压制。更糟糕的是，死敌巴萨状态火热，大有在西甲和欧冠双线卫冕的势头。这样的状况令皇马上下和球迷非常不满，贝尼特斯的帅位摇摇欲坠。

齐达内知道外界正讨论他接手一线队的可能性，但仍把精力集中在手头的工作上：带领卡斯蒂亚挤进小组前四。2016 年 1 月 3 日，西乙 B 第一阶段赛程过半，齐达内父子的球队排在小组第二的位置上，领先排名第五的球队 9 个积分。

几天后，卡斯蒂亚将赴客场挑战埃布罗，但他们的主教练不用准备这场比赛了。2016 年 1 月 4 日，弗洛伦蒂诺宣布贝尼特斯下课，齐达内接管一线队。皇马主席听到了各方对贝尼特斯的批评，也听到了伯纳乌看台上“佩雷斯下课”的喊声。外界认为，他的救火教练人选很不靠谱，但弗洛伦蒂诺对齐达内有信心，他相信爱将的能力，更相信齐祖这个名字在球迷心中的分量。不管未来怎么样，齐达内的上任至少能让伯纳乌的嘘声暂停下来，也会暂缓弗洛伦蒂诺的下野危机。

齐达内终于走上前台，一个缺乏经验的菜鸟主帅，将领导一直由球星组成的队伍。他必须比那位老道优秀的前任干得更好，就在几个月之前，弗洛伦蒂诺还夸赞贝尼特斯强得“足以让人目眩神迷”。

齐达内的支持者们相信，他的资历和威望足以震住皇马的更衣室。怀疑者和批评家们则认为，齐达内缺乏执教经验，在教练岗位上还没干出过实绩。好球员不一定能成为好教练，而皇马恰恰又是一支特别难管的球队。

齐达内承认还未做好所有准备，但表示一个人若总是瞻前顾后，永远做不成任何事情。这番话说得既诚恳又圆滑，显然经过深思熟虑，他向媒体展示了全新的姿态。执教皇马是一项巨大的挑战，但齐达内有自己的优势，他在这家俱乐部踢过球，做过许多不同的工作，在西班牙首都生活了近 15 年，他不需要任何的调整和适应。

齐达内可以按自己的意愿组建教练团队，把执教卡斯蒂亚时的助手们悉数带进皇马一线队。贝托尼第一次进入成年队教练组，穆赛德和体能训练师贝尔纳多 · 雷克纳也将继续为齐祖的球队服务。另外，在齐达内的安排下，路易斯 · 略皮斯不再负责皇马梯队的守门员训练工作，专任一线队的守门员教练。2013/2014 赛季，略皮斯在莱万特和纳瓦斯有过合作，帮这位后来的皇马门将取得了很大的进步。

皇马不能接受无冠的赛季，在真的拿不到冠军时，则必须赢下和巴萨的直接对话。皇马球迷的标准更高，他们对奖杯和比赛场面都有要求。

齐达内上任之初，西甲赛程接近过半，巴萨在积分榜上领先马竞 1 分，领先皇马 5 分。之后的 2 月和 3 月，齐达内的球队将在欧冠八分之一决赛中和罗马交手两次。

一名在赛季中途接手球队的新帅，理应有一段战绩宽限期，当这名新帅是齐达内时，球迷的耐心肯定会更多。但齐达内不需要赦免和特权，他履新后的前几周，皇马在西甲打出水银泻地般的进攻。

唯一的坏消息是，有一名教练的资格出了一点问题，这次倒霉鬼不是齐达内，而是贝托尼，这位助教缺少必要的教练资格证书。齐达内还是喜欢和熟悉的人一起工作，因此向在里尔从事青训工作的斯特凡 · 普朗克发出邀请，希望他来皇马帮忙刺探对手军情。斯特凡一口答应，立刻动身奔赴马德里，里尔方面也没有阻挠他离开。

齐达内的团队帮皇马找回了凝聚力，但另一边，巴萨也未停下赢球的脚步。2016 年 2 月 27 日，西甲第二十六轮，皇马在主场对阵同城死敌马竞，格列兹曼的进球帮床单军团 1 ∶ 0 攻陷伯纳乌。

吃下这场败仗后，C 罗把矛头转向队内，称部分队友缺少踢好关键战役的决心，但他本人也不是无懈可击。之前的第二十五轮比赛，皇马客战马拉加，C 罗罚丢一个点球，错失将比分改写为 2 ∶ 0 的机会。

最终，他们在客场 1 ∶ 1 被对手逼平，遗憾地丢掉 2 个积分。马德里德比的失利，似乎断送了皇马追赶巴萨的希望。

当时，西甲联赛还剩 12 轮，西班牙双雄间的积分差距正好是 12 分。

“联赛已经结束了。”齐达内平静地表示，大多数人和他持同样的观点。从理论上来看，皇马夺冠的机会已微乎其微。

两天后，一个好消息从西班牙体育仲裁法庭传来：贝托尼可以在比赛时坐上替补席。很快，齐达内就带队拿下一场重要比赛，让外界对他恢复信心。4 月 2 日，西甲第三十一轮，皇马在诺坎普 2 ∶ 1 击败巴萨，也终结了对手连续 39 场比赛不败的纪录。此役过后，西甲只剩 7 轮，巴萨仍 9 分领跑，但这场胜利给了齐达内扳倒对手的底气。欧冠赛场，皇马在两回合较量中均 2 ∶ 0 战胜罗马，成功晋级，并抽到一支好签。四分之一决赛，他们的对手不是强大的巴萨、拜仁或马竞，而是“实力平平”的沃尔夫斯堡，他们的运气令其他 6 支打进八强的球队眼红。

首回合，皇马阴沟翻船，0 ∶ 2 不敌沃尔夫斯堡，并且没有拿到客场进球。两回合制的淘汰赛中，很少有球队能在这样的逆境下反败为胜。根据历史统计数据显示，皇马翻盘的机会只有 20%。联赛夺冠无望，欧冠难进四强，有传言称，齐达内将在赛季末下课，接替他的可能是穆里尼奥或巴尔韦德。

但接下来的两周，齐达内带着皇马逆天改命。

在西甲联赛里，他们把和巴萨的积分差距缩小到 1 分，但后者在净胜球上仍握有很大的优势。红蓝军团四轮不胜，被马德里双雄迎头赶上，在欧冠中，马竞更是将巴萨淘汰出局。

欧冠四分之一决赛次回合，C 罗神勇戴帽，皇马在 90 分钟里解决战斗，3 ：0 击败沃尔夫斯堡，以 3 ：2 的总比分挤掉对手，晋级四强。

接下来，巴萨队做出回应，在联赛第三十四轮客场 8 ：0 血洗拉科鲁尼亚，这场大捷过后，他们不仅扩大积分领先优势，也累积了更多的净胜球。但皇马在两条战线都重新看到曙光，命硬的齐达内决心抓住机会，而命运女神也和往常一样，继续站在他身边。

半决赛对阵抽签结果依然对皇马有利。他们是先客后主，而且避开了拜仁和马竞，将对阵四强中综合实力相对较弱的曼城。

四分之一决赛次回合，沃尔夫斯堡大将德拉克斯勒在第三十分钟受伤离场。相似的剧情在半决赛中上演。首回合，曼城在第四十分钟折损大卫·席尔瓦，少了中场发动机，被皇马 0 ：0 逼平。次回合，曼城队长孔帕尼在第七分钟就一瘸一拐地退场，蓝月军团失去后防中坚。

最终，皇马主场 1 ：0 获胜。齐达内教练只用 7 场比赛，便指挥球队杀入欧冠决赛。

在另一组半决赛中，马竞和拜仁两回合打成 2 ：2 平，床单军团凭借客场进球多一个的优势惊险晋级。2016 年 5 月 28 日，欧冠决赛将再演马德里德比。

西甲倒数第二轮，马竞客场爆冷输给副班长莱万特，皇马巴萨双双赢球。床单军团基本退出冠军争冠，他们的球迷把目光投向欧冠决赛。

巴萨和马竞最多都只能获得一项冠军，皇马还有双线争冠的可能。在西甲，主动权属于领先皇马1分的巴萨，但悬念仍将保留到最后。第三十八轮，巴萨3 ： 0大胜格拉纳达，将西甲冠军奖杯收入囊中。皇马2 ： 0击败拉科鲁尼亚，以一波12连胜结束那个赛季的西甲征程。

虽然皇马没有拿到西甲冠军，但齐达内的联赛成绩依然值得肯定。他上任后在20轮联赛中拿到53分，确实比贝尼特斯做得更好（19轮40分），也压过了同期的巴萨（49分）。

53分，这是皇马队史新帅带队前20场的最高积分纪录，怀疑他管不好豪门球队的论调似可休矣。然而，6个月的时间、20场比赛和一项积分纪录，还不足以让齐达内跻身精英教练行列。温格在阿森纳，弗格森在曼联，都是矢志不移，耕耘多年，硕果累累；瓜迪奥拉和穆里尼奥则善于调整，游历多国，让他们的理念在不同联赛落地开花。成为名帅需要荣誉的积累，需要时间的沉淀。

2016年5月28日，米兰圣西罗球场，齐达内有机会拿到执教后的第一项锦标。在这场欧冠决赛之前，专家们更看好马竞，皇马主帅也认为自己的球队会“踢得很难受”。

开场后第十五分钟，托尼·克罗斯从中场左侧开出任意球，贝尔大禁区内头球后蹭，足球飞向门前，拉莫斯在萨维奇的拉拽之下抢到第二点，打门得手。主裁判既没有判定皇马队队长越位，也没吹罚马竞后卫犯规，1 ： 0，皇马取得领先，床单军团成了难受的一方。

中场休息后，西蒙尼换上比利时边锋卡拉斯科，这次调整让马竞的进攻大有起色。第五十二分钟，卡瓦哈尔受伤，无法继续比赛，由于担心自己会因伤错过欧锦赛，西班牙边卫伤心落泪。齐达内安慰了他，并派出达尼洛镇守右闸，在皇马客场战罢沃尔夫斯堡之后，巴西后卫一直饱受批评。

场上，皇马在咬牙坚持，场下，齐达内不断地给队员打气。他数次离开技术区，冲到离边线只有几厘米的地方，激动地挥舞手臂，恨不得自己上场。但皇马没能保住领先优势，第七十九分钟，马竞打出精彩的配合，卡拉斯科抢点破门，双方回到同一起跑线。

和 2006 年世界杯决赛一样，加时赛开始时，记分牌上的比分也是 1 ∶ 1。加时赛中，除了在第七十二分钟出场的伊斯科和齐祖爱将卡塞米罗，皇马众星的体力槽都亮起红灯。贝尔跑到精疲力竭，出现抽筋，理疗师的按摩也没能帮他恢复活力；莫德里奇体能告警，没法像往常那样组织起有效的进攻。在这样的情况下，点球大战似乎变成一种解脱。最后的考验开始前，齐达内显得很放松，意在给部下积极的心理暗示。

点球大战前三轮，两队无人罚失。第四轮，拉莫斯推射得手，助攻卡拉斯科得分的胡安弗兰把球踢中立柱。随后，C 罗将球罚进，齐达内和皇马再次荣获欧冠冠军。

皇马队员冲上前围住 C 罗，这位巨星刚刚伤愈，没有打出正常水平。但这一晚，胜利属于皇马，还有什么比这更重要的事情呢。

队友们在 C 罗身上玩起叠罗汉，齐达内拥抱了贝托尼和穆赛德。大耳朵杯在等待赢下决赛的英雄，维罗妮卡则在等待她的丈夫。只有亲人和这对夫妇自己记得，5 月 28 日是他们结婚 21 周年的纪念日。埃尔亚和泰奥陪母亲等在场边，齐祖拥抱了妻儿，才走回去和球队一起领奖。皇马球员很开心，在主帅带领下排队走上场边的领奖台，齐祖与颁奖嘉宾一一握手，并给了弗洛伦蒂诺一个大大的拥抱。

2006年，齐祖低头从大力神杯旁走过，留给全世界一个伤心的背影。这一次，他可以和一座刻着“*Coupe des Clubs Champions Européens*（欧洲俱乐部冠军杯）”字样的奖杯亲密接触。齐达内、贝托尼和穆赛德站在一旁，看着众球员簇拥着队长拉莫斯举起奖杯，齐祖的能力和付出为球队换来这个美妙的时刻。齐达内是皇马的第一位法籍主帅，也是第一位作为球员和主帅都登顶欧冠的法国人。

颁奖仪式结束，派对仍将继续。球员和教练们回到场内，跟亲友家人一起庆祝。齐达内表示胜利完全归功于球员。2014年，卡瓦哈尔、拉莫斯、莫德里奇、贝尔、本泽马、C罗、马塞洛和伊斯科在里斯本也带走了大耳朵杯。齐达内强调，和这样一群优秀的球员共事，拿冠军是手到擒来的事情。他表扬了球员，同时不忘暗中夸一下自己：“我们干得很努力。”这个晚上，圣西罗球场一点都不冷。

皇马连夜赶回马德里。天刚破晓，他们降落在巴拉哈斯机场，气温有些低，接机的球迷队伍却很兴奋。几小时后，成千上万的市民聚在街头，迎接冠军们乘坐的大巴。西贝雷斯广场又飘起白色的旗帜，拉莫斯为丰收女神雕像披上皇马围巾。

当天晚上，一场盛大的夺冠庆典在伯纳乌球场举行，前一晚的比赛画面在巨型屏幕上播放，灯光秀和焰火表演点燃现场气氛。皇马骄傲地展示他们的11座欧冠奖杯，其中最新的3座都与齐达内有关。

齐达内第一个走进球场，播音员称他是一个终身的“马德里主义者”，观众们爆发出巨大的欢呼声。齐祖的传奇没有落幕，他收获许多新球迷，他开始在球场上破门得分时，他们中的一些人还没有出生。

假期中，齐达内也在想着球队的事情，并从里昂挖来老友、体能教练安东尼奥 · 平图斯，为新赛季的备战打好基础。

2016 年 8 月 9 日，欧洲超级杯，拉莫斯再献压哨绝平，皇马在加时赛再进一球，3 ： 2 逆转战胜塞维利亚。短短 7 个月的时间，齐达内教练带队拿到两项冠军头衔。他没有停下收割奖杯的脚步。12 月 18 日，世俱杯决赛，C 罗再演帽子戏法，助皇马 4 ： 2 击败鹿岛鹿角夺冠。那年 12 月早些时候，葡萄牙前锋刚刚拿到个人第四座金球奖奖杯。

彼时，皇马风头正劲，在西甲力压巴萨，排名积分榜第一，跨赛季在各项赛事中连续 36 场不败。齐达内的转型看起来非常成功，但在他真正有资格跨进教练名人堂之前，这位曾经的冠军球员还需要拿到更多的冠军奖杯。

第十七章　未完待续

2017 年初，皇马结束圣诞假期，在国王杯八分之一决赛首回合 3 ： 0 击败塞维利亚，接着又在联赛中 5 ： 0 大胜格拉纳达，各项赛事连续 39 场未尝败绩，追平由巴萨保持的西班牙俱乐部连场不败纪录。2016 年 4 月，正是齐达内和皇马在诺坎普 2 ： 1 奏凯，亲手把巴萨的纪录定格在 39 场。国王杯八分之一决赛次回合，皇马有机会刷新这项纪录。

由于手握三球的领先优势，齐达内在次回合轮休了几名主力球员，塞维利亚趁机发起反扑。上半时，已改换阵营的达尼洛率先破门，下半场开始不久，阿森西奥扳平比分，接着，约维蒂奇和伊沃拉接连得分，塞维利亚主场 3 ： 1 领先。比赛还剩不到 10 分钟时，卡塞米罗在禁区内被防守球员推到，拉莫斯罚中点球，把分差缩小到一球。伤停补时第三分钟，终场哨音眼看就要响起，本泽马和马塞洛配合后带球杀向禁区，靠超强的个人能力打进一球。3 ： 3，皇马 40 场不败，新的纪录诞生了。

在这40场比赛中，齐达内的球队30次赢球，10次战平，打进115球。从上任到2017年1月，齐达内率队拿到3座奖杯，只输了2场比赛。无论用什么样的标准来看，这都是了不起的成就，更难能可贵的是，齐达内在足球教练行业才刚刚起步。

他们的纪录将停在40场。2017年1月15日，2016/2017赛季西甲第十八轮，皇马又回到皮斯胡安球场，半个月内第三次过招塞维利亚。这一次，约维蒂奇压哨破门，塞维利亚2 ∶ 1捍卫主场。2017年1月18日，国王杯四分之一决赛首回合，皇马在伯纳乌1 ∶ 2不敌维戈塞尔塔，一周内连续第二次输球。1月25日，他们在国王杯四分之一决赛次回合与对手打平，止步八强。

对皇马来说，这并非太大的打击，当时，没人把皇马的出局当一回事。直到2017年年底，人们才惊讶地意识到，国王杯竟是齐祖在该年度唯一没能争夺到的锦标。

2016/2017赛季结束前，皇马已连续5年与西甲冠军奖杯无缘。事实上，从2009到2016年这7年间，巴萨六夺联赛冠军。皇马同城死敌马竞也在2013/2014赛季称霸西甲。齐达内告诉《马卡报》："皇马是世界上最好的俱乐部，所以我们必须把西甲冠军奖杯给带回来。"

塞维利亚在联赛第18轮战胜皇马后，把两队的积分差距缩小到1分，巴萨则以1分劣势紧追塞维利亚。尽管皇马创造了新纪录，在西甲积分榜上领跑，但他们并不是夺冠大热门。齐氏皇马常常要在最后时刻才能搞定比赛，一家报社称他们是"走钢丝的绝顶高手"。从2016

年 3 月到 2017 年 1 月，他们 7 次在比赛最后 10 分钟打进制胜球，2 次在比赛最后 10 分钟转败为平，那些迟到的进球共为马德里豪门抢下 17 分，占他们该时间段内总积分数的 21%。绝杀的剧情能让观众看得血脉偾张，但齐达内知道球队是在玩火，他承认 ：“我们不能总这么干。”

齐达内从两位前任身上吸取了教训，在两方面做得特别好。第一，他正确地使用了 C 罗。2017 年以前，皇马 7 号经常在赛季末段状态不佳。齐达内和弟子推心置腹地交谈，告诉他，赛季上半程，三十出头的球员不能保持全勤，自己会控制他的出场时间，以便他把最佳状态留到 5 月。齐达内认为，轮休既能帮 C 罗保持状态，也有助于他延长职业生涯。

这样的谈话可不是轻松的差事，但除了前金球奖得主齐达内，C 罗还能听得进谁的话呢？整个 2016/2017 赛季期间，齐达内小心翼翼地保护着手中的王牌。葡萄牙巨星的出场次数较前几个赛季明显减少，但他在关键时刻表现给力，全季打进 42 球，其中 14 个出自赛季最后 40 天。

齐达内的第二个妙招，是充分发挥了一线队全体队员的作用。他的全面轮换策略，不仅让球队保持了充沛的体力，还换来部下对他战术的支持。齐达内信任球员，球员投桃报李。整个赛季中，皇马共有 19 名球员斩获进球，二十多名球员上场超过 1000 分钟。为了应对紧密而残酷的赛程，齐达内把轮换进行到底，有时在两场相邻比赛中会排出几乎完全不同的首发阵容。

因此，当争冠进入冲刺阶段，齐达内的球队一点都不累，已准备好连斩拉科鲁尼亚、瓦伦西亚、格拉纳达、塞维利亚、维戈塞尔塔和马拉加。绝杀已成过去时，最后 6 轮，皇马有 5 场在开场 10 分钟内便取得领先。他们在主场对阵瓦伦西亚时赢得最为艰难，终场前 8 分钟，蝙蝠军团顽强追平，但 4 分钟后，马塞洛再次为球队超出比分。伯纳乌球场沸腾了，皇马全队激动不已，齐达内冷静地站在一旁观看。

赛季末轮，两支争冠豪强都遇上了积分榜中游球队，皇马对马拉加，巴萨对埃瓦尔。电量十足的 C 罗开场不到 2 分钟便打进一球，给全队吃下定心丸。另一边，紧张的巴萨先是 0 ∶ 2 落后，最后才 4 ∶ 2 反败为胜。但红蓝军团的努力已是徒劳，本泽马为皇马锁定胜局，冠军属于马德里。

“我们经过 9 个到 10 个月的努力，时隔 5 年再获联赛冠军……我不知道该说点什么，”齐达内表示，“如果你为皇马效力，你就会知道球迷的期望有多高，我喜欢这种压力。我踢球时体会过那种感觉，但今天才是我最开心的一天，作为教练带队夺冠，这感觉完全不一样。”在球员们庆祝时，齐达内告诉所有记者：“我现在想站起来跳舞，我开玩笑的，但我心里真的非常、非常高兴。”

这个胜利日也留有一丝遗憾。皇马球员被工作人员告知，冠军奖杯没在现场，当天没安排颁奖典礼。那座奖杯仍被西班牙足协保管着，要到 2017/2018 赛季开始时才能交给皇马。贝尔等队员显得非常惊讶和不解。一个非凡的赛季，却有着一个略显荒诞的结局。

西甲冠军只是齐达内在 2017 年收获的第一项殊荣。联赛收官后，欧冠决赛紧随而至。如果皇马能在加的夫击败尤文图斯，他们将成为第一支在欧冠改制后成功卫冕的球队。

齐达内要感谢 C 罗带球队杀入决赛，C 罗也要感谢齐达内教会他把好钢用在刀刃上。欧冠四分之一决赛，皇马遭遇拜仁，齐达内和老师安切洛蒂临阵对弈。首回合，C 罗梅开二度，皇马客场 2 ： 1 取胜；次回合，拜仁在 90 分钟内还了皇马一个 2 ： 1，加时赛中，C 罗再次独中两元，皇马 4 ： 2 拿下胜利。半决赛前一个赛季决赛的重演，首回合，C 罗在伯纳乌用一个帽子戏法退敌；次回合，虽然马竞扳回两球，但伊斯科的进球让皇马抓稳了决赛门票。

尤文图斯是个非常难以击败的对手。斑马军团在决赛前的 12 场比赛中只丢三球，在四分之一决赛中零封梅西领军的巴萨。这支尤文图斯应该是当时唯一能阻止皇马前进的球队，巴尔扎利、博努奇和基耶利尼组成一条无比坚固的经典意式防线，门线上的布冯稳如磐石，中前场的巴萨旧将阿尔维斯和皇马弃将伊瓜因，都能给齐达内的球队制造不小的麻烦。

但齐达内相信手下球员的能力。他知道要排出怎样的首发阵容，但拿不准是否应派上贝尔。自 4 月在国家德比中受伤退场后，威尔士球星缺阵已久，他非常想在家乡父老面前上场比赛。最终，齐达内还是优先考虑了球队的需要，把伊斯科选进首发十一人，让贝尔坐上替补席。

上半时，两队互有攻守，保持均势。第二十分钟，C 罗先下一城，7 分钟后，曼朱基奇用一记精彩的倒钩扳平比分。之后，两队频繁犯规，踢得十分激烈，但都没能取得进球。

中场的时候，齐达内果断地决定改变战术，告诉队员要踢得更有侵略性，要更大胆地上抢施压。莫德里奇上半时在中场左路略显沉寂，齐达内将他换到右路，把克罗斯挪到中间，让伊斯科接管左边。齐达内的调整收到成效，下半场，皇马攻势如潮。第六十一分钟，卡塞米罗大禁区外迎球怒射，足球打到防守队员后发生偏转，直飞死角，布冯扑救不及，2 ∶ 1，皇马再次领先。3 分钟后，莫德里奇送出传中，C 罗前点包抄破门，比分变为 3 ∶ 1。伤停补时阶段，出场仅 8 分钟的阿森西奥锦上添花，为皇马 4 ∶ 1 锁定胜局。

皇马再次走上领奖台，齐达内成为皇马主帅不到一年半，就追平了弗格森、瓜迪奥拉和穆里尼奥的欧冠夺冠次数，这样的成就震古烁今。但他在媒体面前表现得很谦虚：“我很开心，你们可能体会不到（我的感觉），但我内心真的非常满足。”有记者问他是否认为自己是世界上最好的教练，他赶紧表示反对：“不，不，不是，不是。”但他对球员们赞不绝口：“他们打出了血性，这是我们赢球的关键所在。”

2017 年 8 月初，欧冠冠军皇马在斯科普里对阵欧联杯冠军曼联，凭借卡塞米罗和伊斯科的进球，他们 2 ∶ 1 击败对手，将欧洲超级杯收入囊中。8 月中旬，皇马在西班牙超级杯中，两回合总比分 5 ∶ 1 大胜死敌巴萨。2017 年 12 月 16 日，国际足联世俱杯决赛在阿布扎比开打，皇马对上格雷米奥，C 罗任意球一剑封喉，齐达内的球队卫冕成功。

2017/2018 赛季前，皇马成为外界眼中的西甲夺冠热门，超级杯的胜利似乎意味着他们依然状态火热。巴萨则麻烦缠身，内马尔要求转会巴黎，让俱乐部高层焦头烂额，皮克哀叹：“我在这里 9 年了，这是我第一次觉得我们不如皇马。”然而，事情并没有按人们想象的那样发展。

在西班牙超级杯首回合比赛中，皇马就遇上赛季的首个问题。C 罗因假摔吃到第二张黄牌，两黄变一红被罚离场，并在吃牌后推搡裁判。赛后，C 罗遭到禁赛 5 场的处罚。由于本泽马、贝尔也饱受伤病困扰，赛季初段，齐达内无法使用 BBC 组合。前 5 轮，皇马只拿到 8 个积分，在主场还输给皇家贝蒂斯。2017 年 10 月，皇马客场负于弱旅吉罗纳；11 月，他们在欧冠中客场不敌托特纳姆热刺；12 月，他们从世俱杯载誉而归，紧接着就在伯纳乌被巴萨 3 ∶ 0 痛击。2017 年结束时，皇马在西甲积分榜上排名第四，落后巴萨 14 分。

在被记者问到有关球队状态的问题时，齐达内回答得非常谨慎：“也许，我们赢下了一些本不应该赢下的比赛，现在的情况正好相反。”从赛季开始到 2017 年年底，皇马在联赛中总共射门 348 次，位居西甲首位，但只进了 30 个球。他们不缺进攻欲望，只是效率太低。一贯高效的 C 罗只有四球入账，却仍排名队内第一（并列）。

巴萨在夏天失去了内马尔，皇马也流失了一些重要的战力：莫拉塔被卖给切尔西；J 罗去了拜仁；佩佩拒绝续约一年，转投贝西克塔斯。齐达内一直希望引进姆巴佩，但这位冉冉升起的法国新星选择加盟巴黎圣日耳曼。如此一来，皇马替补席上没有太多备用方案可供主帅选择，齐祖只能祈祷队中球员尽快恢复状态。

齐达内迎来教练生涯中第一次真正的考验，在皇马，当情况难以好转时，高层从不会对主帅手软。2017 年年初，马德里媒体为追赶纪录的球队摇旗呐喊，一年过去，他们热议的话题变成齐达内何时下课、谁会接替他。

齐祖选择坚守原则，宣布在冬季转会窗口中不做引援，称更愿用熟悉的球员打比赛。他曾说："我永远不会改变自己。"这句话让那些想要看新鲜战术和面孔的人感到沮丧。但这就是齐祖的风格：安静且坚定。无论顺境逆境，他只会按自己的方式行事。

译后记

2018 年 3 月 16 日，2018/2019 赛季西甲第二十八轮，皇马坐镇伯纳乌球场对阵维戈塞尔塔。比赛第六十二分钟，阿森西奥中路带球突破，分球给左边的本泽马，法国中锋大禁区内下底传中，伊斯科杀到门前，在后卫的干扰下将球打进，1 ：0，皇马取得领先。

伊斯科兴奋地跑起来庆祝，放声大喊，发泄着压抑已久的情绪。在这个赛季的前 27 轮比赛中，他伤伤停停，上场不多，总共打进一球，助攻一次，对一名前腰来说，这样的数据显然不合格。2013 年夏天，伊斯科加盟皇马，在此后的 5 年中，他每个赛季的联赛进球加助攻数都能上双。2018/2019 赛季，这名技术型中场的进攻贡献骤减，原因不仅仅是伤病。

在场外，伊斯科和主帅索拉里关系紧张。洛佩特吉离开后，皇马 22 号即便在身体健康时，也经常枯坐板凳席，有时甚至连大名单都进不去。2018 年年底，媒体爆料 ：伊斯科在训练中公然顶撞索拉里，进一步坚定了后者弃用他的决心。尽管阿根廷主帅对外一直坚称，让伊斯科打替补完全是技战术层面的考虑，但从 2019 年年初到 2 月，伊斯科坐板凳的时间比同期任何一位西甲球员都多。

与塞尔塔一役，一个熟悉和久违的身影出现在伯纳乌球场，准确地说，是出现在皇马替补席前的技术区。2019 年 3 月 11 日，皇马主帅宣布解雇上任仅 133 天的主帅索拉里，把帅印交还给在 284 天前离任的齐达内。

齐祖在回归后的首场比赛中，就把伊斯科重新放入首发阵容。这位足坛史上最优秀的技术大师，很懂也很会使用技术型球员。伊斯科破门 15 分钟后，脚下功夫出色的边卫马塞洛从中场带球推进，策动攻势，在大禁区前分球给贝尔，后者稍做调整，一脚打门把比分锁定为 2 ：0。齐达内拿下重掌皇马教鞭后的首胜。

2018 年 5 月 31 日，齐达内宣布离任，在他暂别伯纳乌的这九个多月里，皇马发生了许多事情。

2018 年 6 月初，俄罗斯世界杯即将开幕，西班牙队抵达克拉斯诺达尔的驻地，为小组赛首战做最后冲刺。6 月 12 日，皇马发布一份让各方大跌眼镜的声明 ：“洛佩特吉将在世界杯后成为皇马主帅，任期 3 个赛季。”大战在即，主教练却已悄然定好退路，西班牙足协怒不可遏，认为皇马的举动扰乱了国家队的军心和备战计划，当即解雇洛佩特吉，让另一位皇马名宿耶罗临阵救火，暂时接过指挥权。

洛佩特吉收拾行囊，离开俄罗斯。6 月 14 日，皇马在马德里为他举办履新仪式，向被国家队除名的新帅表示支持。

2018 年 7 月 10 日，C 罗以创意甲纪录的 1 亿欧元身价转会尤文图斯，为皇马拿下 4 座欧冠奖杯的王牌挥别伯纳乌。

在接下来的新赛季里，洛佩特吉并没有用行动和成绩回报皇马的信任。他上任后，皇马各项赛事仅取得 6 胜 2 平 6 负的战绩，在联赛中 10 轮仅积 14 分，排积分榜第九位，被榜首的巴萨拉开 7 分的差距。2018 年 10 月 28 日，西甲上演国家德比，巴萨主场 5 ： 1 痛击皇马，这场惨败成为压死骆驼的最后一根稻草。

10 月 29 日，皇马宣布洛佩特吉下课，预备队主帅索拉里临时接管一队。

换帅如换刀，在索拉里带队的前 4 场比赛中，皇马保持全胜，狂轰 15 球。一时间，公众仿佛看到了“新齐达内”，弗洛伦蒂诺爽快地向索拉里递上正式合同。但好景不长，此后，伊斯科、马塞洛等一众老臣相继被打入冷宫；皇马在联赛第二十六轮 0 ： 1 再负巴萨，在国王杯半决赛中两回合总比分 1 ： 4 不敌巴萨（1 ： 1，0 ： 3），止步四强；欧冠八分之一决赛次回合，他们主场 1 ： 4 惨败给年轻的阿贾克斯，耻辱出局。索拉里的下课进入倒计时。

在追求稳定这件事情上，皇马从来都不像一家豪门。人事的动荡再次让他们在成绩上付出代价，除了一个含金量不高的世俱杯，西甲豪门似乎又拿不到任何一项锦标了。弗洛伦蒂诺希望有人帮自己收拾乱局，他想起了爱将齐达内。

3 年前，少帅齐祖临危受命，带领皇马以一波 12 连胜结束 2015/2016 赛季，开启了史无前例的欧冠三连冠征程。

他当过巨星，理解巨星，把关系复杂的皇马更衣室治理得井然有序，他“玄功护体”“命硬如钢”，似乎总能在危急时刻找到办法，护佑球队进球抢分。C 罗离开马德里后仍对前主帅的驭人之术念念不忘：“我认为齐达内能聪明地管好一支球队……执教皇马可不容易，那里所有的球员都想上场多踢一会儿，但他有办法，会把全队都安排好。”皇马功勋队长拉莫斯对齐祖的能力赞不绝口：“从他的履历就能看出，不管作为球员还是教练，他都非常出色。他成功地从球员转型教练，也很好地掌控了更衣室，他干得非常非常棒，我们能拿到这么好的成绩并非偶然。”

2018 年年初，齐祖遭遇上任以来最大的危机，皇马在联赛中落后巴萨 16 分，在 1 月的一次新闻发布会上，他甚至遭到记者围攻，被逼问是否已失去对更衣室的掌控。但最终，他扛住重重压力，带领皇马在欧冠中接连淘汰强敌尤文图斯和拜仁，闯进决赛。2018 年 5 月 26 日，齐达内指挥皇马击败利物浦，连续 3 年将大耳朵杯带回马德里。

欧足联官网驻马德里记者乔 · 沃克写道：“又一个赛季过去，又一座欧冠奖杯到手。胜利已不再是皇马的习惯，而是他们的基因。这支球队已成为一台疯狂的冠军收割机……本泽马的首开纪录透着狡黠，贝尔的再下一城精彩万分，第三个进球则有点运气成分——冠军所必需的运气，这 3 个球正是皇马本赛季征程的完美缩影。”聪明狡猾的战术，荡气回肠的比赛场面，如影随形的好运气，齐达内给皇马带来了这些礼物，也把胜利的基因注入这支球队。

从 2016 年初到 2017/2018 赛季结束，他带皇马踢了 149 场比赛，战绩为 104 胜 29 平 16 负，胜率 69.79%，拿下西甲联赛冠军和西班牙超级杯冠军各 1 次，连续 3 年登顶欧冠，两度问鼎欧洲超级杯，两夺国际足联世俱杯冠军。不到 3 年的时间，集齐一个职业教练能拿到的几乎所有荣誉，这样的效率和成绩单足够耀眼，也足够伟大。

乔 · 沃克感慨："这是一段多么传奇的故事啊！齐达内上任时，皇马正处在迷惘之中。如果那时你告诉我他会带队拿下欧冠三连冠，我肯定是不会相信的。45 岁的他第一次出任一线队主帅，执教成绩旷古烁今。他证明了自己是一个出色的管理者、一个精明的战术大师，他掌握了许多教练要花费数十年才能掌握的技能，也善于变通，管得住更衣室。更为重要的是，他是一个天生的赢家。"

尽管弟子马塞洛在三夺欧冠冠军后豪迈地表示"我们没赢够"，但齐达内本人深谙"盛极必衰"的道理，在 2018 年 5 月底选择急流勇退，辞去皇马主帅一职。

没有比赛任务的日子里，肩头不再压着千斤重担，齐祖过得闲适又惬意，看上去与普通人无异。

他陪维罗妮卡一起逛街，在妻子试衣服时承担看包的任务，坐在沙发上略显无聊地玩手机；他到访遥远的中国，走过许多城市，在商业活动中像模像样地打起乒乓球，在街头饶有兴致地看大妈奶奶们搓麻将。

不过，他并没有完全离开足球，经常会在恩佐或卢卡比赛时现身看台，紧张地关注儿子们的场上表现。媒体也没有"放过"他，不时会曝出齐达内接掌曼联、切尔西和拜仁等队帅位的消息。

他还抽空和参加过1998年世界杯的老队友们聚了个餐，布兰科、利扎拉祖和图拉姆等人悉数到场。国家队对他有着特殊的意义，留有他球员时代最美好的回忆。而在2018年世界杯上，年轻的法国队也沿着前辈们的足迹，为球衣添上了第二颗冠军金星。

新一代的高卢雄鸡云集了一众英才。那名高个子中场技术细腻，球风潇洒，在比赛中总是指挥若定，时不时会送出让人叫绝的妙传，或打出一脚惊天远射，时光倒退20年，上述词句放在齐祖身上也完全适用；那位身背10号的少年前锋鲜衣怒马，脚踏流星，攻伐果决，带球突击时隐有亨利之风，又颇似齐祖好友“外星人”罗纳尔多。未来的某个时候，齐达内有没有可能与这两位后辈携手共事，指导他们攀上更高的山峰？

这样的设想实现起来或许颇有难度，但齐达内至少已迈出了第一步——重回教练席。

他二度入主皇马的时机不比3年前好。燃料耗尽的银河战舰战绩不佳，士气低落，且失去了能挑起大梁的核心球员。博斯克说：“一个赛季换了3名教练，皇马很艰难，扭转颓势可不容易，我经历过，知道这做起来有多难。”巴尔达诺则直言，齐达内就像“英雄归来”。2018/2019赛季，皇马最终在西甲积分榜排名第三，落后马竞8分，落后巴萨11分，唯一值得安慰的是拿到了欧冠参赛资格。但人们没有责怪齐达内，因为他只带队打了11轮联赛。

皇马又到了一个新的起点，齐祖过往的辉煌却不会清零。在他驰骋绿茵时，人们习惯了他闲庭信步，优雅从容，一出手就能制敌；在他穿上笔挺的西装后，人们又习惯了他统率巨星，涉险不惊，收割奖杯如有神助。所有这些都成就了他的伟大，也拉高了外界对他的期待和评价标准。由他率领的皇马，在经历一个完整的赛季后，若仍然无法登上冠军领奖台，球迷绝对不会接受这样的结果。

他本人应该也不会接受。这名终身的马德里主义者，深爱那抹白色，想让这支球队“回到应该在的位置”；这位外柔内刚的中年男士个性不改，强势依旧，在外界质疑他建队权力时公开表态：“球队阵容我说了算，不然，我就会离开。”弗洛伦蒂诺依然支持他，在 2019 年夏天给他买来了比利时球星阿扎尔。这名小个子边锋喜欢过人，喜欢炫技，以娱乐球迷为己任，符合齐达内的足球理念，且正处巅峰，是他喜欢且一直想要的人。银河战舰正在重新驶回正轨。

他已是传奇，在球员和教练生涯都征服了足坛，但他仍未到天命之年，一幅关于齐内丁 · 齐达内的壮阔画卷似乎才刚刚展开。

齐达内球员生涯全记录

俱乐部

青训时期

1980—1981：福雷斯塔竞技足球俱乐部（U-9）

1981—1983：圣亨利联足球俱乐部（U-9，U-11）

1983—1987：塞普泰姆足球俱乐部（U-11，U-15，U-17）

1987—1991：戛纳足球俱乐部（U-17，U-19）

职业球员时期

1991—1992：戛纳足球俱乐部

1992—1996：波尔多足球俱乐部

1996—2001：尤文图斯足球俱乐部

2001—2006：皇家马德里足球俱乐部

团队荣誉

1996/1997 赛季：丰田杯冠军，欧洲超级杯冠军，意甲冠军

1997/1998 赛季：世界杯冠军，意甲冠军，意大利超级杯冠军

1999/2000 赛季：欧锦赛冠军

2001/2002 赛季：丰田杯冠军，欧洲超级杯冠军，欧冠冠军，西班牙超级杯冠军

2002/2003 赛季：西甲冠军

主要个人荣誉

国际足联世界足球先生（1998 年、2000 年和 2003 年三届）

进球

联赛：506 场比赛，95 个进球（戛纳 61 场 6 球，波尔多 139 场 28 球，尤文图斯 151 场 24 球，皇马 155 场 37 球）

俱乐部欧洲赛事：108 场比赛，18 个进球（戛纳 4 场 0 球，波尔多 18 场 4 球，尤文图斯 39 场 5 球，皇马 47 场 9 球）

国家队：108 场比赛，31 个进球

国家队出场记录

友谊赛

1994 年 8 月 7 日，法国波尔多，法国队 2 ：2 捷克队，下半场替补出场 37 分钟，打进 2 球，第一次为国家队出场

1995 年 7 月 22 日，挪威奥斯陆，挪威队 0 ：0 法国队，首发出场 45 分钟，第四次为国家队出场

1996 年 1 月 24 日，法国巴黎，法国队 3 ：2 葡萄牙队，踢满 90 分钟，第九次为国家队出场。

1996 年 2 月 21 日，法国尼姆，法国队 3 ：1 希腊队，下半场替补出场 45 分钟，在第四十九分钟打进 1 球，第十次为国家队出场

1996 年 6 月 1 日，德国斯图加特，德国队 0 ：1 法国队，首发出场 45 分钟，第十一次为国家队出场

1996 年 6 月 5 日，法国阿斯克新城，法国队 2 ：0 亚美尼亚队，踢满 90 分钟，第十二次为国家队出场

1996年8月31日，法国巴黎，法国队2 ：0墨西哥队，下半场替补出场45分钟，第十八次为国家队出场

1996年10月9日，法国巴黎，法国队4 ：0土耳其队，踢满90分钟，第十九次为国家队出场

1996年11月9日，丹麦哥本哈根，丹麦队1 ：0法国队，首发出场80分钟，第二十次为国家队出场

1997年1月22日，葡萄牙布拉加，葡萄牙队0 ：2法国队，踢满90分钟，第二十一次为国家队出场

1997年2月26日，法国巴黎，法国队2 ：1荷兰队，踢满90分钟，第二十二次为国家队出场

1997年4月2日，法国巴黎，法国队1 ：0瑞典队，首发出场55分钟，第二十三次为国家队出场

1997年6月3日，法国里昂（四国邀请赛），法国队1 ：1巴西队，踢满90分钟，第二十四次为国家队出场

1997年6月7日，法国蒙彼利埃（四国邀请赛），法国队0 ：1英格兰队，下半场替补出场15分钟，第二十五次为国家队出场

1997年6月11日，法国巴黎（四国邀请赛），法国队2 ：2意大利队，踢满90分钟，打进1球，第二十六次为国家队出场

1997年10月11日，法国朗斯，法国队2 ：1南非队，下半场替补出场45分钟，第二十七次为国家队出场

1997年11月12日，法国圣埃蒂安，法国队2 ：1苏格兰队，踢满90分钟，第二十八次为国家队出场

1998年1月28日，法国圣但尼，法国队1 ：0西班牙队，踢满90分钟，打进1球（法兰西大球场历史首个进球），第二十九次为国家队出场

1998年2月25日，法国马赛，法国队3 ：3挪威队，首发出场62分钟，打进1球，第三十次为国家队出场

1998年4月22日，瑞典索尔纳，瑞典队0 ：0法国队，首发出场45分钟，第三十一次为国家队出场

1998 年 5 月 27 日，摩洛哥卡萨布兰卡（哈桑二世杯），比利时 0 ： 1 法国队，踢满 90 分钟，打进 1 球，第三十二次为国家队出场

1998 年 5 月 29 日，摩洛哥卡萨布兰卡（哈桑二世杯），摩洛哥 2 ： 2 法国队，首发出场 63 分钟，第三十三次为国家队出场

1998 年 6 月 5 日，芬兰赫尔辛基，芬兰队 0 ： 1 法国队，踢满 90 分钟，第三十四次为国家队出场

1998 年 8 月 19 日，奥地利维也纳，奥地利队 2 ： 2 法国队，首发出场 45 分钟，第四十次为国家队出场

1999 年 1 月 20 日，法国马赛，法国队 1 ： 0 摩洛哥队，首发出场 45 分钟，第四十四次为国家队出场

1999 年 2 月 10 日，英国伦敦，英格兰队 0 ： 2 法国队，踢满 90 分钟，第四十五次为国家队出场

1999 年 11 月 13 日，法国圣但尼，法国队 3 ： 0 克罗地亚队，首发出场 45 分钟，第四十九次为国家队出场

2000 年 2 月 23 日，法国圣但尼，法国队 1 ： 0 波兰队，踢满 90 分钟，打进 1 球，第五十次为国家队出场

2000 年 4 月 26 日，法国圣但尼，法国队 3 ： 2 斯洛文尼亚队，踢满 90 分钟，第五十一次为国家队出场

2000 年 5 月 28 日，克罗地亚萨格勒布，克罗地亚队 0 ： 2 法国队，首发出场 82 分钟，第五十二次为国家队出场

2000 年 6 月 4 日，摩洛哥卡萨布兰卡（哈桑二世杯），日本队 4 ： 6 法国队（点球 2 ： 4），首发出场 89 分钟，打进 1 球，第五十三次为国家队出场

2000 年 6 月 6 日，摩洛哥卡萨布兰卡（哈桑二世杯），摩洛哥队 1 ： 5 法国队，替补出场 30 分钟，第五十四次为国家队出场

2000 年 8 月 16 日，法国马赛，法国队 5 ： 1 世界明星联队。尽管这场义赛不是在两支国家队之间进行，但法国足协仍把此役算作正式赛事。第六十次为国家队出场

2000 年 9 月 2 日，法国圣但尼，法国队 1 ： 1 英格兰队，首发出场 65 分钟，

第六十一次为国家队出场

2000 年 11 月 15 日，土耳其伊斯坦布尔，土耳其队 0 ：4 法国队，首发出场 63 分钟，第六十二次为国家队出场

2001 年 2 月 27 日，法国圣但尼，法国队 1 ：0 德国队，首发出场 82 分钟，打进 1 球，第六十三次为国家队出场

2001 年 3 月 24 日，法国圣但尼，法国队 5 ：0 日本队。踢满 90 分钟，打进 1 球（点球）。第六十四次为国家队出场

2001 年 3 月 28 日，西班牙巴伦西亚，西班牙队 2 ：1 法国队，首发出场 62 分钟，第六十五次为国家队出场

2001 年 4 月 25 日，法国圣但尼，法国队 4 ：0 葡萄牙队，首发出场 45 分钟，第六十六次为国家队出场

2001 年 8 月 15 日，法国南特，法国队 1 ：0 丹麦队，踢满 90 分钟，第六十七次为国家队出场

2001 年 9 月 1 日，智利圣地亚哥，智利队 2 ：1 法国队，踢满 90 分钟，第六十八次为国家队出场，第一次担任场上队长

2001 年 10 月 6 日，法国圣但尼，法国队 4 ：1 阿尔及利亚队，首发出场 45 分钟，第六十九次为国家队出场

2001 年 11 月 11 日，澳大利亚墨尔本，澳大利亚队 1 ：1 法国队，首发出场 80 分钟，第七十次为国家队出场

2002 年 2 月 13 日，法国圣但尼，法国队 2 ：1 罗马尼亚队，首发出场 70 分钟，第七十一次为国家队出场

2002 年 3 月 27 日，法国圣但尼，法国队 5 ：0 苏格兰队，首发出场 80 分钟，打进 1 球，第七十二次国家队出场，第二次担任场上队长

2002 年 4 月 17 日，法国圣但尼，法国队 0 ：0 俄罗斯队，踢满 90 分钟，第七十三次为国家队出场

2002 年 5 月 26 日，韩国水原，韩国队 2 ：3 法国队，首发出场 37 分钟后因伤退场，第七十四次为国家队出场

2002 年 8 月 21 日，突尼斯，突尼斯队 1 ：1 法国队，踢满 90 分钟，第

七十六次为国家队出场，第三次担任场上队长

2003 年 2 月 12 日，法国圣但尼，法国队 0 ： 2 捷克队，踢满 90 分钟，第八十次为国家队出场

2003 年 8 月 20 日，瑞士日内瓦，瑞士队 0 ： 2 法国队，首发出场 70 分钟，第八十三次为国家队出场

2003 年 11 月 15 日，德国盖尔森基兴，德国队 0 ： 3 法国队，踢满 90 分钟，第八十六次为国家队出场，第七次担任场上队长

2004 年 2 月 18 日，比利时布鲁塞尔，比利时队 0 ： 2 法国队，首发出场 70 分钟，第八十七次为国家队出场

2004 年 5 月 20 日，法国圣但尼，法国队 0 ： 0 巴西队，首发出场 69 分钟，第八十八次为国家队出场

2004 年 6 月 6 日，法国圣但尼，法国队 1 ： 0 乌克兰队，踢满 90 分钟，打进 1 球，第八十九次为国家队出场，第八次担任场上队长

2005 年 8 月 17 日，法国蒙彼利埃，法国队 3 ： 0 科特迪瓦队，踢满 90 分钟，打进 1 球，第九十四次为国家队出场，第十二次担任场上队长

2006 年 3 月 1 日，法国圣但尼，法国队 1 ： 2 斯洛伐克队，首发出场 45 分钟，第九十九次为国家队出场，第十七次担任场上队长

2006 年 5 月 27 日，法国圣但尼，法国队 1 ： 0 墨西哥队，首发出场 52 分钟，第一百次为国家队出场，第十八次担任场上队长

2006 年 5 月 31 日，法国朗斯，法国队 2 ： 0 丹麦队，首发出场 66 分钟，第一百零一次为国家队出场，第十九次担任场上队长

2006 年 6 月 7 日，法国圣埃蒂安，法国队 3 ： 1 中国队，第一百零二次为国家队出场，第二十次担任场上队长

大赛预选赛

1996 年欧锦赛预选赛

1994 年 10 月 8 日，法国圣埃蒂安，法国队 0 ： 0 罗马尼亚队，下半场替补出场 19 分钟，第二次为国家队出场

1995 年 4 月 26 日，法国南特，法国队 4 ：0 斯洛伐克队，首发出场 75 分钟，第三次为国家队出场

1995 年 8 月 16 日，法国巴黎，法国队 1 ：1 波兰队，踢满 90 分钟，第五次为国家队出场

1995 年 9 月 6 日，法国欧塞尔，法国队 10 ：0 阿塞拜疆队，踢满 90 分钟，打进 1 球，第六次为国家队出场

1995 年 10 月 11 日，罗马尼亚布加勒斯特，罗马尼亚队 1 ：3 法国队，首发出场 85 分钟，打进 1 球，第七次为国家队出场

1995 年 11 月 15 日，法国卡昂，法国队 2 ：0 以色列队，第八次为国家队出场

2000 年欧锦赛预选赛

1998 年 9 月 5 日，冰岛雷克雅未克，冰岛队 1 ：1 法国队，踢满 90 分钟，第四十一次为国家队出场

1998 年 10 月 10 日，俄罗斯莫斯科，俄罗斯队 2 ：3 法国队，踢满 90 分钟，第四十二次为国家队出场

1998 年 10 月 14 日，法国圣但尼，法国队 2 ：0 安道尔队，踢满 90 分钟，第四十三次为国家队出场

1999 年 9 月 4 日，乌克兰基辅，乌克兰队 0 ：0 法国队，踢满 90 分钟，第四十六次为国家队出场

1999 年 9 月 8 日，亚美尼亚埃里温，亚美尼亚队 2 ：3 法国队，首发出场 72 分钟，打进 1 球，第四十七次为国家队出场

1999 年 10 月 9 日，法国圣但尼，法国队 3 ：2 冰岛队，踢满 90 分钟，第四十八次为国家队出场

2004 年欧锦赛预选赛

2002 年 9 月 7 日，塞浦路斯尼科西亚，塞浦路斯队 1 ：2 法国队，踢满 90 分钟，第七十七次为国家队出场

2002 年 10 月 12 日，法国圣但尼，法国队 5 ：0 斯洛文尼亚队，踢满 90 分钟，第七十八次为国家队出场

2002 年 10 月 16 日，马耳他瓦莱塔，马耳他队 0 ： 4 法国队，踢满 90 分钟，第七十九次为国家队出场

2003 年 3 月 29 日，法国朗斯，法国队 6 ： 0 马耳他队，踢满 90 分钟，打进 2 球，第八十一次为国家队出场，第四次担任场上队长

2003 年 4 月 2 日，意大利巴勒莫，以色列队 1 ： 2 法国队，踢满 90 分钟，打进 1 球，第八十二次为国家队出场，第五次出任场上队长

2003 年 9 月 10 日，斯洛文尼亚卢布尔雅那，斯洛文尼亚队 0 ： 2 法国队，首发出场 78 分钟，第八十四次为国家队出场

2003 年 10 月 11 日，法国圣但尼，法国队 3 ： 0 以色列队，踢满 90 分钟，第八十五次为国家队出场，第六次担任场上队长

2006 年世界杯预选赛

2005 年 9 月 3 日，法国朗斯，法国队 3 ： 0 法罗群岛队，首发出场 57 分钟，第九十五次为国家队出场，第十三次担任场上队长

2005 年 9 月 7 日，爱尔兰都柏林，爱尔兰队 0 ： 1 法国队，首发出场 70 分钟因伤离场，第九十六次为国家队出场，第十四次担任场上队长

2005 年 10 月 8 日，瑞士伯尔尼，瑞士队 1 ： 1 法国队，踢满 90 分钟，第九十七次为国家队出场，第十五次担任场上队长

2005 年 10 月 12 日，法国圣但尼，法国队 4 ： 0 塞浦路斯队，踢满 90 分钟，打进 1 球，第九十八次为国家队出场，第十六次担任场上队长

大赛正赛

1996 年英格兰欧锦赛

1996 年 6 月 10 日，纽卡斯尔，法国队 1 ： 0 罗马尼亚队，首发出场 80 分钟，第十三次为国家队出场

1996 年 6 月 15 日，利兹，法国队 1 ： 1 西班牙队，踢满 90 分钟，第十四次为国家队出场

1996 年 6 月 18 日，纽卡斯尔，法国队 3 ： 1 保加利亚队，首发出场 62 分钟，第十五次为国家队出场

1996 年 6 月 22 日，利物浦，法国队 5 ：4 荷兰队（点球 5 ：4），踢满 120 分钟，第十六次为国家队出场

1996 年 6 月 26 日，曼彻斯特，捷克队 6 ：5 法国队（点球 6 ：5），踢满 120 分钟，第十七次为国家队出场

1998 年法国世界杯

1998 年 6 月 12 日，马赛，法国队 3 ：0 南非队，踢满 90 分钟，第三十五次为国家队出场

1998 年 6 月 18 日，法国圣但尼，法国队 4 ：0 沙特阿拉伯队，首发出场 70 分钟后染红离场，第三十六次为国家队出场

1998 年 7 月 3 日，法国圣但尼，意大利队 3 ：4 法国队（点球 3 ：4），踢满 120 分钟，第三十七次为国家队出场

1998 年 7 月 8 日，法国圣但尼，法国队 2 ：1 克罗地亚队，踢满 90 分钟，第三十八次为国家队出场

1998 年 7 月 12 日，法国圣但尼，法国队 3 ：0 巴西队，踢满 90 分钟，在上半场打进 2 球，第三十九次为国家队出场

2000 年荷兰比利时欧锦赛

2000 年 6 月 11 日，比利时布鲁日，丹麦队 0 ：3 法国队，踢满 90 分钟，第五十五次为国家队出场

2000 年 7 月 16 日，比利时布鲁日，捷克队 1 ：2 法国队，踢满 90 分钟，第五十六次为国家队出场

2000 年 6 月 25 日，比利时布鲁日，西班牙队 1 ：2 法国队，踢满 90 分钟，打进 1 球（直接任意球），第五十七次为国家队出场

2000 年 6 月 28 日，比利时布鲁塞尔，葡萄牙队 1 ：2 法国队，踢满 117 分钟，打进金球（点球），第五十八次为国家队出场

2000 年 7 月 2 日，荷兰鹿特丹，意大利队 1 ：2 法国队，踢满 103 分钟，第五十九次为国家队出场

2002 年韩日世界杯

2002 年 6 月 11 日，韩国仁川，丹麦队 2 ：0 法国队，踢满 90 分钟，第

七十五次为国家队出场

2004 年葡萄牙欧锦赛

2004 年 6 月 13 日，里斯本，法国队 2 ： 1 英格兰队，踢满 90 分钟，打进 2 球(点球，直接任意球)，第九十次为国家队出场，第九次担任场上队长

2004 年 6 月 17 日，莱里亚，克罗地亚队 2 ： 2 法国队，踢满 90 分钟，制造对手 1 个乌龙球，第九十一次为国家队出场，第十次担任场上队长

2004 年 6 月 12 日，科英布拉，瑞士队 1 ： 3 法国队，踢满 90 分钟，打进 1 球，第九十二次为国家队出场，第十一次担任场上队长

2004 年 6 月 15 日，里斯本，法国队 0 ： 1 希腊队，踢满 90 分钟，第九十三次为国家队出场，第十二次担任场上队长

2006 年德国世界杯

2006 年 6 月 13 日，斯图加特，法国队 0 ： 0 瑞士队，踢满 90 分钟，第一百零三次为国家队出场，第二十一次担任场上队长

2006 年 6 月 18 日，莱比锡，法国队 1 ： 1 韩国队，踢满 90 分钟，第一百零四次为国家队出场，第二十二次担任场上队长

2006 年 6 月 27 日，汉诺威，西班牙队 1 ： 3 法国队，踢满 90 分钟，打进 1 球，第一百零五次为国家队出场，第二十三次担任场上队长

2006 年 7 月 1 日，法兰克福，巴西队 0 ： 1 法国队，踢满 90 分钟，第一百零六次为国家队出场，第二十四次担任场上队长

2006 年 7 月 5 日，慕尼黑，葡萄牙队 0 ： 1 法国队，踢满 90 分钟，打进 1 球(点球)，第一百零七次为国家队出场，第二十五次担任场上队长

2006 年 7 月 9 日，柏林，意大利队 1 ： 1 法国队，首发出场 108 分钟后染红离场，打进 1 球（点球)，第一百零八次为国家队出场，第二十六次担任场上队长